# 医师民事责任的法律构造
## Legal Structure of Physician's Civil Liability

张忆红 著

高　翔 译

东南大学出版社
·南京·

**图书在版编目(CIP)数据**

医师民事责任的法律构造/张忆红著;高翔译. —
南京:东南大学出版社,2018.5
ISBN 978-7-5641-7638-9

Ⅰ.①医… Ⅱ.①张… ②高… Ⅲ.①医疗事故-民
事责任-研究-中国 Ⅳ.①D922.164

中国版本图书馆 CIP 数据核字(2018)第 022536 号

◎日文原版由日本早稻田大学出版社出版(2011),
中译本由日方授权翻译并出版。
◎中央高校基本科研业务费(立项号:2242016S20006)项目

医师民事责任的法律构造

出版发行:东南大学出版社
社　　址:南京四牌楼 2 号　邮编:210096
出 版 人:江建中
网　　址:http://www.seupress.com
经　　销:全国各地新华书店
印　　刷:南京玉河印刷厂
开　　本:787 mm×1092 mm　1/16
印　　张:17.25
字　　数:431 千字
版　　次:2018 年 5 月第 1 版
印　　次:2018 年 5 月第 1 次印刷
书　　号:ISBN 978-7-5641-7638-9
定　　价:58.00 元

本社图书若有印装质量问题,请直接与营销部联系。电话:025-83791830

# 序　一

　　本书著者是已故东南大学张忆红教授于 2008 年向早稻田大学大学院法学研究科提交的博士学位论文,张教授通过该论文于 2009 年 3 月获得了早稻田大学的法学博士学位。我作为张教授在早稻田大学的指导教授,对于将本书作为东南大学医事法文库中的一册进行出版的东南大学法学院的各位,特别是担任本书翻译的高翔副教授,致以真挚的谢意。深表感谢!

　　张教授在中国先后经过赣州地区卫生学校、西北大学的学习之后,于 1995 年进入日本神奈川大学法学部,1999 年毕业的同时,升学进入早稻田大学大学院法学研究科硕士课程。在硕士课程阶段,以民法特别是不法行为法(侵权法)的研究为志向,最初求学于不法行为(公害)法的大家牛山積教授门下,由于牛山教授的荣休,从博士课程阶段转入了以医事法为主要研究领域的本人的研究室。

　　立足于曾经在中国作为公共卫生医士工作积累的经验,张教授将研究主题集中于中日医疗过错损害赔偿理论的比较检讨,自始至终地投入到医事法相关领域的研究之中。其间,张教授通过撰写关于中国医疗制度的论文,为我国(日本)带来了许多新的见解,尤其是对于中国的医疗事故处理条例,首次将其翻译成日语,并对其全貌在日本进行了介绍。在此意义上,可以说对于我国的医事法研究以及中国法研究作出了重大贡献,其本人也在日本医事法学会上宣读了宝贵的研究报告。

　　此次得以出版的论文,是综合了著者以上研究成果的心血之作,在日本作为梳理总结中国医事法的研究,其重要程度自不待言。另一方面,作为介绍日本医疗过错民事责任理论状况的研究,相信于中国而言也同样具有重要意义。

　　张忆红教授,可谓是中日之间医事法研究的桥梁,于东南大学这一适于研究之所觅得教职,本应期待能够结出更多的硕果。然世事无常,虽然受到病魔困扰,但如此英年早逝,无论对于东南大学与早稻田大学双方,甚至于中国和日本医事法学界双方而言,均是巨大的遗憾。然而,若能以此次论文出版为契机,推动中日双方的医事法研究,甚或是法学研究交流的进一步发展,则无疑最能接近张教授心中所愿。

最后，请允许我向给予此次宝贵机会的东南大学法学院的各位，再一次致以衷心谢意并祝愿东南大学法学院今后更进一步的发展！

早稻田大学法学学术院
教授　岩志和一郎

# 序　二

本书是在 2009 年 3 月早稻田大学大学院法学研究科授予的博士（法学）学位论文的基础上进行了若干补充的成果。

论文执笔的动机，出于以下考虑。

在社会急速变化中不断建立各种法律制度的中国，从上世纪 80 年代后期开始，在各种领域相继颁布了新的法律法规，各领域中法学理论的辩论也活跃起来。医疗领域也不例外，随着新的法律、条例等制定的同时，外国的法学理论也不断得到介绍，并被移植到中国。

例如，1987 年颁布的《医疗事故处理办法》、1994 年的《医疗机构管理条例》、1998 年《执业医师法》的制定，代替了 2002 年被废止的《医疗事故处理办法》和《医疗事故处理条例》，以及 2010 年 7 月开始施行的《侵权责任法》等都是作为立法及研究成果的体现。

除此之外，在中国国内，特别是近期随着医疗纠纷的不断增长，学界对于相关问题在法律层面的讨论也变得愈加活跃，其中注意义务、医疗水准、相当因果关系理论等日本法理论得到介绍，并不断被运用到实践之中。

而在日本，受到中国立法、修法等动向的影响，同样在多个领域进行着中国法的研究。但在日本的中国法研究整体状况之中，关于中国医疗的法律制度，仍旧停留在对某一个别问题或某一部分研究的阶段。有鉴于此，笔者认为，把握中国关于医疗行为法律制度的整体图景，探讨法律制度中内含的问题——特别是解析医疗行为中医师民事责任的法律构造，即便从与日本法的相关性层面来看，作为中国法研究应当纳入的重要课题，仍有研究的必要和空间，这也是最终使笔者做出执笔决定的原因。

本论文执笔的基本思路如下：首先在俯瞰作为前提的关于医师医疗行为的中国法律制度的整体图景之上，对于医疗行为产生的医疗纠纷的实际、医疗纠纷的处理机制、医疗行为中医师的民事责任，全面把握各种学说、判例及相关法规；其次从契约法及侵权法两个视角，通过与日本同样的法律及法理论的比较、分析，阐明中国医师民事责任的法律构造。

根据日本外务省的海外在留日本人数调查统计(2010 年 10 月 1 日),滞留中国的日本人总数达 12.7282 万人,其中长期滞留者数为 12.5716 万人,部分地区具有增长倾向。对于这些在中国工作、学习、生活接近 13 万的日本友人,如果在中国遇到医疗纠纷时,希望本书能够成为纠纷解决的助手。此外,心中期待着能对祖国的医疗相关立法能够贡献微薄之力,则甚幸。

张忆红

# 目　　录

第一编　中国医疗制度的变迁与现状 ······························· 1

绪论　古代中国的医疗制度的变迁 ······························· 1

第一章　医师、助理医师及乡村医生 ····························· 4

　第一节　医师的定义 ······································ 4

　第二节　中国的医疗行为的特色 ···························· 7

　第三节　在中国医师资格的取得与丧失 ······················ 9

　第四节　医师的业务 ····································· 15

　第五节　小结 ········································· 22

第二章　医疗法人的特征 ··································· 24

　第一节　医疗机构的分类 ·································· 24

　第二节　医疗机构与行政的关系 ···························· 26

　第三节　医疗机构的设置 ·································· 32

　第四节　医疗机构的权利与义务 ···························· 35

　第五节　小结 ········································· 42

第三章　中国医疗纠纷处理机制的变迁 ························· 46

　第一节　审判主导期(1950 年至 1959 年) ···················· 46

　第二节　行政主导期(1960 年至 1987 年) ···················· 49

　第三节　行政过渡期(1988 年至 2002 年) ···················· 50

　第四节　审判主导期的恢复(2002 年～　) ···················· 58

　第五节　中国的鉴定制度 ·································· 65

　第六节　小结 ········································· 69

第二编　医师医疗过失的民事责任 ····························· 71

引言　中国的民法制定与变迁 ······························· 71

第一章　医师与患者的法律关系 ····························· 74

　第一节　历史背景 ······································ 75

第二节　私法与公法的论争 ……………………………………… 77
第三节　医师与患者的关系的法律性质 ………………………… 79
第四节　小结 ……………………………………………………… 83

第二章　中国的医疗合同的法理 ………………………………… 84
第一节　医疗合同的法律性质 …………………………………… 84
第二节　医疗合同当事人的问题 ………………………………… 88
第三节　医疗合同的形态与内容 ………………………………… 91
第四节　医疗合同的成立与终止 ………………………………… 95
第五节　违约的事例 ……………………………………………… 98
第六节　小结 ……………………………………………………… 101

第三章　中国医疗过失民事责任的侵权构成 …………………… 102
第一节　侵权行为 ………………………………………………… 102
第二节　一般侵权行为的成立要件 ……………………………… 105
第三节　医疗过失赔偿责任的成立要件 ………………………… 128
第四节　小结 ……………………………………………………… 136

第四章　医疗过失的判断标准 …………………………………… 137
第一节　注意义务违反 …………………………………………… 137
第二节　应当考虑的要素 ………………………………………… 163
第三节　小结 ……………………………………………………… 177

终编 ………………………………………………………………… 181
一、医疗法律构成的特征 ………………………………………… 181
二、存在的问题 …………………………………………………… 183
三、本书的结论 …………………………………………………… 192
四、立法建议 ……………………………………………………… 194

附表 ………………………………………………………………… 196
参考文献 …………………………………………………………… 205
参考资料 …………………………………………………………… 215
日中对照医学用语索引表 ………………………………………… 256
后记 ………………………………………………………………… 263
译后记 ……………………………………………………………… 265

# 第一编　中国医疗制度的变迁与现状

## 绪论　古代中国的医疗制度的变迁

从《黄帝内经》[①]到《本草纲目》[②]，作为中医学的研究成果公刊的众多医学书籍，对当时周边地区，或周边的国家有着巨大的影响。这些成果，至今仍旧在医学界得到广泛运用。在中医大为盛行的中国，如果对纵横两千年以上支撑人们健康的中医，以及与其相关联的医疗制度避而不谈，是无法描述现在中国的医疗制度的。因此，作为理解现在中国的医疗制度的前提知识，以下部分首先对古代中国医师的原型、由此发展而来的医疗制度，以及医师的培养等内容，进行一个简要概观。

对于古代中国医师的原型，一般认为"医源于巫[③]，中医也源于巫。比如古代的'医'字就从巫：'毉'，后来才从酒：'醫'"。[④] 例如，"《山海经·海内西经卷十一》上记载，'开明东有巫彭、巫抵、巫阳、巫履、巫凡、巫相，夹窫窳之尸，皆操不死之药以距之'"。《世本》（战国时代赵国的史书）也记载："巫彭作医"。于是就认为，古代巫也就是医，医也就是巫，巫是医的源泉。之后，伴随着在一般大众之中，将草药封入酒壶里，利用酿制而成的药酒的治疗方法的流行，医与巫开始分离，"毉"字逐渐演变为"醫"。上古时期或许也有过具有经验的医师，但将其作为职业开始行医，恐怕还是从巫师开始。通晓医术的巫师称为巫医，在夏、商时代巫医曾经非常活跃。一般认为，

①　中国最为古老的医学书籍。古代分为黄帝外经与内经两书，原本已经失传，作为现存的《黄帝内经》，唐代杨上善注解的《黄帝内经太素》30卷（其中25卷的平安末期手稿作为国宝藏于京都仁和寺）是最为接近原本的，此外隋朝《素问》和《灵》两部文本经宋朝学者的校订，作为"新校正素问"流传于世，另有《黄帝内经明堂》13卷（杨上善注）。以上内容参照［日］《广辞苑》。

②　中国代表性的本草书籍。明朝李时珍的著作，由52卷构成。1578年完成，1596年公刊。日本也有刊行，校勘本也较多。参照［日］《广辞苑》。

③　在中国，进行侍奉神的神乐、祈祷等活动，询问神的旨意传达神谕之人称为巫。男巫称巫师，女巫称巫婆。

④　李申：《〈周易〉与中医》，http://tao56.51.net/ac/ac087.htm.

即使是巫医,也并非由国家选出的担任,需要考虑声望、民意才能获得其身份。

随着对人们的身体、草药的知识的增加,弥漫在医术周围神秘的雾气也逐渐消散,医术作为一门学问开始被认识。在周的时代,特别是周朝末期,医术从巫术中分离了出来。

因一般人也能自由地参与医疗活动,在西周时代,为了提高医术,设立了评价医者行医的标准,"十全为上,十失一次之,十失二次之,十失三次之,十失四为下"(周礼·天官冢宰下)。每到年末,根据该标准评价医师的业绩,确定医师的级别与俸禄。也就是说,完全治愈病人的医师为最上等,也能享受最好的待遇,过失率越高则相应的待遇就越低。

到了唐代,该制度得以继承,并进一步被完善。在唐代,为了选拔官医,举行由太医署举办的"月试""季试""总试",在总试合格的官医中,成绩最上位的成为御医,成绩次之的获得医学博士的官位,主要在各州府从事医疗实践,以及医学教育、医疗行政管理等工作。该选拔制度随着时代的变化多少存在一些差异,但基本框架到清末一直延续下来。

以上的考试,并非从事医疗实践的资格考试,只是以选拔优秀医师为目的的考试。如果通过此种考试,可以获得官位,因此也可以说是一种科举制度。参加该考试的人都以太医院为最终目标,太医院的主要职责包括①皇帝、大臣、外国使者以及其家属患病时的诊察、治疗,②医师晋升的考试,③医学生的医学教育,④药物的购入等内容。此外,太医院除了向皇族、大臣、外国使者等提供医疗之外,还开设了公家的医疗教育机关。

在中国自古以来,以师承或是私塾的形式学习医学。公元 433 年(刘宋元嘉二十年)太医令秦承祖向皇帝上奏,开设了首座公办医学教育机构。公元 624 年,设立太医署①,当时世界最大的医学教育设施得以完备。这一医学教育制度一直持续至清末,其考试资格因时代不同而有所差异。例如,在唐和元的时代,只要成绩优异谁都可以进入。而宋代,则需要太医的推荐,明代仅限于医师的后代,清代仅限官医的后代。

然而,即使能够进入太医署(宋代称为太医局,明清称为太医院),但绝非意味着前路平坦,为了成为官医将会接受严格的训练。如前所述,在唐代分为"月试""季试""总试"三个阶段,即使花费 9 年时间学习但如果未通过"总试"的人仍然会让其退学。明代分为"季试"与"总考"两个阶段。"总考"合格,取得一等成绩者成为医士,取得二等成绩者成为医生。经过三次"总考"仍未合格者,将被贬为庶民,其推荐之人也将受

---

①　对于此种政府机构,唐代称为太医署,宋代为太医局,明代与清代成为太医院。

到处分。①

　　即使成为官医也绝不轻松。如果犯错，将被处以严格的刑罚。

　　例如，根据唐律，"诸合和御药②，误不如本方③，及封题误者，医绞"（《唐律》第九卷，职制律十二）。（諸テ御薬ヲ合和スルニ、誤リテ本方ノ如クセズ、及ビ封題誤ラバ、医ハ絞。④）"诸医为人合药及题疏，针刺，误不如本方，杀人者，徒二年半。其故不如本方，杀伤人者，以故杀伤论"（《唐律》第十卷，杂律七）。（諸テ医、人ノ為ニ薬ヲ合シ、及ビ題疏・針刺スルニ、誤リテ本方ノ如クセズ、人ヲ殺シタル者ハ、徒二年半。其レ故ラニ本方ノ如クセズ、人ヲ殺傷シタル者ハ、故殺傷ヲ以テ論ズ。⑤）可以说，就好似拿身家性命担保从事医业一样。医者为了保住自己的性命，渐渐形成了保身的医疗体制。

　　与此相对，受到唐代文化强烈影响的日本，对上述条文进行移植时，在量刑上进行了较大的缓和。例如，前述条文即便被移植，成为日本律令时，也进行了如下缓和。即，"凡合和御药，误不如本方，及封题误者，医徒三年"（日本律令职制律第三）。"凡医为人合药及题疏，针刺，误不如本方，杀人者，徒一年"（日本律令杂七）。⑥

　　在中国，到了明代针对医者的失误的量刑也得到了缓和。例如，对于唐律的"诸合和御药，误不如本方，及封题误者，医绞"，明律并非"医绞"，而改为"杖一百"。此外，"如庸医为人用药、针刺，误不依本方因而致死，责令别医辩验药饵穴道，如无故意害之情者，以过失杀人论处，不许行医。若故意违反本方而致死及因事故意用药杀人者，斩"。

　　通过对医者失误在量刑上的缓和，至明代末年，医疗得到极大发展，名医辈出，刊行了大量与医疗有关的书籍。例如世界闻名的李时珍的《本草纲目》，就是这一时期（1596 年）公刊的书籍之一。然而，中医并未像西洋医学那样与近代科学进行结合，实现其近代化。

　　在《本草纲目》刊行 300 年之后，针对医师的过失，一直以来采取宽容政策的日本，进行了明治维新，积极地接受西洋医学，于 1874 年制定了"医制"，并由此将近代医疗制度引入了日本。

---

①　陆肇基：《古代医事制度》，http：// www.chinabaike.com/article/1/78/423/2007/20070516112211.html.
②　"御"是指皇帝的用语，"御药"是指皇帝服用的药物。
③　医师在实施医疗时，根据症状开具一定的处方，称为本方、本法。
④　林紀昭、川村康ほか：《譯注日本律令八唐律疏議譯注篇四》，第 130 頁。
⑤　林紀昭、川村康ほか，前揭書，第 106 頁。
⑥　窪添慶文ほか：《譯注日本律令六唐律疏議譯注篇二》，第 65 頁、66 頁。

　　另一方面,在中国于唐代完成的、对犯错的医师课以严厉刑罚的古代医疗制度,到了明代,在部分的量刑上虽进行了缓和,但其保守的医疗体制并未得到大的改变,并一直持续到1912年中华民国的成立。而这也被认为是中国医疗制度的近代化较其他国家迟缓的原因之一。

　　该传统的医疗制度因中华民国的成立被打上了休止符,但其医疗文化的影响至今仍在中国社会中留下了浓墨重彩。

# 第一章　医师、助理医师及乡村医生

　　形成于唐的时代,并持续至清末的中国古代医疗制度,因中华民国的成立被打上了休止符,并引入了近代治疗制度。然而,由于战乱的原因,此时的医疗也只是有形无实。

　　以民国时代引入的近代医疗制度为范本,1951年相当于现在国务院的当时的政务院曾经颁布了《医师暂行条例》《中医师暂行条例》《齿医师暂行条例》,但在此后被停止使用。此外,当时暂时实施的医师资格考试制度也于1956年被废止,直到1999年都将医学部的毕业证书作为医师资格的代替品。也就是说,在中国虽然于20世纪初期引入了近代医疗制度,但对于医师资格,在很长一段时期,并无近代的资格制度,而是继承了传统的选拔制度。

　　这一传统的医师选拔制度,正如绪论中所述,首先从以医师为目标者中选出优秀的人才,并使其通过多种形式、在不同场合(并不一定是大学)学习医学,毕业或出师①时成为医生的制度。

　　在本章中,以这一传统的医疗文化为背景的中国,对于究竟将什么样的人作为医师进行承认,基于何种标准取得医师资格,以及取得医师资格者具有何种法的权利,应当承担何种义务等问题,将进行解明。

## 第一节　医师的定义

　　中国现行的医师法称为《中华人民共和国执业医师法》(简称《执业医师法》),根据该《执业医师法》,现职的医师称为执业医师。该"执业"是指实施医疗行为,在本书

---

　　①　通过师承这一形式学习中医学之人,学徒期满可以成为正式的医生。

中将其译为业务执行。在《执业医师法》成立之前,中国法上并无明确的医师的定义。在政府公布的相关医疗法规之中,医师(士)是包含护士、药剂师、技师等"医务人员"的总称。然而,根据《现代汉语词典》(第七版),医师是指"受过高等医学教育或具有同等能力、经国家卫生部门审查合格的负主要医疗责任的医务人员。医士是指:受过中等医学教育或具有同等能力、经国家卫生部门审查合格的负医疗责任的医务人员",此处的审查一般是书面审查。大东文化大学编辑的《中国语大辞典》(1994年出版)作出如下解释:"以前是指接受了专业医学教育通过国家考试的人员"①,但该解释有误,因为当时在中国还不存在针对医师或医士的国家考试。

　　1998年6月26日,通过前述《执业医师法》的公布,中国也像日本一样,关于医师的定义变为由法律进行规定。

　　在日本,"医师,通过掌管医疗及保健指导,为促进和提高公共卫生做出贡献,从而确保国民健康生活"(日本医师法第1条),此外"欲成为医师者,必须通过国家医师考试,并取得厚生劳动大臣的执业许可"(日本医师法第2条)。关于国家医师考试的资格,在日本原则上,修得医学的正规课程并毕业者赋予其考试资格(日本医师法第11条第1项);作为例外,通过国家医师预备考试,在通过后经过一年以上与诊疗及公共卫生有关的实际锻炼者(日本医师法第11条第2项);或毕业于外国的医学院校,或在外国取得医师资格,经厚生劳动大臣认定与前第2项所列者具有同等以上学历及技能且适当者(日本医师法第11条第3项)。也就是说,在日本,修完医学部6年的课程并毕业者,或是与其具有同等或以上的学力者,赋予其国家医师考试的考试资格,在日本,除通过内容统一的国家医师考试者之外,医师原则上并不存在。

### 第1款　执业医师与执业助理医师

　　相对于日本,在中国成为医师的途径多种多样。

　　首先,根据中国的《执业医师法》,医师是指,执业医师和执业助理医师②,取得执业医师资格或执业助理医师资格,经注册在医疗、预防、保健机构中执业的专业医务人员(执业医师法第2条)。即必须要注意的是,在中国医师中也包括执业助理医师。执业医师为通过执业医师资格考试者,而执业助理医师则为通过执业助理医师考试者。这两种考试的内容以及报考的资格都有所不同。此外,能够参加执业医师资格考试者,并非全部是完成教育部(相当于日本的文部科学省)规定的正规医学课程者,

---

①　大東文化大学中国语大辞典编纂室编:《中国语大辞典下》,第3675页。
②　为了在医疗现场与一般医师相区别,对于只持有执业助理医师资格者,称其为医士。

通过师承的形式学习传统医学(中医学①与少数民族医学,例如藏医学、蒙医学等)达到一定年限者也能够直接参加执业医师资格考试②。

### 第2款　乡村医生

作为与上述执业医师及执业助理医师性质不同的存在,被称为"乡村医生"者亦有之。乡村医生是指,根据《乡村医生从业管理条例》(以下简称乡村医生条例)第2条的规定,"尚未取得执业医师或者执业助理医师资格,经注册在村医疗卫生机构从事预防、保健和一般医疗服务的乡村医生。"也就是说,乡村医生意味着活跃在中国各地区基层医疗现场(广大农村)的医生。

在中国成为这样的乡村医生的途径依地区而有所差异,其人数逐年增加。根据卫生部的统计,到2001年年末为止,相对于全国有医师163.7万人、助理医师(医士)46.2万人③,乡村医生的数字达到102.2万人④。绝对不能无视如此数量众多的乡村医生的存在。

以提高乡村医生的职业道德与医疗业务的水平,保护乡村医生的法律权益,并保障村民能够接受初级水平的医疗服务为目的,2003年7月30日国务院第16次常务会议通过了乡村医生条例,并于同年8月5日公布、次年1月1日起施行。依据该条例,持有乡村医生证书(条例施行前由地方政府机关颁发的证书)的乡村医生中,已经取得中等(高级学校与大学之间的中间阶段的教育)以上医学专业学历者,或在村的医疗卫生机构连续工作20年以上者,或者按照省、自治区、直辖市人民政府卫生行政主管部门制定的培训规划,接受培训取得合格证书者(乡村医生条例第10条)。通过该条例的制定,申请乡村医生执业注册,取得乡村医生资格的,可以继续在村医疗卫生机构工作;而未经注册取得乡村医生执业证书的,不能执业(乡村医生条例第10条、第15条)。此外,乡村医生资格每5年必须更新(资格更新制,乡村医生条例第16条)。也就是说,通过该条例的施行,上述三个要件中只要有一个要件未具备则不得不离开医疗现场。

---

① 中医学是指中国的传统医学,即所谓的汉方医学。与此相对,西洋医学称为西医或西医学。

② 通过师承的形式学习传统医学者,在认定其有无国家医师考试的资格时进行书面审查,但并不进行类似日本的国家医师预备考试。

③ 该数字依据卫生部统计信息中心编:《2005年中国卫生事业发展情况统计公报》中的表15"全国卫生人员数"。

④ 该数字依据臧文丽:《我国现有乡村医生过百万人》,参见人民网内容 www.people.cn/GB/shizheng/1027/2020820.html.

以上，对于中国的医师、助理医师以及乡村医生的定义简单进行了归纳。对于培育执业医师等的构造、参加考试的资格要件以及通过不同考试的医师、助理医师，或作为乡村医生执行业务的范围等详细内容，将在下节详述。

## 第二节　中国的医疗行为的特色

### 第1款　医疗行为的范围

在中国，医师、助理医师以及乡村医生的业务执行都是通过法律明确规定的。

作为医师在医疗现场工作，必须取得医师执业证书或助理医师执业证书这两种医师或助理医师的资格。取得医师执业证书的医师，能够独立执行业务，而取得助理医师执业证书的助理医师，必须遵照执业医师的指导执行业务，不能独自执行业务或开设诊所等诊疗机构。[①] 但是，在医疗资源不足的乡、民族乡、镇的医疗、预防、保健机构中工作的执业助理医师，可以根据医疗诊治的情况和需要，可以在卫生院或卫生室独立从事一般的执业活动（执业医师法第 30 条）。

对于该"一般的执业活动（医疗活动）"的范围，法律无明确的规定。但是，针对这一问题，卫生部在 2005 年对四川省卫生厅对于"剖腹探查手术"是否属于"一般执业活动"的问询作出的答复可以作为参考。即，"剖腹探查手术面临的情况复杂多变，不应视为'一般执业活动'。在患者病情紧急，危及生命安全，且有剖腹探查手术指征，现场没有执业医师，会诊医师不能及时到达情况下，执业助理医师方可在乡村级医疗机构中实施剖腹探查手术"（卫政法发〔2005〕135 号）。该答复中，对于助理医师的执业范围，即医疗行为的范围，突出了现场的医务人员如果认为必要可随机应变进行应对这一主旨。

助理医师从 20 世纪 90 年代开始一般不再被城市的综合医院采用。然而，在法律条文上，并不存在明确的地域限制。对此，与乡村医生的医疗相关的执业活动，在法条上仅限于村的医疗卫生机构（乡村医生条例第 2 条 1 款、第 17 条）。

乡村医生的执业范围，正如前节所述，基于"尚未取得执业医师资格或者执业助理医师资格，经注册在村医疗卫生机构从事预防、保健和一般医疗服务的乡村医生"（乡村医生条例第 2 条第 1 款）这一乡村医生的定义，限于在村的诊疗所等医疗卫生

---

① 《卫生部关于执业助理医师能否设置个体诊所问题的批复》，中华人民共和国国家卫生和计划生育委员会，http://www.moh.gov.cn/mohyzs/s3581/200804/18575.shtml.

机构的"预防、保健及一般医疗服务"。然而,对于该"一般医疗服务"的内容,并无明确规定。此外,乡村医生条例第 23 条第 1 项存在如下规定:乡村医生在执业活动中享有下列权利:"进行一般医学处置,出具相应的医学证明",对于该"一般医学处置"的内容,也存在法律上未明确的状态。从同条例明确规定的乡村医生"不得进行实验性临床医疗活动"(乡村医生条例第 28 条)这一内容来看,如果是"实验性临床医疗活动"之外,则可视为能够在该乡村医师能力范围之内由其进行医疗活动。

### 第 2 款　关于医疗行为的解释

此外,医师的执业,即关于医疗行为,《执业医师法》的规定之中只有"防病治病、救死扶伤"(执业医师法第 3 条第 1 款)这一描述,在中国关于医疗行为的讨论相对较少。但是,也有学者主张应采医疗行为是"若不以医师的医学判断及技术实施则具有对人体造成危害可能性的行为"[①]这一日本的通说,该学者认为整容及变性手术等也属于医疗行为[②]。

在中国,不存在日本的"医疗行为"与"医行为"这一用语的区别。关于医疗行为的定义,通常分为狭义与广义进行解释。狭义的医疗行为,是指医务人员利用检查、投药、器械的使用、手术等方法,为患者进行疾病的诊断、治疗。与此相对,广义的医疗行为,是指不仅是以诊疗为目的的医疗行为,也应当包括不以治疗为目的医疗行为、实验性的医疗行为在内的概念。[③] 在学说之中,有学说认为狭义的定义已经不再适合现代医疗,广义的定义更加符合现代医疗的特征。[④] 此外,日本的"医行为"的定义[⑤]更加精细且准确,因其容易理解,也有学者主张现代医学与法学的目的一致,从而采该"医行为"的定义[⑥]。

---

① 野田宽:《医事法》(上卷),第 60 页。
② 龚赛红:《医疗损害赔偿立法研究》,法律出版社,2001 年,第 7 页。
③ 王岳主编:《医疗纠纷法律问题新解》,中国检察出版社,2004 年,第 2 页。
④ 艾尔肯:《医疗损害赔偿研究》,中国法制出版社,2005 年,第 31 - 32 页。
⑤ 野田宽:《医事法》(上卷),第 59 - 60 页。
⑥ 龚赛红,前揭书,第 7 页。

## 第三节　在中国医师资格的取得与丧失

### 第1款　医师的培养

由于20世纪50年代引入了苏联的教育体系,中国的医科系大学基本上都是单一学科的大学。在该医科大学之中,自2000年起引入美国的教育体系,医科大学被综合性大学合并,转变为综合大学成为了医学教育界的一大主题。例如,北京的北京医科大学与北京大学合并成为北京大学医学院,上海的上海第一医科大学与复旦大学合并成为复旦大学医学院,广州的中山医科大学与中山大学合并成为中山大学医学院,这一潮流波及至全国。[①] 现在,除了一部分的医科大学,许多医科大学已经与其他大学合并成为了综合性大学。

原本在中国,因为历史的、政治的原因,医疗人才的不足、特别是农村医疗资源不充分的状况持续了较长时期。为了解决该医疗资源供需的问题,中国政府曾经通过中等专业学校(正规期间3年)、专科(正规期间3年)、本科(正规期间4年)这一阶段性的医学教育方式培养医师。然而,在2003年除了一部分的学校[②],许多专科被废止,本科的正规期间也延长至5年。除此之外,一部分教育设备充实的学校作为从本科到硕士的一贯制教育,规定正规课程为7年或8年。例如,北京的中国协和医科大学的正规课程为8年,沈阳的中国医科大学为7年。

如上所述,中国的医学教育,随着从苏联的教育体系转变为美国的教育体系,可以说又向靠近先进国家的医学教育迈出了一步。

### 第2款　医师的国家资格考试

#### 第1项　国家医师资格考试实施的经过

如上所述,当时的政务院(相当于现在的国务院),在1951年发布了《医师暂行条例》《中医师暂行条例》《齿医师暂行条例》,但在20世纪50年代中期,该三项条例的施行被终止。此外,已经实施的医师资格考试制度也于1956年被废止,直至1999年

---

① 森三树雄:《中国の医療保険制度と臨床検査》,《日中医学》2002年第7号,第3页。
② 例如,原本是专科学院的江西省赣南医学院,在2003年变为5年的正规课程,成为本科医学院,但从2006年开始,以对应社会需求为目的,部分课程又恢复至3年的专科。

医学部的毕业证书都被视为医师资格的代替物。①

　　然而,各医学教育机构中的教育环境各式各样,学生之间也存在个人的差别,作为两者相互作用的结果,毕业生的水平自然也是千差万别。为了提高保护国民生命、健康的医疗的水准,重新恢复医师的资格考试制度,有必要对医疗体系进行综合地规范化、统一化及法制化。此外,医疗秩序的提高,以及对医师权利与义务的明确规定作为重要的一环,在1998年《执业医师法》得到了制定。该医师法中对国家实施医师资格考试进行了明文规定(同法第8条),规定了具体的考试资格条件(同法第9条、第10条、第11条、第12条)。对于考试相关的其他详细内容,规定在卫生部颁布的《医师资格考试暂行办法》(1999年7月16日)、《传统医学师承和确有专长人员医师资格考试暂行办法》(1999年7月23日)之中。基于这些规定,1999年11月20日实施了第一次医师资格考试,不合格者不能再从事医师业务。

　　医师的国家资格考试,是审查参试者是否掌握了作为医师或助理医师应具有的医学知识与技能的考试,其内容由实践技能考试和医学综合笔试构成,分为临床、中医(包括中医、民族医、中西医结合②),口腔、公共卫生四个领域。

　　第2项　国家医师资格考试的报名资格条件

　　在日本,符合以下条件之一的可以参加医师的国家考试(日本医师法第11条、牙科医师法第11条)。即,①根据学校教育法在大学完成医学或齿学的正规课程(6年,日本学校教育法第55条②)并毕业者;②通过国家考试的预备考试者,通过后经过1年以上的关于诊疗及公共卫生或口腔卫生的实际锻炼者;③从外国的医学院校或牙科医学院校毕业,或在外国取得医师或牙科医师资格者,经厚生劳动大臣认定具有与前两者同等以上的学力及技能,且适当者;此三种情况中的任何一种。③

　　另一方面,如前所述,在中国由于历史的、政治的原因,医疗人才的不足、特别是在农村长期存在医疗资源不充分的状况,为了解决医疗资源的供需问题,与日本相比医师的培养期限被远远地缩短了。此外,就连自学及远程教育(例如通信教育、网络教育等)的学历也得到承认。在此种背景之下,中国对医师及助理医师的国家资格考试的报名条件作出了如下规定:

　　(1)具有高等学校医学本科以上学历,于执业医师的指导下,在医疗、预防、保健机构中试用期满1年的,或者具有高等学校医学专科学历,取得执业助理医师的资格后,在医疗、预防、保健机构中工作满2年的,或者具有中等专业学校医学专业学历,

---

①　伍天章、黄飞:《卫生法学》,广东人民出版社,2001年,第286页。

②　不仅是中医学,也包含西洋医学的领域称为中西医结合。

③　菅野耕毅、高江洲義矩:《医事法学概论》,第42页。

在医疗、预防、保健机构中工作满 5 年的,可以参加执业医师资格考试(执业医师法第
9 条)。

（2）具有高等学校医学专科学历或者中等专业学校医学专业学历,在执业医师
的指导下,在医疗、预防、保健机构中试用期满 1 年的,可以参加执业助理医师资格考
试(执业医师法第 10 条)。但是,根据《中等医学教育结构调整指导意见的通知》,经
省级的卫生行政部门许可设立的医学中等专业学校,以及经省级以上卫生行政部门
许可设立的医学专业学校毕业者,可以参加执业助理医师资格考试。除此之外的医
学中等专业学校的学历(除了中医、中医骨伤、中医康复保健、藏医医疗、维医医疗、蒙
医医疗的学历),不具有参加考试的资格。①

（3）完成医学的硕士课程,或博士课程者,以及从规定正规课程为 7 年或 8 年的
医学部毕业者,毕业当年即可以参加执业医师资格考试。但是,要求在校期间接受 2
年的临床进修。②

（4）对于通过师承的形式学习传统医学(中医与少数民族医学)者,毕业于高等
中学,接受具有 20 年以上临床经验的老中医(具有医学专业高级技术职称者③)的指
导满 3 年,并且自取得"出师合格证书"后临床进修满 2 年者,可以参加执业医师资格
考试。接受一般执业医师的指导,临床进修满 1 年者可以参加执业助理医师资格
考试。④

（5）医师资格考试,不问国籍,中国的医学本科毕业后,在中国的医疗机构进修
满 1 年的外国人也可以参加。但是,可以参加考试的领域限定在临床、中医、口腔,不
能参加民族医及公共卫生的考试。⑤ 这一点,对于台湾、香港、澳门的居民同样适
用。⑥ 虽然未发现对于外国的医科大学或牙科医科大学毕业者的规定,但是具有外
国及台湾、香港、澳门的医师资格的医师,如果取得"外国医师短期行医许可证",可以

---

① 卫生部:《关于对医师资格考试报名资格暂行规定的补充规定的通知》,2002 年 4 月 25
日。

② 卫生部:《关于对硕士、博士研究生以及七年制硕士生、八年制毕业生等参加 1999 年医师
资格考试有关意见的通知》,1999 年 9 月 16 日。

③ 参照拙稿《中国の医療制度について(一)》,早稲田大学大学院法研論集第 111 号(2004),
第 76 頁注(4)。

④ 卫生部:《传统医学师承和确有专长人员医师资格考核考试暂行办法》第六条,1999 年 7
月 23 日。

⑤ 卫生部、国家中医药管理局、外交部、公安部:《关于取得中国医学专业学历的外籍人员申
请参加中华人民共和国医师资格考试有关问题的通知》,2001 年 9 月 3 日。

⑥ 卫生部、国家中医药管理局、公安部、国务院台办、国务院港澳办:《关于取得内地医学专业
学历的台湾、香港、澳门居民申请参加中华人民共和国医师资格考试有关问题的通知》,2001 年 9
月 3 日。

在中国进行医疗活动。①

（6）自 20 世纪 80 年代开始，政府采取对包括医学在内的各学科领域的自学以及远程教育进行奖励的政策，如果通过所谓的"成人考试"②，则其学历可以得到承认。但是，从 2002 年 4 月 25 日以降，关于医学领域，在取得执业助理医师资格的基础上通过"成人考试"者，承认其执业医师资格考试的参加资格，而不具有执业助理医师资格者即使通过"成人考试"，也不能再参加执业医师资格考试。③ 此外，从 2002 年 10 月 31 日起，除了在职中的中医、汉方药的专家之外，关于医疗的远程教育（通信教育、网络教育等）以及通过自学获得学历的认定也被停止。④

第 3 项　违纪行为的禁止

国家医师资格考试，从与人的生命、身体相关的职业的重要性出发，要求参加考试者的素质，考试内容的客观性和妥当性，以及考试方法的严格性与可信赖性。参与考试者，如果违反此原则，涉及违规行为，则不仅会致考试无效甚至还会对考试制度本身的可信赖性造成损害。因此，对于涉及违规行为者，特别规定了严格的制裁措施。⑤

根据卫生部于 1999 年 8 月下发的通知⑥，所有担任国家医师资格考试试题的命题及审题的考试委员会的委员，必须严格遵守保密规定，负有保密义务。因此，考试委员会的委员不能参加考前辅导班的授课以及考试资料的编写等社会活动。向国家医师资格考试委员会推荐委员的单位⑦，不得以自己单位的专家参与了考试的命审题工作为由，举办各种研讨会及进行考试资料的编写。对于违反上述要求的，一经发现，永久取消委员资格，取消单位推荐委员资格五年，并向全国通报批评。此外，担任考试相关事务者，不得违反医师资格考试纪律。违反纪律者，进行通报批评，在处以

---

① 卫生部：《外国医师来华短期行医暂行管理办法》，1992 年 10 月 7 日。

② 国家实施的针对社会人员的学历认定考试，从 20 世纪 80 年代开始。

③ 卫生部：《关于对医师资格考试报名资格暂行规定的补充规定的通知》，2002 年 4 月 25 日。

④ 教育部、卫生部：《关于举办高等医学教育的若干意见（教高〔2002〕10 号）》，2002 年 8 月 2 日。

⑤ 卫生部：《关于下发医师资格考试违纪处理暂行规定的通知》，1999 年 7 月 19 日；《〈中华人民共和国执业医师法〉有关要求》，1999 年 10 月 22 日。

⑥ 卫生部：《关于重申严禁国家医师资格考试命审题专业委员会委员参加有关医师资格考试社会活动的紧急通知》，1999 年 8 月 4 日。

⑦ 主要指机关、团体、公司或其下属各部门。

取消"医师资格考试工作人员资格"等行政处分之外,构成犯罪的依法追究其刑事责任。①

国家医师资格考试的参加者,在考试开始前或开始结束后不按要求答题的、考试资格弄虚作假的,或者作弊、企图让他人代考等,实施了与考试相关的违纪行为的,对与该违纪行为有关的当事人,处以警告、终止考试、取消单元考试成绩、取消当年考试成绩等行政处分。②

## 第3款　医师资格的取得

### 第1项　注册

通过医师的资格考试者,可以向所在地县级以上的人民政府卫生行政部门申请注册(执业医师法第13条)。除了执业医师法第15条规定的事由,受理申请的卫生行政部门在接到申请之日起三十日内必须做出注册的许可,同时交付由国务院卫生行政部门统一印制的医师执业证书。医疗、预防、保健机构可以为该机构中的医师办理集体注册的手续。

医师经过注册手续,可以按照注册的执业地点、执业类别、执业范围执业,在医疗、预防、保健机构中从事相应的医疗、预防、保健业务(执业医师法第14条第1款)。未经过医师注册,未取得执业证书者,不得从事医师的执业活动(执业医师法第14条第2款)。

### 第2项　不予注册事由

根据《执业医师法》第15条第1项,属于以下情形之一的,不能取得注册的许可。

(一) 不具有完全民事行为能力③的;

(二) 因受刑事处罚,自刑罚执行完毕之日起至申请注册之日止不满二年的;

(三) 受吊销医师执业证书行政处罚,自处罚决定之日起至申请注册之日止不满二年的;

(四) 有国务院卫生行政部门规定不宜从事医疗、预防、保健业务的其他情形的。

此外,受理申请的卫生行政部门对不符合条件不予注册的,应当自收到申请之日起三十日内书面通知申请人,并说明理由。申请人有异议的,可以自收到通知之日起

---

① 参见前揭《关于下发医师资格考试违纪处理暂行规定的通知》第2条、第8条、第9条、第10条。

② 参见前揭《关于下发医师资格考试违纪处理暂行规定的通知》第2条、第5条、第6条。

③ 中国的"完全民事行为能力"类似于日本民法中的"行为能力",也即单独、完全地实施如契约等法律行为的能力。

十五日内,依法申请复议或者向人民法院提起诉讼(执业医师法第15条第2款)。

第3项 注册的变更

根据《执业医师法》第17条,"医师变更执业地点、执业类别、执业范围等注册事项的,应当到准予注册的卫生行政部门依照本法第13条的规定办理变更注册手续"。

对由于资金周转困难,不得不关闭的合作医疗卫生所的原医务人员,将该合作医疗卫生所中的药品、医疗器具等带回家,在自己家中继续进行诊疗活动的行为,行政主体以无许可诊疗对该医师处以罚金,以及没收药品、医疗器具,停止业务的行政处分。由于对该行政处分不服,该医师向法院提起诉讼,一审(昭平县人民法院1999年11月5日判决)基本与行政主体持相同意见,但未支持罚金。二审(贺州地区中级人民法院2000年1月27日判决)则全面支持了行政主体的主张。[①]

此外,根据《执业医师法》第18条,中止医师执业活动2年以上,或同法第15条规定的情形消失的,申请重新执业的情形,应通过同法第31条规定的机构考核合格,并依照同法第13条的规定重新注册。

## 第4款 医师资格的丧失

第1项 资格的注销与辩明的听取

根据《执业医师法》第16条,医师在注册之后,符合下列情形之一的,其所在的医疗、预防、保健机构,应当在30日内报告准予注册的卫生行政部门,卫生行政部门应当注销注册,收回医师执业证书。

(一)死亡或者被宣告失踪的;

(二)受刑事处罚的;

(三)受吊销医师执业证书行政处罚的;

(四)依照本法第三十一条规定暂停执业活动期满,再次考核仍不合格的;

(五)中止医师执业活动满二年的;

(六)有国务院卫生行政部门规定不宜从事医疗、预防、保健业务的其他情形的。

被注销注册的当事人,对此存在异议时,自收到注销注册通知之日起15日以内,可以依法申请复议,或者向人民法院提起诉讼。也就是说,给予其说明的机会。

第2项 罚则

根据《执业医师法》第37条,医师在执业活动中,违反《执业医师法》的规定,有下

---

① 祝铭山主编:《医疗卫生行政诉讼》,中国法制出版社,2004年,第24-32页,两判决从此处引用。

列行为之一的,由县级以上人民政府卫生行政部门给予警告或者责令暂停 6 个月以上 1 年以下执业活动。情节严重的,吊销其执业证书;构成犯罪的,依法追究刑事责任。

（1）违反卫生行政规章制度或者技术操作规范,造成严重后果的;

（2）由于不负责任延误急危患者的抢救和诊治,造成严重后果的;

（3）造成医疗责任事故的;

（4）未经亲自诊查、调查,签署诊断、治疗、流行病学等证明文件或者有关出生、死亡等证明文件的;

（5）隐匿、伪造或者擅自销毁医学文书及有关资料的;

（6）使用未经批准使用的药品、消毒药剂和医疗器械的;

（7）不按照规定使用麻醉药品、医疗用毒性药品、精神药品和放射性药品的;

（8）未经患者或者其家属同意,对患者进行实验性临床医疗的;

（9）泄露患者隐私,造成严重后果的;

（10）利用职务之便,索取、非法收受患者财物或者牟取其他不正当利益的;

（11）发生自然灾害、传染病流行、突发重大伤亡事故以及其他严重威胁人民生命健康的紧急情况时,不服从卫生行政部门调遣的;

（12）发生医疗事故或者发现传染病疫情,患者涉嫌伤害事件或者非正常死亡,不按照规定报告的。

第 3 项　医师的专家责任

专家责任,是指具有特别的知识以及技术的专家在提供专业服务的过程（执业）中,因给他人造成损害而应承担的民事责任。委托人委托的专家,在其执业活动中,通常实施与委托人的人身、生命、健康或财产相关的重大事务。例如,医疗从业者的执业活动与患者的生命、健康直接关联。因此,违反专家（医师）被课以的注意义务,对委托人造成损害时,一般认为专家（医师）应当承担对于该损害的赔偿责任。[①]

# 第四节　医师的业务

## 第 1 款　业务的垄断

非医师者实施医疗行为的情形,由县级以上人民政府卫生行政部门予以取缔,没

---

① 龚赛红,前揭书,第 87 页。

收其违法所得及其药品、器械,并处 10 万元以下的罚款(执业医师法第 39 条)。

以不正当手段取得医师执业证书的,由发给证书的卫生行政部门吊销其证书。对负有直接责任的主管人员和其他直接责任人员,依法给予行政处分(执业医师法第 36 条)。

如前所述,在中国的医疗现场工作的医师并不都是出身于正规医学教育机构,不具资格者容易伪装成医师实施医疗行为,即所谓非法行医,也较为常见。[1] 在此,可将非法行医按照其特征分为三种类型。

第一种是移动型。该种类的非法行医者,既无确定职业也无确定住所,主要是在城市与农村结合地区辗转流动进行医疗活动。他们主要是通过师承的方式学习传统医学,自称掌握了特殊技能或持有祖上传来的秘方等以获得患者,其中不乏骗子之流。

第二种是居住型。这种非法行医者的特征是,原来的护士、药剂师、助产士或没有医师资格的医师,对于现代医学具有一定的知识。这些人中的大部分,在城市的人口密集地区租借房屋,或利用自家房屋秘密地进行医疗活动。通过低价格,且不分昼夜,随时接诊的特点,在当地也受到一定程度的欢迎。

第三种是淘汰型。这一类型的非法行医者,大部分是"赤脚医生",在乡村医生条例颁布之后,虽无法取得乡村医生的资格,但仍同之前一样实施医疗行为。这些人原本是作为医师,常年在基层的医疗现场工作,一定程度上构筑了与患者之间的信赖关系,当地的行政机构不仅不会对其取缔,睁一只眼闭一只眼的情况较多。对于这一类型,有观点认为只能通过时间的进行,等待其被自然淘汰。[2]

非法行医不仅妨碍了正规的医疗活动,也造就了假冒药品的市场。为了维护健全的医疗,2004 年卫生部发布了《关于开展严厉打击非法行医专项整治工作的通知》(卫监督发〔2004〕113 号),同年 5 月 10 日发布了对其具体化的《严厉打击非法行医专项整治工作方案的通知》(卫监督发〔2004〕149 号)。

### 第 2 款　兼职的限制

从 20 世纪 90 年代,开始盛行所谓的"医师走穴",想增加现金收入的医师不断增加。而过劳导致的医师集中力的低下伴随而来的医疗质量的低下被不断指出,甚至有可能成为引发医疗事故的因素,因此卫生部颁布了《医师外出会诊管理暂行规定》

---

① 马涛:《伪医生自揭医疗黑幕:兽医治性病护士做手术》,http:// cn. news. yahoo. com/ 051021/1072/2fnnx. html.

② 杨于忠:《非法行医屡禁不止的原因分析》,《中国卫生法制》2006 年第 1 期,第 25 页。

(2005 年 4 月 30 日),严格限制医师的兼职。根据该规定,未经所属的医疗机构许可不得在其他医疗机构进行"会诊"。即使获得许可,在其他医疗机构的"会诊"也被限定为每周一次。然而,想要实现提高医师品格,使其专注于本职,达到一定的收入水平实属必要。如果不能够确保达到一定的收入水平,为获得现金收入而兼职的医师就不会绝迹,因此上述限制是否有效存有疑问。可以说原本在本职中确保适当的报酬对医师来说是必要的。

## 第 3 款　医师的义务

### 第 1 项　说明义务

对于患者的病状,医师应当对患者或其家属如实地告知其病情。但是必须注意避免对患者产生的不利后果(执业医师法第 26 条)。在实践中,存在医方对接受痔疮治疗的患者及其家属,在治疗之前对该治疗可能产生的并发症等未作说明,被判决须对因并发症使患方遭受损害的一部分承担赔偿责任的事例(一审获嘉县人民法院、二审新乡市中级人民法院)[1];以及未获得遗属的承认,擅自取得死亡患者脏器的医方,被判决承担脏器的返还以及对遗属的精神损害赔偿的事例(一审沙依巴克区人民法院、二审乌鲁木齐市中级人民法院)[2]。

此外,针对最近因会诊产生的其他医院前来会诊的医师会诊费高涨的问题,在前述卫生部《医师外出会诊管理暂行规定》中也明确了,在从其他医院邀请医师进行会诊之前,需要向接受会诊的患者或其家属说明会诊及会诊费用等情况,征得患者或其家属的同意(医师外出会诊管理暂行规定第 4 条)。

### 第 2 项　保密义务

医师应当保护患者的隐私(执业医师法第 22 条第 3 项),违反此项义务时将会被追究法律责任(执业医师法第 37 条第 9 项)。

一般认为,侵犯秘密罪将个人秘密作为保护法益,是作为破坏私生活的平稳的罪名。特别是对于医师保密义务的旨趣,在日本,如果医师存在将患者秘密泄露的可能性,患者将会回避医师的医疗,不向医师如实告知其病情,从而无法获得有效的医疗,因此通过对医师课以保守患者秘密之义务,实现患者对医师的信任并接受妥当治疗这一患者个人利益(个人秘密的保护)的目的。并且,通过此种方式,也在谋求实现公共的利益(保持、增进国民的健康)。[3] 在中国也能见到与以上观点相似的探讨,例

---

① 张思杰、杨益各:《未履行告知义务也得赔》,《法制日报》,2001 年 9 月 12 日。
② 参见《人民法院案例选民事卷(中)》第 261 号案例,第 1284 - 1289 页。
③ 野田寬,前揭書,第 193 頁。

如，"在治疗过程中，病人必须对医生真实告知各种情形，从而医师对病人负有保密义务"①，"医疗中患者的隐私权，是现代人权发展理论必须给以关注的一个重要方面，其主要内容表现为包括在医疗过程中患者不愿意让他人知悉的私人信息，私人空间的隐瞒权、维护权和支配权等"②。从以上观点来判断，可以看出《执业医师法》大致与日本的立法旨趣相同，从而作出了上述规定。

第 3 项　疗养指导义务

此外，医师还承担对患者宣传卫生保健知识，进行健康教育的义务（执业医师法第 22 条第 5 项）。例如有观点认为，对于饮食、睡眠等事项，教育患者如何才是有效的方法等，也应包含在此义务中。③

第 4 项　诊疗义务与转院义务

诊疗义务，是指医师使用学习得来的知识或技术，对患者罹患的疾病在准确诊断的基础上进行适当治疗的义务。此处的诊疗，如果进行广义解释，包括诊断、治疗、手术、输血等整体诊疗过程。对于具体的患者如何给予诊疗，应当按照其病状采取适当的治疗方法。此外，医师不得为了"创收"，而对患者实施必要之外的诊疗。④

对于"急危患者"，医师应当采取紧急措施，不得拒绝急救处置（执业医师法第 24 条）。

"医疗机构对'危重病人'（生命具有危险或重症患者）应当立即抢救。对限于设备或者技术条件不能诊治的病人，应当及时转诊"（医疗机构管理条例第 31 条）。在转院时，一般认为医师负有为了患者的利益推荐该领域专家的义务。⑤

在中国由于未充分完善医疗保险制度，在医院之间转来转去的患者也并不少见。为了防止此种事态的发生，有学者认为"我国的《医疗机构管理条例》第 31 条只规定了医疗机构对危重病人的转院义务"⑥。然而，笔者认为，一般在医疗机构因设备或医师的能力不具备，达不到进行妥当治疗的客观条件，即所谓医疗水准的情况下，不问是否为"危重病人"，都应当迅速转院，前述规定仅对"危重病人"产生转院义务的理

　　①　宁红丽：《大陆法系国家的医疗合同立法及其对中国大陆的借鉴意义》，中国民商法律网，2004 年 10 月 25 日，http://old.civillaw.com.cn/article/default.asp? id=18724.
　　②　赵学刚：《医疗中患者隐私权保护与医学发展研究》，中国民商法律网，2003 年 11 月 12 日，http://old.civillaw.com.cn/article/default.asp? id=13377.
　　③　程啸：《论医疗损害民事纠纷中医疗者的义务》，载梁慧星主编《民商法论丛》第 21 卷，法律出版社，2001 年，第 730 页。
　　④　龚赛红，前揭书，第 35 页。
　　⑤　程啸，前揭文，第 730 页。
　　⑥　王岳主编：《医疗纠纷法律问题新解》，中国检察出版社，2004 年，第 100 页。

解存在错误。只是,日本与中国存在不同的社会背景,能否说充分反映了围绕该转院义务的解释不无疑问。以下,通过事例的列举进行一定的比较。

### 1　中国的事例

围绕转院,未对脑溢血的患者实施紧急措施,以床位已满为由强行向其他医院实施转院的医方,法院认为因其处置不及时应对患方产生的损害承担赔偿责任。关于该事例的概要如下所示。

事例 1

**南京的拒绝诊疗的事例**[①]

**【事实概要】**

1999 年 3 月 31 日 22 时 20 分,29 岁的 X(男性)因头部受到碰撞,于 Y 医院的急诊科接受了外伤的处置以及 CT 检查。当时,CT 检查显示"右侧头盖骨骨折,右侧硬膜外出血约 40 ml"的结果,此外自 X 本人也发现"意识蒙眬、状态不稳定、短时间的意识不清以及双瞳孔扩大"等症状。通常对于此类患者应迅速进行手术,但 Y 医院以床位已满为理由将 X 转向 A 医院。在到达 A 医院时,X 的硬膜外出血量已经升至 180 ml。4 月 1 日 0 时在 A 医院接受了紧急手术的 X,虽然生命得以保留,但成为了植物人。同年 5 月 22 日 X 方向 Y 要求损害赔偿,并向南京市某区人民法院提起诉讼。

南京市某区医疗事故鉴定委员会组织了鉴定,出具了"虽然不构成医疗事故,但是 Y 医院存在过失。该过失,依照患者的病状,出现了应当在现场采取急救措施的征兆,但 Y 医院违反与此相关的医疗法规,促使 X 转院,在短时间内形成了脑疝,导致 X 产生了不良结果"的鉴定结论。之后,南京市医疗事故鉴定委员会在鉴定时也认可 Y 医院"存在过错",同时指出"床位不足不能成为转院的理由"。

**【判决要旨】**

南京市某区人民法院根据上述鉴定意见,认为"由于 Y 医院的过错行为,使 X 及时接受治疗的机会被剥夺(否定了床位不足这一转院理由),对于由此产生的结果,Y 应当承担民事责任",判令 Y 向 X 方支付 133 万 4 千余元的损害赔偿金。

### 2　日本的事例

在日本也发生过与上述事例事实关系相近的事例,从结论来看都是判决被告承

---

[①]　陈晓军主编:《医疗损害赔偿》,中国法制出版社,2004 年,第 1 - 3 页。

担责任,但其理由存在相异之处。

事例 a

## 神户的拒绝诊疗的事例(神户地裁平成 4 年 6 月 30 日判决)[①]

【事实概要】

　　Y 市(被告)及其周边地区,按照患者病状的轻重将急救医疗体系分为三个等级,即应对较轻症状患者的第 1 级急救医疗机构,应对需要住院、手术患者的第 2 级急救医疗机构,应对严重急救患者的第 3 级急救医疗机构,根据急救医疗信息中心所掌握的急救信息实施急救患者的运送。

　　X(20 岁、男性)在 Y 市遭遇交通事故,造成两侧肺挫伤、右支气管断裂,被救护车运走。X 先被运至 A 医院(第 2 级急救医疗机构)的正门口,该医院的医师在救护车内诊断 X 为第 3 级急救患者,并告知因此不能接受。此后,消防局控制室联系了 B 医院(第 3 级急救医疗机构),但该医院的负责人受到负责夜间急救的医师的指示,作出由于脑外科医师与骨科医师不在院内无法接收的回复(外科医师在院)。最终,X 被邻接市的 C 医院(相当于 Y 市第 3 级急救医疗机构)收治,直接进行了应急处置并实施了手术,但因前期受伤引起的呼吸衰竭而导致死亡。

　　X 的遗属,以 B 医院(以及当班医生)的拒绝治疗,侵害了 X 接受妥当医疗的法益,遭受了身体及精神的损害为由,针对该医院的开设者 Y 市提起诉讼,请求 200 万日元的抚慰金。

　　对此,Y 市提出如下反驳意见,B 医院的当班人员仅仅是对该医院当时的情况提供了信息,该医院并未拒绝接诊;医师法第 19 条第 1 项是公法上的义务,医师即使拒绝诊疗也不直接对患者个人承担民事上的责任;存在其他可能接收的医疗机构属于拒绝诊疗的正当事由,并未发生 X 应受到法律保护的客观损害等。

　　法院作出以下判决,认可了 X 的遗属的部分请求。

【判决要旨】

　　(1)诊疗拒绝的成立与否

　　在进行了详细的事实认定的基础上,综合判断,“客观地看,不得不说被告医院在本案负责夜间急救的医师,对于本案控制室的联络,通过同医院的当班医师,拒绝了 X 的接收(诊疗)”。

　　(2)B 医院的责任

　　“应招义务是直接的公法上的义务,因此,医师即使拒绝诊疗,该行为也不能直接

---

　① 判時 1458 号,第 127 頁。

引起民事上的责任……但是,……应招义务也应理解为具有保护患者的一面,医师在拒绝诊疗带给患者损害的情形下,应大致推定该医师存在过失,该医师存在使拒绝诊疗正当化的理由,即如果不能对属于该正当事由的具体事实进行主张、举证,则该医师应当承担患者遭受损害的赔偿责任"。"医院,应当是医师为了公众或特定多数人的利益,进行医疗业务的场所,是以伤病者能够接受科学的且适当的诊疗,给予其便利为主要目的进行组织,并且运营的(日本医疗法第1条之2第1项),因此,医院也与医师同样承担诊疗义务"。"拒绝诊疗,是该医院中全体组织活动的问题,此处产生问题的过失,可以说是组织上的过失"。

(3) 是否存在拒绝诊疗的正当事由

"第3级急救医疗机构的B医院,以Y市内存在第1级、第2级急救医疗机构作为本案拒绝诊疗的正当理由,不予认可"。"的确,负责医师不在场,在某些情况下可以认为是拒绝诊疗的正当理由。但是,在本案中,与死亡的X的受伤具有密切关联的外科医师,在本案联络时作为负责夜间急救的医师在院"。"在该医院中,虽然在本案联络时脑外科及骨科的两专门医师不在院内,但无论是从人员条件还是物质条件来看即使接收X对其实施医疗均属可能,尽管如此,也不能否定该医院以上述两专门医师不在院内为理由拒绝诊疗的推定"。

(4) X的损害

"患者,具有在医师无正当理由时不被拒绝其要求的诊疗,得接受诊察的法益","认定该法益受到侵害遭受了精神上的损害是适当的",判令Y支付150万日元的损害赔偿金。

## 3　探讨

事例1与事例a的事实关系虽然较为相近,但在确定责任的理由上确有相异。事例1中,Y医院对运送来的X进行了CT检查,以及应急措施,但因床位已满,将X转院至A医院。对此,法院采纳了"床位不足不能作为转院的理由"这一鉴定结论,认定了Y的损害赔偿责任。

在事例a中,A医院的医生在救护车内诊断X为第3级急救患者,因此告知无法接收。之后,消防局控制室联系了第3级急救医疗机构的B医院,该医院的当值人员,以脑外科医师与骨科医师不在院内为由拒绝了接收(外科医师在院)。对此,法院认为,虽脑外科医师与骨科医师不在院内,但"与本案受伤具有密切关联的外科医师,在本案联络当时作为负责夜间急救的医师在院","无论是从人员条件还是物质条件来看即使接收X对其实施医疗均属可能",以此为理由认定了B医院的赔偿责任。

在日本,通常认为病床的满床、医师的缺席、手术中、设备不充分,可以成为拒绝诊疗的正当事由("救急病院等を定める省令の基準について",昭和39年10月14日総74号厚生省医務局総務課長通知),在事例a中,外科医师在院,因此"人员条件、物质条件均为可能",而脑外科与骨科医师的不在院被认为不属于拒绝诊疗的正当事由。也就是说,如果人员条件及物质条件均为可能,则不能拒绝诊疗。这一判决的主旨,与中国的事例1的判决主旨是一致的。但是,在物质上是否可能的判断标准存在区别。

在中国,即使不存在紧急状态,如果患者多的话,则会增加临时床位,有时甚至会让患者暂时睡在走廊,因此不会被视为问题。这是因为,在中国申请设立医院时,要求明确土地和建筑物的面积以及床位数量(医疗机构管理条例实施细则第15条等),但是并无对病房的面积、床位之间距离的规定。因此,在中国仅以床位已满为理由无法否定物质上的可能性,也不能成为拒绝诊疗的正当事由。

与此相对,日本则从病房面积乃至患者每人应有的面积,进行了详细的规定(日本医疗法施行规则第16条)。此外,还有"分娩中心的管理人,不得同时让10人以上的孕妇、产妇或产后的妇女进入"(日本医疗法第14条)的规定。从这些规定来看,在日本病床的满床当然地成为拒绝诊疗的正当事由。

## 第五节　小　结

以上,在本章中,对现在中国的医师相关的法律规定进行了概览,可以看出古代医疗制度构造的痕迹。例如,会产生在城市中工作的医师不就是官医这样的错觉。但是,《执业医师法》的制定,规定了关于医师的权利义务、医师资格考试的实施等,可以说为了实现医疗体系的规范化、统一化以及近代的法制化迈出了坚实的一步,此外也存在对医疗机构改革应当作出评价的方面。另一方面,以下对其中存在的问题提出己见。

第一个,是围绕国家医师考试的考试资格条件的问题。作为考试资格条件的医师的培养期限,不仅仅是考虑到医术是否已经掌握,也与是否平等地进行考试有关。无需多言,所有的考试在正确评价人的能力方面都存在着界限,因此考试资格的平等性始终受到重视。尤其是考虑到医学的特殊性,为了掌握充分的医学知识、技术,医师的培养期限及培养环境极为重要。

通过2003年的医学教育的改革,医学专科被废止,本科医学教育的正规期限规定为最低5年,此前各种不同的医师培养期限暂时得到了统一。然而,从正规课程只有3年的医学专业学校毕业的所有助理医师,在医疗、预防、保健机构的工作期限满一定年数,也被给予参加医师国家考试的机会,不能说没有问题。这是因为,显而易见,很难说所有的医疗、预防、保健机构的教育环境都能够达到大学医学院的水准,特别是中国各地区经济发展的不均衡,导致大城市与周边的医疗资源存在着巨大差距。

此外,虽然培养中医医师的师承制度是传统的制度,但在中医界中秘密主义的观念根深蒂固,其真实状态并不明朗。不透明的师承制度也被认为是滋生不正的温床,即使考虑到中医的特殊性,对于师承的经验应否纳入考试资格条件的问题,需要进一步探讨。作为改善的方法,例如对于此种未完成本科医学正规课程者,可以进行类似于日本的国家医师考试的预备考试。

可以说通过医师培养体系与认证体系这两大支柱的合理化、标准化,国家医师考试才能够成为平等、公正,并且具有高度信赖性的考试。

第二个,是助理医师的职务权限不明确的问题。除了规定"执业助理医师应当在执业医师的指导下,在医疗、预防、保健机构中按照其执业类别执业。在乡、民族乡、镇的医疗、预防、保健机构中工作的执业助理医师,可以根据医疗诊治的情况和需要,独立从事一般的执业活动"之外,对不属于"一般的执业活动"的"剖腹探查手术",也规定了只有"在现场没有执业医师,会诊的医师不能及时到达的情况下,执业助理医师方可在乡村级医疗机构中实施剖腹探查手术。"

对于本规定应当如何理解其性质。助理医师究竟是医师,还是仅仅是医师的辅助者。如果是医师的话,在医疗过程中发生某种恶性结果时,助理医师则将作为医师被追究责任。如果仅仅是依照医师指示的辅助者,只要不存在自作主张、擅自行动,则应当被免责。然而,在城市中不被认为是医师的助理医师,到边远地区则成为了医师,能够独立进行"一般的执业活动",在某些情形下,还能够实施不属于"一般的执业活动"的"剖腹探查手术",这一助理医师身份的不明确以及职务权限的不确定,使得医师的法律责任构成混乱,也存在与患者之间的信赖关系受到威胁的忧虑。

第三个问题是围绕未经批准的医疗业务与非法行医的处理。首先,未经批准的医疗业务,通常是指医师还未取得"医疗机构执业许可证"而擅自执业的情形。非法行医则是指非为医师者实施医疗行为的情况。前者由于是将来具有执业资格者做出的行为,虽然说在行政管理上是不合法的行为,但不能否定对于患者也具有帮助的一面。

与此相对,后者是不具有医师资格者实施医疗行为,对于患者来说存在威胁其生命、身体的危险,应当严格处罚。但是,根据《执业医师法》第 39 条的规定,"未经批准擅自开办医疗机构行医或者非医师行医的,由县级以上人民政府卫生行政部门予以取缔,没收其违法所得及其药品、器械,并处十万元以下的罚款"。在考虑对医学专业技术有极高要求的医疗行为的违法性要件时,行为者的身份应作为重要的要件进行考量,而在上述规定中并未对两者进行区别处理,这一做法存在问题。

最后,在中国各地区的基层医疗现场(农村)活跃着的乡村医生,其数量之大令人堪忧。如果作为一时性的举措还能得到允许,但长此以往,允许这样的活动是否妥当则不无疑问。从生命的尊严以及生命价值的平等观念来看,应认识到允许未取得医师或助理医师资格的乡村医生的医疗行为是危险的。此外,为了消除城市的医师也就是官医这一"错觉",笔者认为应当废止乡村医生制度。

# 第二章　医疗法人的特征

中国不存在相当于日本医疗法的法律,有关提供医疗服务的设施的规范,通过1994年2月26日国务院颁布的《医疗机构管理条例》进行了规定。该条例由总则、规划布局和设置审批、登记、执业、监督管理、罚则、附则,共7章55条构成。① 本章将依照该条例以及其他的规定,对中国医疗机构的特征,以及其与卫生行政之间的关系进行考察。

## 第一节　医疗机构的分类

### 第1款　医疗机关的类别

在中国,医疗机构按医疗机构的规模与诊疗科目,一般按照以下内容进行分类。即,①医院(相当于日本的病院,床位数20床以上),②妇幼保健院(相当于日本的产妇人·小儿科病院,床位数5床以上),③乡(镇)、街道卫生院(床位数19床以下),④门诊部(相当于日本的外来,无住院设备),⑤诊所(相当于日本的诊疗所)、卫生所(室)、医务室、中(含高中)小学的卫生保健所、卫生站(无住院设备,设置诊疗室、处置

---

① 在日本,采用三权分立主义,国会是唯一的立法机关,所有的法律都要经国会通过成立。关于医疗的法律,如医师法、医疗法、保健师助产师护士法、药剂师法、预防接种法等无一例外。另一方面,内阁被赋予制定政令的权限。然而,虽然政令的效力优先于省令、府令,但要低于法律。日本的政令,具有以法律实施为目的制定必要细则的施行命令的性质,除存在法律的委托之情形,不能设置罚则、课以义务、限制权利(日本宪法第73条第6项、日本内阁法第11条)。与此相对,在中国,相当于日本内阁的国务院被赋予制定行政法规的权限(中国宪法第89条第1项、中国立法法第56条)。这些"行政法规"以条例的形式颁布,几乎具有与行政法相同的效力,其中也能够设置罚则、课以义务、限制权利。例如,医疗相关法律的《执业医师法》与《传染病防治法》以及《药品管理法》,是通过人民代表大会成立的法律,除此之外几乎都是行政机关制定的。也就是说,在中国存在两个创制法律的机构。其一是人民代表大会,其二是行政机关。

室、治疗室),⑥村卫生室(所)(无住院设备,设置诊疗室、治疗室、药剂室),⑦专科疾病防治院、所、站(口腔防治院、所、站以及职业病防治院、所、站等),⑧急救中心、站(相当于日本的救急センター),⑨临床检验中心(相当于日本的検査センター),⑩护理院、站。①

此外,为实现行政管理上的便利性,卫生部通过《综合医院分级管理标准(试行)》以及《医疗机构基本标准(试行)》,将医院分为一级、二级和三级医院,即所谓分级管理。在中国的卫生行政中的分级管理,是指根据地区医疗保健的需求,制定区域医疗计划,调整原有的医疗机构,将地区内的医院按照职能、任务、规模、服务范围以及技术层面等进行分级,制定与此相对应的分级管理标准,实现标准化、目标化的管理制度。根据此种分类,一级医院,是指直接为一定人口的社区②提供预防、治疗、保健、康复服务的基层医院、卫生院及初级卫生保健机构。二级医院,是指为多数社区提供医疗服务,承担一定的医学教育、研究任务的地区性医院。三级医院,是指向几个地区③提供高水平专科性医疗卫生服务,进行高等医学教育或研究的区域性的医院。

## 第 2 款 医疗机构的性质

曾经是国家事业单位的医疗机构随着民间资本的参入,仅依据分级管理标准已经无法有效管理,因此在 2000 年 7 月,中国政府以美国的医疗体系为蓝本,将经营目的及服务内容的区别作为标准,对医疗机构进行了非营利性医疗机构和营利性医疗机构的分类。

非营利性医疗机构和营利性医疗机构存在如下区别。

(1)非营利性医疗机构,是指不以营利为目的,而是为了社会公共利益服务设立和运营的医疗机构。这些医疗机构的收入,可以用于弥补费用的不足,或自身条件的改善(例如,医疗条件的改善、技术的引入、新的诊疗项目的开设等),但不能用于设置或投资新的医疗机构。与此相对,营利性医疗机构可以将诊疗的收益用于新的医疗机构的投资。政府不设置营利性医疗机构。

(2)非营利性医疗机构也能够提供少量的非基本医疗服务,但政府设立的非营利性医疗机构,在主要提供基本诊疗服务的同时,也必须完成受政府委托的其他任务。除此之外的非营利性医疗机构,提供基本诊疗服务就已足够。营利性医疗机构可以根据市场的需求决定自己的医疗服务项目。但是,在发生重大自然灾害、事故、

---

① 参照卫生部:《医疗机构基本标准(试行)》,http://www.moh.gov.cn/mohyzs/s3577/200804/18713.shtml.

② 最低级的行政区划。

③ 统辖多个县、市的行政区划。

疫情的情况下,承担依照政府指令完成任务的义务。

(3) 政府设立的非营利性医疗机构能够享受政府的财政补贴,但其他非营利性医疗机构不能享受政府的财政补贴。所有的非营利性医疗机构,能够按照政府制定的诊疗价格的标准收取诊疗费,同时能够享受税收优惠。营利性医疗机构虽然能够自己决定诊疗的价格,但不能享受税收优惠,必须按照一般税制进行纳税。

(4) 非营利性医疗机构,依照财政部及卫生部颁布的《医院财务制度》和《医院会计制度》展开经营。营利性医疗机构则按照一般企业的财务制度及会计制度展开经营。[①]

根据中国卫生部的卫生统计信息中心的数据,至 2002 年末全国登记的医疗机构(不含村的卫生室)有 29.7 万个,其中:非营利性医疗机构 14.2 万个,占比 48%;营利性医疗机构 15.2 万个,占比 51%。此外,医疗机构分类中,医院 17844 个,社区卫生服务中心(含社区卫生站)8211 个,卫生院 46014 个,诊所(含卫生所、医务室)213000 个,妇幼保健院(含妇幼保健所、妇幼保健站)3067 个,专科疾病防治院(含专科疾病防治所、专科疾病防治站)1839 个。医院、社区卫生服务中心(含社区卫生站)、卫生院及妇幼保健机构主要是非营利性医疗机构,诊所基本上(97%)为营利性医疗机构。[②]

## 第二节　医疗机构与行政的关系

### 第 1 款　卫生行政的构成与权限

在中国,医疗行政称为卫生行政。

相当于日本厚生劳动省的中国卫生部[③],由一厅(办公厅)、八司(人事司、规划财

---

① 卫生部、国家中医药管理局、财政部、国家计委共同制定的《关于城镇医疗机构分类管理的实施意见》(卫医发〔2000〕233 号),2000 年 9 月 1 日起施行。

② 统计数据来源于卫生部卫生统计中心:《2002 年全国卫生事业发展状况统计公报》。http://www.moh.gov.cn/tjxxzx/cgwstjsjyfx/cgwstjsj/1200305260048.htm.最新数据参见《2016 年我国卫生和计划生育事业发展统计公报》。(译者注)

③ 根据第九届全国人民代表大会第一次会议批准通过的《国务院机构改革方案》和《国务院关于机构设置的通知》设置卫生部。2003 年卫生部内设司局进行调整,新设卫生政策法规司、卫生执法监督司,取代原卫生法制与监督司的职能。2006 年再次进行调整,疾病控制司更名为疾病预防控制局,卫生执法监督司更名为卫生监督局,基层卫生与妇幼保健司更名为妇幼保健与社区卫生司。2013 年,根据第十二届全国人民代表大会第一次会议批准通过的《国务院机构改革和职能转变方案》和《国务院关于机构设置的通知》(国发〔2013〕14 号),国务院将卫生部的职责与人口计划生育委员会的职责进行了整合,设立国家卫生和计划生育委员会。(译者注)

务司、卫生法制与监督司、医政司、疾病控制司、基层卫生与妇幼保健司、科技教育司、国际合作司)、二局(保健局、离退休干部局)、一委(直属机关党委)构成,各部门的主要权限,由国务院颁布的《卫生部职能配置内设机构及人员编制规定的通知》(国办发〔1998〕第74号)[①]进行了规定。

第1项　卫生部各部门的主要权限

## 1　办公厅的权限[②]

(1) 协助部领导组织综合性政策调研,拟订卫生工作重大政策,负责综合协调机关政务工作,制定部机关各项工作制度。

(2) 负责卫生新闻宣传、报刊管理和信息发布工作。

(3) 负责公文处理、档案管理工作、卫生信息化工作、管理卫生统计工作。

(4) 负责部的国有资产、固定资产以及财务管理工作。

## 2　人事司的权限[③]

(1) 研究、拟订全国卫生人才发展规划和政策并指导实施。

(2) 承担卫生技术人员的资格认定工作;拟订卫生专业技术职务条例及标准,并监督其实施;指导卫生部直属部门(医疗机构、医学教育机构等)的卫生技术人员的职称[④]认定工作等。

(3) 综合协调卫生人才工作,负责卫生管理干部岗位培训工作;研究拟订卫生系统高层次卫生人才队伍建设政策和管理办法。

(4) 负责直属单位领导班子建设、专业技术人才队伍建设、机构编制、工资福利、人事制度改革等。

(5) 接受党组织对卫生部领导干部的考察、任免工作;与地方党委配合,做好直属单位的党委换届工作。

(6) 负责卫生部直属大学、中等专门学校以及研究生的毕业分配工作。

(7) 指导全国卫生人才的交流、卫生部直属单位的人才调配、军队转业干部的分配工作。

---

① 参见国务院网站,http://www.gov.cn/zhengce/content/2010-11/23/content_7782.htm.

② 中华人民共和国卫生部办公厅,http://www.moh.gov.cn/mohbgt/zyzz/lm.shtml.

③ 中华人民共和国卫生部人事司,http://www.moh.gov.cn/zzjgyzz/1200207160013.htm.

④ 卫生技术人员的职称包括:①医疗保健:主任医师、副主任医师、主治医师、医师、医士;②药剂:主任药剂师、副主任药剂师、主管药剂师、药剂师、药剂士;③看护:主任护师、副主任护师、主管护师、护师、护士;④其他卫生关系技术:主任技师、副主任技师、主管技师、技师、技士。

(8) 卫生部及直属单位的全国人大、全国政协人选的推荐工作。

### 3  规划财务司的权限①

(1) 依照国家的综合计划，拟订卫生事业的中、长期发展计划(包括卫生事业发展的战略、目标、方针及主要对策)，评价其实施效果；拟订每一年度的卫生业务计划。

(2) 参加卫生部的重要卫生改革的政策研究。

(3) 研究提出卫生事业发展规划，指导区域卫生规划工作，统筹规划与协调全国卫生资源配置，拟订卫生财务管理规章，组织拟订国家卫生装备标准，协调国外卫生贷款的利用工作。

(4) 依照国家的政策、法规，研究制定卫生财务、会计、设备投资、国有资产的管理等相关的规章及标准，并指导实施。

(5) 向国家价格主管部门提出卫生服务价格建议。

### 4  卫生法制与监督司的权限②

(1) 制定卫生立法规划，组织协调卫生法律、法规、规章、技术规范、标准的拟订工作。

(2) 负责卫生行政复议和对卫生执法的监督。

(3) 监督管理传染病防治和食品、职业、环境、放射、学校卫生，组织制定食品、化妆品质量管理规范并负责认证工作。

(4) 协助地方政府依法查处重大污染、中毒、放射能及核事故。

### 5  医政司的权限③

(1) 提出医疗机构改革的政策案，并指导其实施。

(2) 参加医疗保障制度的改革，研究拟订相关的政；拟订医疗机构管理的法律、法规、规章、政策。

(3) 拟订医务人员管理的法律、法规、规章、政策，拟订医务人员执业标准、服务规范、审查方法；依照《执业医师法》，主管医师资格审查委员会的工作。

---

① 中华人民共和国卫生部规划财务司，http:// www. moh. gov. cn/zzjgyzz/1200207160014. htm.

② 中华人民共和国卫生部卫生法制与监督司，http:// www. moh. gov. cn/zzjgyzz/1200207160012. htm.

③ 中华人民共和国卫生部医政司，http://www.moh.gov.cn/zzjgyzz/1200207160016. htm.

**6 疾病控制司的权限**①

（1）承担防治全国重大疾病以及促进国民健康的任务。拟订重大疾病的预防方针、政策，依法进行传染病、地方病以及寄生虫病的防治工作。

（2）研究拟订控制疾病的法律、法规、规章的立法。

（3）指导慢性非传染性疾病的综合防治、口腔卫生、老人卫生、精神卫生等，并对此进行审查及评价。

（4）观测全国的疾病，管理卫生上的防疫防病的信息系统。

**7 基层卫生与妇幼保健司的权限**②

（1）研究拟订全国农村卫生、社区卫生服务、妇幼保健以及健康教育有关的政策、法律、法规、发展规划和服务标准，指导初级卫生保健规划的实施。

（2）制定妇幼卫生和提高出生人口素质工作的发展规划、政策措施和技术标准；监督母婴保健专项技术的实施。

（3）拟订全国禁烟的政策、法规、发展规划，并指导其实施。

（4）拟订乡村等基层卫生地区工作的卫生技术人员，以及参与妇幼保健、健康教育的技术人员的管理的政策、法律法规和技术标准，并指导其实施。

**8 科技教育司的权限**③

（1）研究拟订国家重点医学科技发展规划，确定卫生科技优先发展领域；制定基础性研究、重大疾病研究、应用研究的政策和措施。

（2）组织协调国家重点医药科研攻关，指导医学科技成果的普及应用工作；组织研究医学卫生技术标准。

（3）拟订医学教育发展规划和成人医学教育管理办法；指导医学专业学位建设和高中等医学教育教学工作，指导部属院校的教学工作。

（4）管理医药的研究、教育经费。

---

① 中华人民共和国卫生部疾病控制司，http：// www. moh. gov. cn/zzjgyzz/1200207160017. htm.

② 中华人民共和国基层卫生与妇幼保健司，http：// www. moh. gov. cn/zzjgyzz/1200207160015.htm.

③ 中华人民共和国卫生部科技教育司，http：// www. moh. gov. cn/zzjgyzz/1200207160018. htm.

### 9  国际合作司的权限①

(1) 组织指导医疗卫生方面的政府与民间的多边、双边合作交流和卫生援外工作,组织参与国际组织倡导的有关卫生方面的重大活动。

(2) 组织协调我国与世界卫生组织及其他国际组织在医学卫生领域的交流与合作。

(3) 视情况向海外派遣医疗队,管理卫生部外事行政业务及外国支援的经费。

### 10  保健局的权限②

(1) 拟订全国干部的医疗保健的方针、政策及任务,负责中央保健委员会确定的保健对象的医疗保健工作。

(2) 组织国家重大活动的医疗保健工作。

(3) 负责北京市内居住的司、局级以上干部以及高级知识分子等的医疗安排,管理在北京停留的北京市外居住的厅、局级以上干部的医疗工作。

(4) 管理中央③保健的公费医疗经费,中央的保健事业经费。

### 11  离退休干部局的权限④

(1) 实施卫生部离退休干部的福利,管理离退休干部经费。

(2) 处理卫生部的离退休干部去世后的各项工作。

### 12  直属机关党委的权限⑤

(1) 宣传执行党的路线、方针、政策。支持协助领导工作、执行政府分配的任务。

(2) 召集卫生部在籍党员,学习马克思主义、毛泽东思想、邓小平理论及党的路线、方针、政策。

(3) 进行党内监督,执行党的纪律。

---

① 中华人民共和国卫生部国际合作司,http：// www. moh. gov. cn/zzjgyzz/1200207160019. htm.

② 中华人民共和国卫生部保健局,http：// www. moh. gov. cn/zzjgyzz/1200111150018. htm.

③ 指国务院及国务院直属机关、部门。

④ 中华人民共和国卫生部离退休干部局,http：// www. moh. gov. cn/zzjgyzz/1200111150016. htm.

⑤ 中华人民共和国卫生部机关党委,http：// www. moh. gov. cn/zzjgyzz/1200205300062. htm.

第 2 项　省、直辖市、自治区的卫生行政

各地方的卫生厅（局）也有与卫生部同样的机构设置。以四川省为例，四川省卫生厅下设办公室、人事处、规划财务处、卫生法制处、基层卫生与妇幼保健处、医政处、疾病控制处、科技教育处、国际合作处、保健处、省爱国卫生运动委员会办公室、机关党委。虽然在规模上存在区别，成都市卫生局也基本上设置了相同的机构。从其各部门的网页就可以看出，这些行政机构直接参与直属医疗机构①的财政到人事的各类事项。例如，成都市卫生局的人事处被赋予从市属卫生学校毕业生的就业分配，到医疗机构的人事、构成等方面的管理，再到干部的审查与任免的权限。此外，规划财务科也被赋予从医疗机构的设备投资到年度预决算的决定权。②

## 第 2 款　卫生行政的特征

过去基于计划经济体制运行的中国的卫生行政，并非间接的行政，而是直接的行政。因此，如前所述，所有的医疗机构的财政、人事等都属于行政机关的管辖权范围。然而伴随着经济改革，医疗界的改革也无法避免，自 20 世纪 80 年代后期开始，民间的私人诊所的开设得到承认，2000 年 5 月 15 日卫生部颁布了《中外合资、合作医疗机构管理暂行办法》，也承认了医疗事业中外资的参入。此外在行政中，对于前述的医疗机构按照其性质分为非营利医疗机构与营利性医疗机构进行管理。

此外，为了提高医疗水准，使人才合理地流动，医疗界引入竞争机制，2000 年 3 月 30 日中央政府向各省、自治区、直辖市地方政府的人事部门、卫生厅等下发了《关于深化卫生事业单位人事制度改革的实施意见》（人发〔2000〕31 号）的通知。根据该通知，通过 3 年至 5 年，或更长的时间，进行与卫生事业相符合的政事分离，通过此种改革，政府依法承担行政监督职责，另一方面，医疗机构也引入自主录用或解雇职员，国民能够自由选择职业的机制。如果能够实现，医疗机构从行政独立，中国的卫生行政也会渐渐从直接行政转向间接行政。

北京市卫生局已提出院长责任制，具体来说，规定院长的任期，被选任的院长可以提名副院长，此外对其他人员采用聘任、选任、委任、考任等多样的方式；对于财政也同样，在实行财产权制度改革的医疗机构中，设立理事会和监事会，应当探索新的

---

①　例如，成都市卫生局直属的机构中，包括成都市卫生学校、成都市慢性病医院、成都市第一至第八人民医院、成都市第九人民（妇产科）医院、成都市传染病医院、成都市疾病预防中心、成都市卫生执法监督所、成都市老年病医院、成都市妇幼保健所、成都市血液中心、成都市人才流动服务中心卫生分中心等机构。

②　成都卫生信息网，http://www.cdboh.chengdu.gov.cn/web/zwgk.nsf/index.

会计制度等,对许多方面提出了意见。①

## 第三节　医疗机构的设置

对于医疗机构的设置,日本采取许可主义为准则。也就是说,非医师或牙科医师者想要开设诊所时,非助产士者想要开设助产所时,必须接受开设地都道府县行政长官的许可(日本医疗法第 7 条第 1 项),变更病床数量及其种类(精神病床、结核病床、疗养型病床等)时,除了政令、省令规定的情况,也是同样(日本医疗法第 7 条第 2 项)。接受该许可,必须向开设地的行政长官提出记载一定事项的申请书。此外,在医师、牙科医师开设诊所、助产士开设助产所的情况下,采准则主义,只需在开设后 10 日之内向所在地的行政长官提交政令、省令规定的一定事项(日本医疗法实行规则第 4 条、第 5 条)即可(日本医疗法第 8 条)。② 与此相对,中国所有都采许可主义。也就是说,单位或个人开设医疗机构时,在接受了县级以上地方人民政府的卫生行政部门的审查批准之后,才算是可以进行其他的手续(医疗机构管理条例第 9 条)。

### 第 1 款　申请

#### 第 1 项　申请人

在中国,单位或者个人可以设置医疗机构。对于申请人的资格,在设置一般医疗机构的情况下,是否为医疗专家并无明确规定。但是,有以下情形之一的,不得申请设置医疗机构(医疗机构管理条例实施细则第 12 条)。

(1) 不能独立承担民事责任的单位;

(2) 正在服刑或者不具有完全民事行为能力的个人;

(3) 医疗机构在职、因病退职或者停薪留职的医务人员;

(4) 发生二级③以上医疗事故未满五年的医务人员;

(5) 因违反有关法律、法规和规章,已被吊销执业证书的医务人员;

(6) 被吊销《医疗机构执业许可证》的医疗机构法定代表人或者主要负责人;

(7) 省、自治区、直辖市政府卫生行政部门规定的其他情形。

此外,在城市开设诊所时,明确规定必须是具有医师资格。即,非上述情形的,取

---

① 2000 年 12 月 4 日,北京市卫生局颁布了《北京市城镇医药卫生体制改革实施意见》。

② 前田和彦:《医事法講義(改訂第 5 版)》,第 16 页。

③ 参照附表中表 1,本书第 196 页。

得《医师执业证书》或医师的职称后,从事 5 年以上的专业临床工作可以开设诊所。关于在乡镇和村设置诊所的要件,由省、自治区、直辖市的卫生行政部门规定。

地方各级人民政府设置医疗机构的,由政府指定或任命的参与新设医疗机构筹建的负责人申请。法人或其他组织设置医疗机构的,由其代表人申请。个人设置医疗机构的,由设置人申请;两人以上合伙设置医疗机构的,由合伙人共同申请。

第 2 项　资料

在申请设置医疗机构时,必须具备申请书、关于设置可能性的研究报告、选址报告及设计图。

**1　关于研究报告的内容,应当包括以下各项列举的内容(医疗机构管理条例实施细则第 15 条)**

(1) 申请单位名称、基本情况以及申请人姓名、年龄、专业履历、身份证号码;

(2) 所在地区的人口、经济和社会发展等概况;

(3) 所在地区人群健康状况和疾病流行以及有关疾病患病率;

(4) 所在地区医疗资源分布情况以及医疗服务需求分析;

(5) 拟设医疗机构的名称、选址、功能、任务、服务半径;

(6) 拟设医疗机构的服务方式、时间、诊疗科目和床位编制;

(7) 拟设医疗机构的组织结构、人员配备;

(8) 拟设医疗机构的仪器、设备配备;

(9) 拟设医疗机构与服务半径区域内其他医疗机构的关系和影响;

(10) 拟设医疗机构的污水、污物、粪便处理方案;

(11) 拟设医疗机构的通讯、供电、上下水道、消防设施情况;

(12) 资金来源、投资方式、投资总额、注册资金(资本);

(13) 拟设医疗机构的投资预算。

**2　关于选址报告,应当包括以下内容(医疗机构管理条例实施细则第 16 条)**

(1) 选址的依据;

(2) 选址所在地区的环境和公用设施情况;

(3) 选址和周围托幼机构、中小学校、食品生产经营单位布局的关系;

(4) 占地和建筑面积。

第 3 项　命名

**1　医疗机构的名称**

医疗机构的名称由识别名称和通用名称依次组成。

医疗机构的通用名称为：医院、中心卫生院、卫生院、疗养院、妇幼保健院、门诊部、诊所、卫生所、卫生站、卫生室、医务室、卫生保健所、急救中心、急救站、临床检验中心、防治院、防治站、护理院、护理站、中心以及卫生部规定或者认可的其他名称（医疗机构管理条例实施细则第 40 条第 2 款）。

医疗机构可以下列名称作为识别名称：地名、单位名称、个人姓名、医学学科名称、医学专业和专科名称、诊疗科目名称和核准机关批准使用的名称（医疗机构管理条例实施细则第 40 条第 3 款）。

**2　命名的原则**

医疗机构在命名时，必须符合以下原则（医疗机构管理条例实施细则第 41 条）。

（1）医疗机构的通用名称以前条第二款所列的名称为限；

（2）前条第三款所列的医疗机构的识别名称可以合并使用；

（3）名称必须名副其实；

（4）名称必须与医疗机构类别或者诊疗科目相适应；

（5）各级地方人民政府设置的医疗机构的识别名称中应当含有省、市、区、街道、乡、镇、村等行政区划名称，其他医疗机构的识别名称中不得含有行政区划名称；

（6）国家机关、企业和事业单位、社会团体或者个人设置的医疗机构的名称中应当含有设置单位名称或者个人的姓名。

**3　名称的使用限制**

以下名称不得使用（医疗机构管理条例实施细则第 42 条）。

（1）有损于国家、社会或者公共利益的名称；

（2）侵犯他人利益的名称；

（3）以外文字母、汉语拼音组成的名称；

（4）以医疗仪器、药品、医用产品命名的名称；

（5）含有"疑难病""专治""专家""名医"或者同类含义文字的名称以及其他宣传或者暗示诊疗效果的名称；

（6）超出登记的诊疗科目范围的名称；

（7）省级以上卫生行政部门规定不得使用的名称。

### 4　申请的程序

对于床位在 100 张以上的综合医院、中医医院、中西医结合医院、民族医医院以及专科医院、疗养院、康复医院、妇幼保健院、急救中心、临床检查中心、专科疾病防治机构等的设置,向省、自治区、直辖市的卫生行政部门提出申请。其他医疗机构的设置,向所在地的县级人民政府的卫生行政部门提出申请(医疗机构管理条例第 11 条)。

## 第 2 款　登记

### 第 1 项　登记要件

取得设立许可之后,必须进行登记。经过登记,取得《医疗机构执业许可证》方能开业。在进行登记时,应当具备以下条件(医疗机构管理条例第 16 条)。

(1) 有设置医疗机构批准书;

(2) 符合医疗机构的基本标准;

(3) 有适合的名称、组织机构和场所;

(4) 有与其开展的业务相适应的经费、设施、设备和专业卫生技术人员;

(5) 有相应的规章制度;

(6) 能够独立承担民事责任。

### 第 2 项　登记的内容

在进行登记时,应当记载医疗机构的名称、地址、主要负责人、所有制形式、诊疗科目、床位、注册资金等主要事项(医疗机构管理条例第 18 条)。

## 第四节　医疗机构的权利与义务

## 第 1 款　医疗机构的义务

### 第 1 项　管理、监督的义务

"保证患者人身安全,是医院基本的责任与义务"(阑尾炎手术时的子宫切除事件,福建省高级人民法院 1998 年 4 月 30 日)。医疗机构应当设置医疗服务质量监控部门或者配备专职人员,具体负责监督本医疗机构的医务人员的医疗服务工作,检查医务人员执业情况,接受患者对医疗服务的投诉,向其提供咨询服务(医疗事故处理条例第 7 条）。

此外，为了提供优质医疗服务，防止医疗事故，医疗机构应当对其医务人员进行医疗卫生管理法律、行政法规、部门规章和诊疗护理规范、常规的培训和医疗服务职业道德教育（医疗事故处理条例第 6 条）。医疗机构应当经常对医务人员进行"基础理论、基本知识、基本技能"的训练与考核，把"严格要求、严密组织、严谨态度"落实到各项工作中（医疗机构管理条例实施细则第 57 条）。

### 第 2 项　病历的保管及公开的义务

关于病历，医疗机构应当按照国务院卫生行政部门规定的要求，书写并妥善保管病历资料（医疗事故处理条例第 8 条）。发生医疗事故争议时，死亡病例讨论记录、疑难病例讨论记录、上级医师查房记录、会诊意见、病程记录应当在医患双方在场的情况下封存和启封（医疗事故处理条例第 16 条）。患者依照前款规定要求复印或者复制病历资料的，医疗机构应当提供复印或者复制服务并在复印或者复制的病历资料上加盖证明印记。复印或者复制病历资料时，应当有患者在场（医疗事故处理条例第 10 条）。

### 第 3 项　报告的义务

医疗机构在发生医疗事故时，应当按照规定向所在地卫生行政部门报告（医疗事故处理条例第 14 条）。

### 第 4 项　承担损害赔偿责任的义务

关于医疗事故的赔偿，有观点认为，"医疗单位（医疗法人等）作为当事人的一方，对其从业人员执行业务时导致的不良后果，应当承担法律责任。医疗单位的卫生技术人员[1]或其他医务人员，因玩忽职守给患者带来重大不良后果时，无论对于怎样性质的事故，最后都应当由医疗单位承担所有的民事赔偿责任"[2]，不具有法人资格的医疗设施，则向开设该医疗设施的机构请求赔偿[3]。医疗事故赔偿费用，实行一次性结算，由承担医疗事故责任的医疗机构支付（医疗事故处理条例第 52 条）。

---

[1]　包括医师、牙科医师、药剂师、护士等医疗从业人员。

[2]　梁华仁：《医疗事故的认定与法律处理》，法律出版社，1998 年，第 63 页。

[3]　沛县人民法院于 2004 年 11 月 22 日审理认为，"医院不具备法人资格，无独立的财产，不能独立承担民事责任，应由医院主管单位承担法律责任"。http://www.dyzxw.org/html/article/200411/23/13878.shtml.

## 第 2 款　医疗机构的权利

### 第 1 项　合法权益的保护

保护医疗机构的合法权益（医疗事故处理条例第 1 条）。此处的"权益"，可以解释为请求诊疗报酬的权利，发布广告的权利等内容。判决患方具有基于医疗合同支付诊疗报酬义务的事例中[①]，对于支付时期，法院认为应当按照①特别约定，②习惯，③诊疗完成这一顺序来决定。[②]　在日本，通常认为原则上不能以未预先支付诊疗费用为理由拒绝诊疗。[③]　而在中国，一般在医疗过程中预先支付作为保证金的诊疗费用较为普遍。但是，"对急危患者，医师应当采取紧急措施进行诊治；不得拒绝急救处置"（执业医师法第 24 条），因此在急救患者的情形，之后支付医疗费是作为常识出现的，但要求急救患者预先支付的医疗机构也不在少数。

### 第 2 项　从事医疗业务的权利

医疗机构享有平稳地从事医疗业务的权利。"以医疗事故为由，寻衅滋事、抢夺病历资料，扰乱医疗机构正常医疗秩序和医疗事故技术鉴定工作，依照刑法关于扰乱社会秩序罪的规定，依法追究刑事责任；尚不够刑事处罚的，依法给予治安管理处罚"（医疗事故处理条例第 59 条）。

### 第 3 项　医疗事故处理条例第 59 条的背景

为何医疗事故处理条例中要设置 59 条这样的规定，其背景在于医院内患方引起的暴力事件的频发。

根据江苏省卫生部门的统计，从 1998 年到 2000 年间，江苏省发生的医疗纠纷共计 6938 件，每年平均 2300 件，年增长率 22％，患者对医师恶语相加甚至诉诸暴力，妨害医疗业务的事件平均每年 177 件，年增长率为 35％。[④]　此外，根据 2004 年中国医师协会实施的医患关系调查报告，2000 年至 2003 年间，全国每家医院平均发生的医疗纠纷为 66 件，其中器具损坏 5.42 件，受到暴行负伤的医师 5 人，因医疗纠纷医方支付的赔偿金每件平均 10.81 万元。并且，在该调查中可以看出，74.29％的医师

---

①　中国法院网：《欠费 29 万佛山一患者被医院告上法庭，判决认定患方具有支付诊疗报酬义务》，http：//old.chinacourt.org/html/article/200407/28/125089.shtml.

②　龚赛红，前揭书，第 39 页。

③　菅野耕毅、高江洲義矩：《医事法学概论》，第 149 页。

④　江苏省高级人民法院民一庭：《关于医疗损害赔偿纠纷案件的调查报告》，《人民司法》2002 年第 10 期，第 21 页。

认为自己的合法权益未得到保障,53.96％的医师不愿让自己的子女从事医师职业。①

作为了解上述医疗现场状况的材料,在此介绍部分从中国网站上搜集的患方对医务人员实施暴力的事件。

(1)1999年11月4日正午,到云南省中医院急诊科就诊的患者家属与年轻的女性医师发生言语上的冲突,后追出病房对该医师进行辱骂及殴打,致其口部出血。遭受暴力的医师在同事帮助下躲入其他房间,但患者家属并未罢休,四处找寻并扬言"不能让她跑出医院",直到警察赶来才有所收敛。②

(2)2000年6月某日晚11时43分,患肝脓肿入住广东省中山市人民医院的A突然停止心脏跳动,医生经40多分钟的抢救无效,宣布死亡。死者亲属获悉后,情绪激动,其中A的女儿发狠叫道:"是医生杀死我爸爸,我要把这里所有医生都杀死",说着向正在写医嘱的医生一拳打过去,还煽动在场的十几位亲属动手打人。两名刚赶来的保安员还不明白发生什么事情,就被十多人打得遍体鳞伤。之后,遗属也未办理任何手续,强行将尸体运走。③

(3)2004年7月11日晚,病情危急的A(17个月,男)在漯河市第五人民医院儿科接受治疗。Y医院虽采取了急救措施,但因病情危重抢救无效,于24小时后死亡。A的父亲X对A的死亡原因质疑,并向院方提出赔偿要求。在要求未得到满足的情况下,X既不提请医疗事故鉴定,也不走法律程序,而是数次采取围攻主治医生,围堵办公楼,封堵门诊楼病房楼等极端措施,严重影响了医院的救治工作。Y医院无奈以侵权为由,将X告上法庭。郾城区人民法院审理此案时认为,X侵权的事实清楚,Y的诉讼理由成立。庭审后法院从构建和谐医患关系的目的出发,耐心地做双方当事人的工作,使X认识到自己行为的违法性,X主动表示在报纸上公开赔礼道歉。Y也放弃了其他诉讼请求。④

(4)2005年8月12日午后3时10分,福建省福州市福建中医学院附属"国医堂",来门诊问诊的福建中医学院Y教授(福建名医,享受国务院特殊津贴)刚刚进入诊室,在门外等候多时的Y原来的患者A突然进入诊室,用事先藏好的长约40厘米

① 新华网:《医患纠纷致暴力事件频发 医生不能承受之重》,2006年1月20日,http://news.xinhuanet.com/legal/2006-01/20/content_4075559.htm.

② 《云南日报》:《昆明又发生患者家属殴打医生事件》,1999年11月2日,http://news.sina.com.cn/society/1999-11-12/31001.html.

③ 《羊城晚报》:《中山某医院发生惊人一幕:殴打医生哄抢尸体》,2000年6月3日,http://news.sina.com.cn/society/2000-06-03/94754.html.

④ 新华网:《侵权患方致歉 医院弃诉讨回清白》,2005年9月14日,http://www.xinhuanet.com/chinanews/2005-09/14/content_5121211.htm.

的刀向 Y 的胸部及腹部连捅数次,Y 奋力跑向院外并欲乘坐出租车离开,又被赶来的 A 连捅数刀,后虽被送至急救,但终因伤势过重,于同日午后 4 时左右死亡。警察在逮捕 A 之后对其讯问,A 作出以下供述:10 年前 A 曾在 Y 这里看过前列腺炎,但并未治愈。后来,A 不断到其他各大医院看病,身子越来越瘦。"我怀疑他是骗我的,我就是要他死"。同年 9 月 11 日,福州市中级人民法院以故意杀人罪判处 A 死刑。①

以上对四起事件进行了简单地概述,通过上述事件应当可以充分把握问题的状况。除此之外,作为在社会上引起巨大反响的事件之一,2002 年 5 月 11 日在湖南省衡阳市"南华大学附属医院"发生的针对医师的侮辱事件有必要提及。以下将该事件命名为"衡阳 5·11",对其详细经过展开介绍。

(5)"衡阳 5·11"事件

① 双方当事人的主张

2002 年 5 月 11 日 0 时 30 分左右,3 岁的男童 A 被送至南华大学附属医院的急救中心。关于 A 当时的状态,医方主张"呼吸困难,发现发绀症状",当值医师 Y 直接于急救室 5 号病床对其进行输氧。与此同时采取了输液及皮下注射等急救措施,并向同伴的家属交付病危通知单,其家属也在病危通知单上署名。对此,A 的祖父 B 主张"我儿媳妇告诉我,孩子刚进医院时还唱了一首儿歌。病危通知是(医生)在已经给孩子屁股上打了一针,发现不行了才让签字的"。

② 患方对医师的侮辱行为

同日 1 时 48 分,A 的心跳停止,2 时 10 分被确诊死亡。之后,A 的遗属要求 Y 将 A 使用过的残留药物予以保留,A 的尸体待其祖父 B 看过之后由医院处理,Y 表示同意。但是,并不知情的当值护士在对尸体做必要的整理时,将未使用完的输液瓶也撤掉了。这引起了 4 时 30 分左右赶到医院的遗属的极大愤怒,认为院方"破坏了现场""企图消灭证据",遂将桌上装有消毒液、用来盛温度计的两个搪瓷缸掷向 Y。导致 Y 右耳出血,身上被消毒液淋湿。遗属与医院负责人见面时要求"叫院长出来",Y 回答"我是当值医师,责任我来承担"。之后,遗属叫嚣"可以,让你承担责任",并开始对 Y 实施侮辱行为。

从早晨 6 时左右开始,Y 拒绝了遗属要求其"抱着 A 的尸体跪下向 A 道歉"的要求,从而受到更激烈的暴力。身体数处出血的 Y,向接到报警后到达的警官求救,但该警察却和遗属一起将 Y 的手拨开,并对 Y 说"这种情况你们自己解决",随后便不

① 新华网:《医患纠纷致暴力事件频发　医生不能承受之重》,2006 年 1 月 20 日,http://news.xinhuanet.com/legal/2006-01/20/content_4075559.htm.

见踪影。已经感到绝望的 Y 被迫抱着 A 的尸体,赤着脚在医院内来回走了二三十分钟。但是,医院领导并未出面,导致遗属对 Y 的侮辱行为逐步升级,参与暴力的人数也增至约 100 人。

8 时左右,遗属让 Y 抱着 A 的尸体,站在医院入口,面对经过的人喊:"这小孩是我一针打死的"。已经无法再忍受暴力的 Y 按照遗属的要求违心地喊出这句话,看到此场景的众多医务人员都无法阻止眼泪掉落。

直到上午 9 时左右,在现场医院职工、医学院实习医生的努力之下,Y 被奋力救出。至此,Y 已经被遗属限制自由 4 小时以上,参与救助的负伤者超过 10 人。而 Y 已经目光呆滞,同事的医师让其将 A 的尸体放下都未能及时反应过来。

③ 地方政府的对应

同日下午 2 时,接到多数通报的衡阳市政府的有关部门以及公安部门等的负责人,赶到医院召开协调会,得出了"医院对病人抢救不彻底,负有责任,应当道歉"的结论。该结论传来,医院职工群情激愤,1000 人以上的医师以及医学部学生聚集起来,对政府的这一结论表示抗议。下午 4 点 30 分之后,陆续有市领导赶到医院,受衡阳市市长委托的副市长向聚集在办公楼前的医务人员宣布:"这是一起由医患纠纷引发的殴打、侮辱医务人员,破坏医院正常秩序的违法事件;责成公安机关立即成立专案班子立案侦查,对触犯刑律的采取坚决措施;对群众反映的公务人员失职和不作为行为,由市政法委负责调查处理;医患纠纷由市卫生局牵头按法律法规调查处理"。虽然因为这一宣告,聚集的人员暂时解散,但由于心存恐惧,第二天 Y 所在儿科的其他同事就集体向医院提出辞职。

④ A 的死亡鉴定

此后,湖南省医疗事故技术鉴定委员会对事件进行了鉴定,提出了鉴定意见。鉴定书认为,"医师根据当时患儿的临床表现作出的诊断、治疗以及抢救符合医疗原则。患儿的死因,系其罹患急性病毒性脑脊髓膜炎,已经处于危险的状态,并发脑水肿形成脑疝,由此导致心脏、肺部等多器官功能衰竭。因此,本次的医疗事件不构成医疗事故"。

⑤ 事件的结局

Y 医师被送入 ICU 病房,诊断为"颅底骨折、颈椎脱臼",认定为三等乙级伤残。

A 的祖父 B、姑姑 C 以及舅舅 D 被检察院以"涉嫌聚众扰乱社会秩序罪"正式批捕。此外,医院的负责人以及接到事件的报警但未采取有效措施控制事态的警官,分别受到行政处分。①

　　以上,列举了数个关于患方对医师实施的超越底线的无礼行为的事例,究其原因,笔者认为与其说民众文化水平低下,不如说根本在于国家的政策存在问题。这是因为,对于医疗纠纷,政府原则上因循守旧,通过调解进行解决,只有无论如何通过调解也无法解决的事件,才给予科学鉴定的许可(1988 年 5 月 10 日卫生部发布的《关于〈医疗事故处理办法〉若干问题的说明》第三部分的第 1 项)。即,在发生医疗纠纷时,即使患方想要提起诉讼,在到达人民法院之前,也无法避开卫生行政主导的调解。而且该行政主导的和解金是一次性支付,数额较少。此外,在被认定为医疗事故的情况下,医方的当事人必须接受行政处分(国务院于 1987 年 6 月 29 日颁布的医疗事故处理办法第 20 条、第 21 条,以及 2002 年 2 月 20 日颁布的医疗事故处理条例第 55 条)。

　　中国的民事诉讼实质上采两审终审制。也就是说,第二审人民法院的判决可以被视为是终审判决(民事诉讼法第 175 条)。最高人民法院受理在全国有重大影响的案件(民事诉讼法第 20 条第 1 项)。

　　由于存在此种制度及政策的背景,常常可以见到患方为了获得更多的赔偿金,故意使事态扩大的倾向。也就是说,越闹越能获得关注,获得周围的同情,并因此通过"私了"(医方为了免于行政处分的选择之一)能够从为难的医方获得数额较多的赔偿金。2003 年,在湖南省衡阳市的医疗界,针对医疗环境进行了调查,根据调查结果,1999 年到 2003 年 5 月之间,该市发生的患方的大规模暴力事件有 50 多件,其中90%以医方不得已通过"私了"的方式,向患方支付赔偿金解决纠纷。②

　　此外,为了使事态扩大,患方有时甚至通过社会势力达到目的。前述"衡阳 5·11"事件中,报道了"参与暴力的人数达到 100 人左右"③,根据记者分析,参与暴力的并非都是死亡患者 A 的亲属、朋友,其中还包括近年来形成的、被称为"医霸""讨钱帮"的社会人员④。

　　为了让"医霸""讨钱帮"从医院退出,2005 年 10 月 26 日,南京的 18 家医院联名

----

　　①　本文关于该事件经过的总结,具体可以参照以下报道。新华网:《衡阳"5·11"医生受辱案背后:生命不能承受之重》,2002 年 6 月 10 日,http:∥news.xinhuanet.com/newscenter/2002-06/10/content_432661.htm;南方网:《衡阳"辱医案"深度内幕》,2002 年 6 月 20 日,http:∥www.southcn.com/weekend/top/200206200094.htm;新浪网:《震惊全国的衡阳"5·11"恶性辱医案为何又掀波澜》,2003 年 6 月 21 日,http:∥news.sina.com.cn/c/2003-06-21/11171200433.shtml.

　　②　参见前揭,南方网:《衡阳"辱医案"深度内幕》。

　　③　参见前揭,新浪网:《震惊全国的衡阳"5·11"恶性辱医案为何又掀波澜》。

　　④　参见前揭,南方网:《衡阳"辱医案"深度内幕》。

提出"医患纠纷处置之建议内容"这一立法提案,刊登于《南京晨报》。该提案中包括,通过法律规定明确医患纠纷的定性及范围,以及对医务人员的侮辱、威胁、恐吓、围攻、殴打等行为产生的纠纷都认定为重大医疗纠纷等内容。然而另一方面,一部分的患者从保护自身权利的困难出发,向媒体诉苦:"我也是实在没有办法才选择此下策"。①

根据 2010 年 7 月 5 日新华社消息,辽宁省沈阳市的 27 名警官于同月 2 日,以确保医院安全为目的被任命为各公立医院的副院长。之后,有专家指出该任命违反警察法中"警察不得从事营利活动"的规定,对"警察成为医院的'警卫'应持慎重态度",此种举措反而有可能使医疗纠纷更加激化,因此 8 日公安局便撤回了该任命。从这样的最新的报道可以感受到,频繁发生医疗纠纷的现场的混乱以及置身于其中的医疗人员的不安。

## 第五节　小　　结

在本章中,对中国的卫生行政、医疗机构的设立标准、程序形式及法律规定的医疗机构的权利、义务等问题进行了概观。其中确认了,对于非营利性医疗机构的人事,引入院长责任制;对于财政,摸索理事会的引入等,以实现"政事分离"为目标的医疗改革正在进行。通过此次改革,医疗从行政中独立,此后实现了产生真正的医疗法人的状况。对于此点,应当对此次改革给予评价。然而,对于营利性医疗机构的存在形式并非毫无疑问。

根据日本的通说,行政是指,"在法律之下受到法律规制,以现实具体的国家目的的积极实现为目标,实施的作为整体具有统一性的持续形成的国家活动"②。此外卫生行政与医疗机构的关系被认为是行政主体与行政客体、公主体与私主体的关系。但是在中国,卫生行政与医疗机构之间存在密切的关系,通常认为两者之间并非公主体与私主体的关系,而是"亲"与"子"的关系。

虽然能够看出政府为了改变长期以来不合理的卫生行政,提高医疗水平,使人才合理流动,在医疗界产生竞争机制而煞费苦心,但对人的生命负责的医疗法人,具有与一般法人相异的公益属性。宪法规定,所有的公民在罹患疾病时,都有从国家和社会获得物质帮助的权利(中华人民共和国宪法第 45 条),为了医疗水平的提高,保护

---

① 《南京晨报》:《南京 18 家医院联名倡议立法应对"讨钱帮"引争议》,2005 年 10 月 26 日。
② 田中二郎:《新版行政法上卷》,第 5-6 頁。

人民健康(宪法第 21 条),应当如何确定医疗机构的设立标准,行政应介入到何种程度,都应当从健全的行政、医疗关系寻找答案。

在此,作为大致的总结,在前述资料的基础上,对于今后在中国将成为课题的问题尝试进行探讨。

其实在日本也时常能看到医疗法人的营利企业化的讨论,但是日本始终对于引入该讨论的法理保持慎重的姿态。

为了确保医疗法人的公益性,防止营利企业化,保证社会的信用,在日本禁止以营利为目的的医疗业务(日本医疗法第 7 条第 5 项)。此外,对于医疗法人而言盈余的分配是被禁止的(日本医疗法第 54 条)。根据这一立法旨趣,"执业医师法"规定,"从事诊疗的医师,在出现诊察治疗的请求时,无正当事由不得拒绝"(日本医师法第 19 条),通说认为原则上不得以未预先缴费为理由拒绝进行诊疗。日本为了贯彻非营利性医疗,在 1995 年由原厚生省发布了《对于医疗机构开设者的确认以及非营利性的确认》的通知。该通知明确了医疗机构的开设、经营者为责任主体,原则上是不以营利为目的的法人或个人医师,医疗机构在运营过程中产生的盈余不得分配给职员或第三人。医疗法人,除却法令认可之情形,明确规定不得经营收益事业。据此,以营利为目的的法人或个人已被排除在医疗机构之外。

并且,医院并非常常依"营业状态"实施医疗,而是由于医师具有按照一定的"医疗水准"实施诊疗的义务,如果因专业之外或设备人员不整无法实现时,则承担将患者转送适当的医疗机构,或劝其转诊的注意义务。[①]

医学伦理的国际纲领中,也规定了"医师,应站在患者的立场,不被营利所影响,自由且独立地进行专业的行为",禁止营利目的的医疗业务。此外,日内瓦宣言与里斯本宣言中也明确,"作为医师,不以年龄、疾病或残疾、信仰、种族、性别、国籍、政党、或社会地位等来区别对待患者",规定了"所有的人,都无区别地享有接受适当医疗的权利"[②],不允许存在由上述因素产生的区别诊疗。

另一方面,在中国,企业、团体或个人可以设置医疗机构(医疗机构管理条例第 6 条、第 9 条)。在开设诊所的情形,虽然规定开设者必须为医师,但在组织设置医疗机构的情形,其代表人可以申请设置(医疗机构管理条例实施细则第 14 条)。此处的"代表人"可以解释为医师或非医师者。此外,营利性医疗机构按照一般企业的财务制度及会计制度经营,并且营利性医疗机构能够自己决定诊疗价格的标准(关于城镇医疗机构分类管理的实施意见)。也就是说,在中国,营利性医疗机构一般被视为企

---

① 菅野耕毅、高江洲義矩:《医事法学概論》,第 139－149 頁。

② 内山雄一(編集監事):《資料集|生命倫理と法》,第 25－34 頁。

业,处于承认以营利为目的的医疗业务的状况。"在比例已经超过50%的营利性医疗机构(预计今后会不断增长)之中,为了追求利益产生了区别诊疗、拒绝诊疗、转诊迟延、不转诊等各种问题。若果真如此,对于医疗机构而言患者只不过是医疗业务的顾客,失去了原本医疗应具有的公益属性,实现'国家尊重和保障人权'(宪法第33条),或'公民在疾病的情况下,有从国家和社会获得物质帮助的权利'(宪法第45条)的宪法本旨变得困难。过去的行政与医疗机关之间的关系绝非正常关系。尽管如此,从一个极端走向另一个极端也并非良策。立法之际的平衡感极为重要,无论是从尊重生命的观点,还是从宪法的立法本旨出发,适用于中国的医疗法人的要件如今应当进一步探讨。"①

随着营利性医疗机构的出现,不仅是营利性医疗机构,在非营利性医疗机构中,也形成了医师个人的工资报酬和该医师的诊疗报酬相关联的体制,诊疗报酬少将直接影响该医师的工资报酬。例如,医院的负责人每月事先将需要完成的额度作为任务分摊至各科室,该科室的诊疗报酬如果未达到该额度,该科室的医务人员将不能领取当月的奖金。或者参与患者初诊的医师,如果患者出现欠费或逃避缴费的情况,则需要承担向患者追讨未支付的诊疗费的责任,而未能成功追讨时,则从该医师的奖金中扣除。实施此种"首诊负责制"②的医院已经在各地出现。迫于此种情况的医师们,要求患者预先支付医疗费,或为了获得诊疗报酬而走向过度医疗③之路,甚至出现将无望缴纳诊疗费的患者丢弃至郊外致其死亡的事件④。

在北京大学附属医院(非营利性医疗机构)工作的医师曾对媒体表示,"在医院,临床医师的基本工资只有1000余元(地方更少)。每月的奖金加起来也不过3000余元。如果没能完成任务就不能拿到奖金。所以一部分医师与医药代表保持联系。知道的医院负责人也睁一只眼闭一只眼"⑤。该医师所说的"与医药代表保持联系",也就是指从制药公司的业务人员处获取回扣。

从2005年开始,医师从制药公司的业务人员处获取高额回扣,以及从患方获取

---

① 拙稿,前揭文,第74页。

② 新华网:《面对医患纠纷和体制问题 医生也有话要说》,2006年2月28日,http://news.xinhuanet.com/focus/2006-02/28/content_4215760_3.htm.

③ 媒体指出,中国的过度医疗主要表现为"大处方、抗生素滥用、大检查、手术滥用"。《中国青年报》:《中国卫生系统染上美国病》,新浪网,2005年7月29日,http://news.sina.com.cn/c/2005-07-29/05007353718.shtml.

④ 《新京报》:《医院抛弃无钱病人致其死亡 众责任人被判缓刑》,网易新闻,2005年7月1日,http://news.163.com/05/0701/05/1NI5P3BB0001122B.html.

⑤ 《国务院医改发展报告 卫生系统染上"美国病"》,2005年9月11日,http://www.100md.com.

高额红包的事件,作为医疗界的丑闻被媒体大肆报道。① 甚至有报道使用"医生是在喝病人的血"②这样的标题,渲染"白衣天使"变身为"白狼"③,抨击医疗界。

2005 年 7 月 29 日,国务院发展中心社会发展研究部的副部长葛延风,在接受《中国青年报》的采访时,对于医疗改革作出如下描述。"改革开放以来,中国的医疗卫生体制改革取得了一些进展,但是(与此同时)暴露的问题更为严重。(因此)从总体上讲,改革是不成功的。"④对于不成功的原因,葛延风认为,"根源在于它的基本方向有问题,(医疗)不能走市场化的道路。基于医疗卫生事业的特殊性,无论是(医疗的)基本保障目标选择还是医疗卫生的(行政)干预重点选择,靠市场都无法自发实现合理选择,(因此)必须强化政府职能"⑤。此种政府人员对媒体承认"(医疗)改革是不成功的"情况,前所未闻,实属特例。

在该报道之后不久,对于在"哈尔滨医科大学第二附属医院"针对 75 岁男性实施的临终关怀(住院 82 天),其遗属被请求支付 138.9 万元的事件中,2005 年 11 月 21日,中央电视台的"新闻调查"栏目以"最昂贵的死亡事件"为题进行了报道。⑥ 对于该事件,之后各媒体进行了后续报道,引起了巨大反响,公安部甚至到医院进行了调查。⑦

2006 年 4 月 29 日,卫生部等联名公布了对"哈尔滨医科大学第二附属医院"的调查结果与今后的方针。根据这一通报,"今后,凡公立医疗机构发生严重乱收费行

---

① 新华网:《药价是多方合力推上去的——几位医药代表的"实话实说"》,2006 年 3 月 23日,http://news.xinhuanet.com/health/2006-03/23/content_4334340.htm;《中国青年报》:《医药代表自爆回扣内幕:药品进院费院长得大头》,新浪网,2006 年 2 月 24 日,http://news.sina.com.cn/c/2006-02-24/04148287494s.shtml;《第一财经日报》:《业内揭露　人工关节手术主治医师每日回扣达两万》,新浪网,2006 年 1 月 17 日,http://finance.sina.com.cn/g/20060117/02522280470.shtml;《北京青年报》:《举报医生收红包最高奖 5 万》,搜狐新闻,2005 年 11 月 11 日,http://news.sohu.com/20051111/n227463587.shtml.

② 《东亚经贸新闻》:《药价虚高内幕披露:"医生是在喝病人的血"》,网易新闻,2005 年 12 月20 日,http://news.163.com/05/1220/00/25CJJLTJ0001122B.html.

③ 发展论坛:《医患关系紧张的病根出在哪?》,新华网,2006 年 4 月 13 日,http://news.xinhuanet.com/forum/2006-04/13/content_4419291.htm.

④ 《中国青年报》:《国务院医改发展报告:"中国医改基本上不成功"》,搜狐新闻,2005 年 7月 30 日,http://news.sohu.com/20050730/n226500104.shtml.

⑤ 前揭,《中国青年报》:《国务院医改发展报告:"中国医改基本上不成功"》。

⑥ 南方都市报:《550 万医药费事件续:哈医大二院涉嫌严重造假》,新浪网,2005 年 12 月 3日,http://news.sina.com.cn/o/2005-12-03/10447609587s.shtml.

⑦ 《第一财经日报》:《公安部介入调查 550 万医药费事件　医院账户被封》,人民网,2005 年12 月 1 日,http://politics.people.com.cn/GB/1027/3904919.html.

为,对院长一律先免职,然后再根据调查情况,依法依纪作出相应处理"①。

今后,在中国,回到医疗伦理的原点,考虑医疗行为或医疗事业的特性,防止医疗机构的权限乱用,且为了行政干预和医疗机构的自主之间的调和,或利益追求与医疗伦理之间的调和,对营利性医疗机构以及非营利性医疗机构加以怎样的限制,行政参与到何种程度,如何行使行政权,行政与医疗机构之间的健全关系是怎样的等问题,将继续成为需要思考的课题。

# 第三章　中国医疗纠纷处理机制的变迁

正如前章所述,医师与患者的关系容易陷入一触即发的紧张状态,即便是琐碎的细枝末节也能发展成医疗纠纷。从这样的医疗纠纷的法律处理机制之中,可以看出中华人民共和国成立至今各个阶段存在的不同特征。这一变迁大致可以分为,裁判主导期、行政主导期、行政过渡期以及裁判主导期的恢复。本章中,将结合事例分析各个不同时期的特征,此外对于医疗纠纷诉讼中的医学鉴定,尝试归纳中国的鉴定制度。

## 第一节　审判主导期(1950年至1959年)

### 第1款　审判主导期的特征

1949年成立不久的中华人民共和国政府迫于毒品成瘾及传染病的对策,医疗事故主要交由人民法院处理。这一时期的一部分人民法院作为新政府成立之前的司法体系的延长,对医疗事故纠纷事件的审理,专门由间距法学与医学专业知识的法官进行,也存在所谓医疗事故专门法庭。然而,政治形势仍未安定,为了稳固政权基础,从1950年至1958年,毛泽东主导的"整风运动""三反、五反运动"的政治运动,在全国开展,法律界也未能幸免。法官受到政治运动影响不采取正当的司法程序,经常可以

---

① 　中新网:《卫生部等:公立医院若严重乱收费　院长一律先免职》,人民网,2006年4月29日,http://politics.people.com.cn/GB/1027/4343608.html.

见到极其严格的处罚,对于被视为"责任事故"①的事件,甚至存在不经鉴定作出刑罚的情况。

其中最为有名的,是"金针电疗事件"。

## 第2款　判例
事例2

### 金针电疗事件②

**【事实概要】**

患者A,(男性、52岁)10余年前罹患结核,在公司的医务室被查出重度的肺结核以及支气管哮喘。1954年某月某日,A在中医医师Y开设的诊所接受了诊察,Y使用自己制作的电针器对A实施了针对支气管哮喘的电针治疗,因A诉说"痛苦",Y直接停止了电针治疗,转而实施了针灸的治疗。在针灸治疗结束之后,A的哮喘开始发作,并陷入手脚麻痹、心音衰弱、意识蒙眬、呼吸困难的状态,其所在单位医务所的西医B赶到,注射了强心剂,但症状未能改善,午后2时转至C医院。虽然之后于C医院实施了急救措施,但A在翌日凌晨3时15分死亡。

对于A的死因,Y强烈要求对A的尸体进行解剖查明死因,因为种种原因未能实现。该市的中级人民法院认为,首先可以推测是因电针通电引起或加速A的死亡,作为其根据,列举了因电的刺激引起休克或死亡的可能性,因此判断A的死亡是由于电针通电引起。此外,A患有重度肺结核,Y并非医务人员本不应进行诊断,但其盲目实施所谓"金针电疗"及药灸,加速了A的死亡。因此以过失致人死亡罪判处Y 1年6个月的有期徒刑。

Y不服判决,在此后30年中数次上诉,但都被视而不见。1986年5月Y再次提起上诉。从这次开始,该省的高级人民法院以及市委组织部、统战部、市政协、省卫生厅、市卫生局等相继对此案表示关心,1987年3月12日,该市中级人民法院进行了再审,判决Y无罪。

**【判决要旨】**

判决无罪的主要理由如下:

①首先,"Y并非医务人员"一说不能成立。作为其理由,第一,Y在通过自学后

①　责任事故,是指违反医疗卫生管理法律、行政法规、部门规章以及诊疗、看护规范、规章引起的医疗事故。

②　梁华仁,前揭书,第25-28页。

习得中医学知识，实施电针疗法，发表了专业的学术论文。第二，Y在当时是从人民政府的卫生科拿到许可开始执业的。

②的确，该电针疗法为Y独创，对于其原理在自己的论文《金针疗法》(《江西中医药》1954年3月号)中进行了说明。根据该说明，通过电针器的最大电流在安全范围之内，因此，Y实施的电针治疗方法不存在"盲目问题"。电针器的电流采用电池式，电压为3伏，电流为0.1毫安，减去器具本身的消耗最大的流量实际只有0.05毫安。并且设置了控制开关，不会发生所谓"因电气刺激产生的休克"，也完全不存在"产生循环障碍，陷入呼吸困难加速了A的死亡"的可能性。

③Y一直热心地对患者进行诊疗。Y对A进行问诊、把脉，诊断为"哮喘"之后，实施了电针与艾灸的治疗，符合医疗规范。该患者的病情恶化时，Y采取了积极且慎重的措施，迅速向西医B寻求协助共同进行了急救措施，之后将A转院至C医院。可以说在诊疗与急救措施的全过程中Y尽到了作为医师的职责。

西医B到达现场之后，对当时主要陷入呼吸困难的A未采取适当的对应措施，只注射了强心剂。之后，A转院至C医院，接受住院治疗13个小时，但C医院对于A因呼吸困难产生的气胸并未进行妥善的诊断与处理。即使按照当时的医疗水准，对于此种症状进行妥善的诊断与处理也并非难事。因此，对于A的死因这一极为复杂的问题，简单地归结于Y的电针使用没有科学的根据，并不公正。

④A死亡之后，既然已经法医学的医师进行了尸检，应对其尸体进行解剖，查明死因。与此相关的规定在当时的卫生部门已明确规定，Y也强烈希望进行解剖。然而因种种原因未能实现，鉴于此种状况，事后没有客观的根据，只能依赖主观的推断，作出与事实不符的错误判断也实属可能。根据判决书中记载的A的病历与症状分析的结果，A并非罹患肺结核并发支气管哮喘，而应当是肺结核并发肺气肿，考虑因气胸引起死亡的可能性较高。因此，本案属医疗纠纷，不构成医疗技术事故，更不属于医疗责任事故。Y承担刑事责任的证据不足，对于事件性质的认定也不适当，应当予以纠正。

本案分为两个阶段。一是自事件发生到作出"过失致人死亡罪"的判决为止，另一个是自Y的上诉受理之后到作出"无罪"判决为止。

前一阶段正处于政治运动的年代，法官在未经鉴定，也未进行充分调查的情况下对医师作出较重的判决。此外在判决中，认定"Y并非医务人员"的同时，也存在处以职务过失致人死亡罪等理论上的矛盾。后一阶段，由于别的政治意图，"该省的高级人民法院以及市委组织部、统战部、市政协、省卫生厅、市卫生局等相继对此案表示关心"，Y获得无罪判决。

如此，本案中，前一阶段自不待言，后一阶段也不能抹消行政介入的一面，从某种意义上可以说 Y 的命运被政治操控了。然而,该种事件在当时的中国并非个案,通过本案,可以窥见当时中国人治社会的侧面。

## 第二节 行政主导期(1960 年至 1987 年)

20 世纪 50 年代,在处理医疗纠纷时,类似前述事件未经鉴定而课以较重刑罚的判决时常出现。因此,有人质疑这是将"人民内部矛盾"转化成"敌我矛盾",并使医疗从业人员产生不安。医疗从业人员的积极性和创造性受到打击,最终将不利于患者及医学的进步,随着类似呼声越来越多,医疗进而变得保守,改行的医师也越来越多。

为了防止此种状况的继续,从 1959 年到 1977 年,所有的医疗纠纷都交由当地的医疗卫生行政部门或该行政部门的上级行政部门,通常当事人向人民法院提起诉讼也不予受理。由此,医疗机构与医疗卫生行政部门之间串通一气,形成了相互袒护、放任卫生行政部门权力滥用的体制,带给患者不信任感,导致向法院提起诉讼也得不到受理的患者及其家属对医疗从业人员进行谩骂、施加暴力,妨害医疗业务的情况时有发生。尤其是"文化大革命"的十年间,社会处于混乱无序的状态,医疗纠纷处理体制也丧失了其机能。

1977 年 8 月,"文化大革命"被宣告终结,此后"宪法"、"刑法"、"民法通则"(1986 年 4 月 12 日颁布)、"民事诉讼法(试行)"(1982 年 3 月 8 日颁布)、"行政诉讼法"(1989 年 4 月 4 日颁布)等一系列重要的法律相继颁布,依法治国的重要性被反复强调和提倡。

在医疗领域,将所有的医疗纠纷交由不具备法律权威的行政主导的医疗纠纷处理方式并不合适,如果要妥当处理医疗纠纷,医、法的协作必不可少,这一点成为医疗界与法律界的共识,各地域的医院管理条例或规定等相继被制定。例如,北京市卫生局、公安局联合发布的《关于维护医院秩序的若干规定》,黑龙江、西藏、新疆、青海、河南、陕西、甘肃等各省、自治区政府以及该地区的检察院、高级人民法院、公安厅、劳动局、民政局、卫生局共同发布的《预防和处理医疗事故的规定》,辽宁省政府、上海市人大常委会各自公布的《预防和处理医疗事故暂行规定》等都属于此种情形。①

以上的规定,通过医疗界与法律界的协作,意图实现医疗事故的防止与医院秩序的保持,虽然某种意义上已经发挥了重要作用,但也仅局限于行政内部抑制医疗纠纷的程度。

---

① 梁华仁,前揭书,第 28 - 30 页。

## 第三节　行政过渡期(1988 年至 2002 年)

此后,卫生部结合各医院的实际情况,与司法机关共同制定了《医疗事故处理办法》(以下简称"办法"),1987 年 6 月 29 日,同法作为行政法规经国务院公布。该"办法"由总则、医疗事故的分类与等级、医疗事故的处理程序、医疗事故的鉴定、医疗事故的处理、附则六章共 29 条构成。

### 第 1 款　行政过渡期的特征

在该时期的中国,医疗纠纷一般被分为非医疗过失纠纷与医疗过失纠纷。非医疗过失纠纷,是指医务人员不存在过失的纠纷,其中无过失医疗纠纷,也即医疗行为中预见不可能的并发症或预见不可能的不良结果,包括围绕疾病的自然转换期等的纠纷,与其他原因的纠纷,例如患者未遵循疗养指导、医师进行不恰当的发言,以及患者对超出当时医疗水准的治疗效果的期待产生的纠纷两种情况。而与此相对,医疗过失纠纷,是指医务人员在进行诊疗活动时因过失给患者带来不良结果并由此产生的纠纷。而医疗过失纠纷,依患者遭受损害的程度,进而分为医疗事故与医疗差错。[①]

根据"办法"第 2 条的规定,医疗事故是在诊疗护理工作中,因医务人员诊疗护理过失,直接造成患者死亡、残疾、组织器官损伤导致功能障碍的。此外,还可以分为在医疗技术层面的过失产生的技术事故,与因违反医疗卫生管理法律、行政法规、部门规章以及诊疗护理常规所致的责任事故(办法第 5 条),虽然在诊疗护理中存在错误,但未造成患者死亡、残疾、功能障碍的,不属于医疗事故(办法第 3 条第 1 项),一般被认为是医疗差错。[②]

对于医疗纠纷的处理,国务院下发的《关于〈医疗事故处理办法〉若干问题的说明》中明确,"原则上应由当事的医疗单位与病员及其家属根据《办法》的规定进行协商处理。只有在协商无法进行,发生争议时,才提请当地医疗事故技术鉴定委员会进行鉴定"。"若对医疗事故技术鉴定委员会的鉴定结论不服,医患双方均可在接到鉴定报告书之日起,15 日内向上一级技术鉴定委员会申请重新鉴定,也可以直接向当

---

① 梁华仁,前揭书,第 1－3 页;夏芸:《医師の説明義務と患者の同意》,中国科学技术出版社,2003 年,第 193 页。

② 梁华仁,前揭书,第 2 页。

地人民法院起诉"。此外,"当事的医疗单位和医务人员不服鉴定结论,应向卫生行政主管部门提出不服理由,尽量通过行政手段解决"。

依照尽可能通过行政来解决的政府的方针,最高人民法院在对四川省高级人民法院关于人民法院应否受理医疗事故争议案件的问题的复函中,指出"病员及其亲属如果对医疗事故鉴定结论有异议,可以向上一级医疗事故技术鉴定委员会申请重新鉴定;如因对鉴定结论有异议向人民法院起诉的,人民法院不予受理",如果"当事人对医疗事故鉴定结论虽有异议,但不申请重新鉴定,而以要求医疗单位赔偿经济损失不向人民法院起诉的,如符合《中华人民共和国民事诉讼法(试行)》第八十一条规定,人民法院应作为民事案件受理"①。

如此,患者以及患者家属对于医疗事故鉴定结论存有异议时,可以向上级医疗事故技术鉴定委员会申请重新鉴定,如果仅仅是对鉴定结论有异议而向人民法院起诉的,人民法院将不予受理。② 不只如此,医疗事故鉴定委员会不作为医疗事故认定的医疗纠纷,以证据不充分为由不予受理的法院也不在少数。

此种方针,限定了成为医疗过错责任对象的行为的范围,损害赔偿范围过小,将举证责任限定在原告一方。此外,将作为重要证据的医疗过错的技术鉴定交由与医疗现场有密切关系的卫生行政部门,甚至司法机关将一部分裁判权"转让"给行政机关③,这些问题已无法抑制患方的怒火。根据江苏省卫生部门的统计,自1998年到2000年之间,江苏省发生的医疗纠纷有6938件,每年平均约2300件,年增长率为22%,患者对医师恶言相加,使用暴力,妨害医疗业务的事件每年平均177件,年增长率达到35%。④

该时期的特征是,前半段卫生行政机关作为前期的延长掌握主导权,进入到后半段之后,随着医疗纠纷的多发,司法机关渐渐开始介入,法院并不依赖欠缺中立性的行政鉴定,而是积极地引入了司法鉴定。另一方面,当事人,特别是患方,因寻求较行政鉴定具有更高中立性的司法鉴定,法院实施的司法鉴定的件数也逐年增长。

卫生行政与医疗机关相互串通的问题,在下例中体现得尤为明显。

---

① 最高人民法院:《关于对医疗事故争议案件人民法院应否受理问题的复函》(1989年10月10日);最高人民法院:《关于当事人对医疗事故鉴定结论有异议又不申请重新鉴定而以要求医疗单位赔偿经济损失为由向人民法院起诉的案件应否受理问题的复函》(1990年11月7日)。

② 徐忠诚:《医疗纠纷若干疑难问题的思考》,法律图书馆 http://www.law-lib.com/lw/lw_view.asp?no=1090.

③ 《民事诉讼法(试行)》第84条第2项:"依法应当由其他行政机关处理的争议,告知原告向有关行政机关申请解决。"

④ 江苏省高级人民法院民一庭:《关于医疗损害赔偿纠纷案件的调查报告》,《人民司法》2002年第10期,第21页。

## 第2款　判例

事例3

### 右大腿固定手术纱布遗留事件（江苏省高级人民法院判决 2000 年 9 月 25 日（2000）苏民终字第 152 号）[①]

【事实概要】

1994 年 2 月 2 日晚，X 被拖拉机轧伤，立即被送往 Y 医院治疗，诊断为"右股骨中断粉碎性骨折"。Y 对 X 先行牵引治疗，同年 2 月 15 日行开放复位内固定手术。手术后 4 天，X 要求提前出院。出院后，X 在家附近的卫生室拆线，并作抗感染治疗。3 月 5 日，伤口上端感染，4 月中旬，其右股外侧下方出现脓肿，形成窦道。为此，X 先后在淮阳县福田卫生室、运河卫生室、农垦医院、化工新村中医骨伤诊所等多家抗感染、输液、换药、引流（用纱布条）等治疗，仍无效果。1995 年 3 月 6 日，X 到 A 医院住院治疗。该医院诊断为：右股骨陈旧性骨折合并感染，右股骨骨髓炎。同年 3 月 14 日内行固定解除，扩创死骨去除，置管引流术，在钳夹死骨时，从伤口内带出一块大小约 10 厘米×20 厘米的纱布。

此后，X 申请了鉴定。第一次鉴定（淮阴市医疗事故技术鉴定委员会 1999 年 3 月 4 日）结论的主要内容为，"Y 医院对患者 X 进行的诊断、治疗是适当的，原则上不存在过错。X 患处的纱布和棉球，是其出院后在其他诊所、医务室接受不正规的处置后遗留下来的，可以判断为重大的医疗缺陷。但是，与 Y 医院没有关系。认定 X 遭受的医疗事故为三级乙等责任事故"。

此外，第二次鉴定（江苏省医疗事故技术鉴定委员会 1999 年 7 月 20 日）结论的主要内容为，"X 的治疗自 1994 年到 1995 年之间进行的，并且因其接受了多数的医疗机构的治疗，无法认定 X 患处遗留纱布的责任机构以及责任人"。

最终，第三次鉴定（司法部司法鉴定研究所 2000 年 1 月 10 日）结论认为，"X 右大腿内遗留的纱布，属于 X 在 Y 医院接受第一次手术时遗留的可能性最高"。

原审判决（江苏省淮阴市中级人民法院）认为，"①X 体内的纱布为 Y 医院在手术过程中遗留的。其根据为，A 医院的主刀医师 $A_1$、$A_2$ 以及助手 $A_3$ 全员证明取出的纱布是缠绕固定死骨螺丝的，此外，司法部司法鉴定研究所的鉴定也认为纱布是第一次手术时遗留的可能性最高。对于被告否定该纱布为手术遗留的问题，从现场的模拟实验来看，一般人体的骨髓腔中放入 10 厘米×20 厘米的纱布相当困难。但是，

---

[①]　北京市高级人民法院编：《人民法院裁判文书选：北京 2000 年卷》，法律出版社，2001 年，第 183-186 页。

因原告的骨折面不规则,骨髓腔比较大,无法断定因吸收出血而体积缩小并且折成细长的纱布,不存在手术后遗留在骨髓腔中的可能性。②根据《骨与感染外科学》的理论,招致原告骨髓炎的原因,是由于纱布的存在满足了感染骨髓炎的条件。此外,从临床医师的经验来看,原告体内遗留的纱布为招致骨髓炎的主要原因。被告方主张原告的股虽然是外部感染引起的,不得不说其主张缺乏充分的科学根据。因此,原告体内遗留的纱布是 Y 医院在手术时残留的,致使原告发生骨髓炎并造成七级残障。Y 医院应负赔偿责任",判令 Y 赔偿 15 万余元。

Y 医院不服原审判决,提起上诉。

**【判决要旨】**

二审(江苏省高级人民法院)认为,"原告 X 接受第一次手术,出院后不久因感染形成窦道,虽然接受了众多医疗机构的治疗,但未治愈,并发展为骨髓炎,造成七级残障。X 在接受第二次手术时,发现了体内遗留的纱布。根据医学专业书籍,因手术后感染引起骨髓炎的决定性因素中,包括细菌因素与宿主因素,……损伤后,患处的伤口残留坏死组织、异物、血肿等时,有利于细菌的成长繁殖。因此,原告体内遗留的纱布,是感染以及长期未能治愈的主要原因。对于原告体内遗留纱布的责任问题,原审法院委托司法部司法鉴定研究所进行鉴定,该鉴定结论认定原告 X 右大腿内遗留的纱布为原告第一次手术时遗留的可能性最高。该鉴定结论在相当程度上与客观事实一致,应认可该证据的证明力"。驳回了上诉。

本案的第一次鉴定否定了 Y 医院的责任。第二次的鉴定既未否定也未肯定 Y 的责任。两次鉴定都为行政鉴定,并且都忽视了从 X"取出的纱布是缠绕固定死骨螺丝的"这一明了的事实。

如前所述,中国的卫生行政,并非间接行政而是直接的行政,行政与医疗的关系密切,有时会产生勾连问题。在本案中,可以说突出显示了医疗与行政鉴定的这一问题。

## 第3款　理解后的纠纷化

对于医疗纠纷,在中国,原则上通过当事人之间的协商解决是传统的处理方式。① 如今,在这一延长线上仍能偶尔见到行政居中调解的事件。然而,与医疗机构

---

① 1988 年 5 月 10 日,卫生部发布的《关于〈医疗事故处理办法〉若干问题的说明》第三部分第 1 项中明确,"医疗事故或事件原则上应由当事的医疗单位与病员及其家属根据《办法》的规定进行协商处理。只有在协商无法进行,发生争议时,才提请当地医疗事故技术鉴定委员会进行鉴定"。并且,当时的法院,也存在对于医疗事故技术鉴定委员会不作为医疗事故认可的医疗纠纷,以证据不充分为由拒绝受理的情况。

保持紧密联系的卫生行政,无论怎样都无法完全与医疗划清界限,具有极力降低患者请求的赔偿金的倾向,有时还能见到语气强硬的调解协议。患方之后恍然大悟,以和解内容欠妥为由向人民法院起诉再次燃起纠纷的情况也不在少数。以下将介绍和解之后再行起诉的 3 个事例。

第 1 项　再起纠纷的事例

事例 4

## 怀化地区中级人民法院 1998 年 3 月 19 日判决①

【事实概要】

1996 年 10 月 7 日傍晚,X 带着妻子 A 到 Y 卫生院接受急诊。当时,Y 卫生院的 B 医师对值班医生 C 说存在患韦氏症的可能性,但 C 并未接受其意见,诊断为妇科病、肺炎和心脏病。C 要求 A 住院,并根据其诊断开具处方,实施治疗。翌日 8 时左右,家属发现 A 突然坐立不安、全身冒汗的状况,于是向 C 提出转院的要求。C 在接到该要求之后,与 Y 医院的负责人商量之后许可了 A 的转院要求。在搬送到转院的救护车之后,A 鼻孔出血,见此状况 Y 医院并未进行任何处置,而让其直接转院。在运送途中 A 死亡。

同月 10 日零时,在会同县卫生局、金龙乡政府以及 Y 的负责人等的调解之下,X 与 C 之间达成以下协议。"①A 的葬礼,由 X 负责举办,不得对 C 提出任何要求。②C 一次性向 X 赔偿 6000 元,以本日 12 时为限,B 为其担保。③本协议自履行之日起,当事人双方无论任何理由均不得再起纠纷。如果违反,引起的后果由肇事者承担责任。"

此后,X 数次向会同县卫生局等部门申请其妻 A 的死因调查,都无人理睬。此外,1997 年 1 月 30 日,X 通过书面向怀化地区医疗事故技术鉴定委员会申请医疗事故鉴定,也未被受理。同年 4 月 10 日,X 再次向会同县医疗事故技术鉴定委员会书面提出医疗事故鉴定的申请。该委员会作出了"死者 A 罹患的疾病为韦氏症(肺出血型),因 C 的误诊以及不适当的治疗措施,导致 A 肺部大出血窒息死亡。属于一级医疗技术事故"。

X 持此鉴定书向会同县人民法院提起诉讼。

一审(会同县人民法院 1997 年 8 月 26 日)认为"Y 在进行 A 的治疗时,医务人员因过于自信作出错误的诊断,应当承担一定的民事责任。但是事故发生之后,在会同县卫生局、金龙乡政府以及 Y 的负责人的主持下,X 及其他家属与 C 之间达成了

---

①　陈晓军主编:《医疗损害赔偿》,中国法制出版社,2004 年,第 115 - 122 页。

关于本案医疗纠纷的协议,履行协议内容。该协议是双方当事人通过自由意思缔结的,是当事人的真实的意思表示。该协议是合法有效的",驳回了 X 的诉讼请求。

X 不服一审判决提出上诉。

## 【判决要旨】

受理了 X 上诉的二审(怀化地区中级人民法院 1998 年 3 月 19 日)判决认为,"Y 卫生院的 C 医师,因对 A 作出了误诊,并未采取适当的治疗措施,导致 A 的治疗被迟延,肺部大出血窒息死亡,这一事实经过鉴定被认定为一级医疗事故。对此,Y 应当承担过错责任,赔偿该死者遗属的丧葬费以及死者生前扶养者的生活费等。……事故发生之后,双方之间缔结的赔偿协议明显有失公平,Y 以此协议为理由不承担责任,不得不说无论于伦理上还是法律上都无根据。"撤销了一审判决,并判令 Y 赔偿 A 的丧葬费、X 的误工费、交通费以及 A 生前扶养的家属的生活费,合计 2 万 1 千余元。

事例 5

## 泸州市中级法院 2000 年 1 月 19 日判决①

## 【事实概要】

1999 年 3 月 24 日,在用餐中 A 突然上腹部腹痛,同日 15 时进入 Y 卫生院紧急入院治疗。在 Y 卫生院接受诊察后,被诊断为全腹膜炎、消化道穿孔、盲肠炎,Y 对 A 实施了含有镇痛剂的点滴注射。A 的症状虽然得到了暂时性的缓和,同日 21 日再次开始诉说剧痛,当时 Y 只对 A 注射了镇痛剂与安眠药。翌日 9 时,专科医师在巡诊时诊断 A 为急性胃穿孔、全腹膜炎、早期中毒性休克,需要紧急手术。同日 10 时 55 分开始手术,12 时 35 分完成,但 A 于 12 时 45 分死亡。

A 死亡当日,在泸州医学院法医学研究室进行了解剖。判明 A 的死因,为过饱导致胃扩张,产生十二指肠前壁穿孔,并由此引发急性弥漫性化脓性腹膜炎,由于中毒性休克而死亡。

同年 5 月 4 日,在泸县玄滩镇人民政府的主持下,A 的遗属 X 等与 Y 之间达成以下协议。协议书上记载了如下内容:"Y 自愿向 X 一次性补偿一万八千余元的救济金。八百元的解剖费及其之前各种费用一律由 Y 承担。对于本次纠纷处理过程中 X 等开销的生活费,也由 Y 承担。本次纠纷处理完成之后,Y 安排车辆将 X 等其他亲属送回家。协议履行之后,双方当事人再不承担任何经济上的责任。"

同年 5 月 17 日,X 等向泸县医疗事故技术鉴定委员会提出了 A 的死因鉴定。

---

① 陈晓军,前揭书,第 84-94 页。

同年8月23日,同委员会交付了鉴定意见书,其内容如下:"因术前及术后Y的过失,导致A十二指肠前壁穿孔、中毒性休克,手术迟延,失去了有效的急救时间,甚至在开腹前未能充分把握病状,未尽到充分急救的努力,致A死亡。属于一级医疗技术事故。"

同年10月18日,X等主张协议中的救济金只有医疗费及部分丧葬费(共计18500元),根据民法通则,损害赔偿的项目中应当包括医疗、交通、丧葬、死亡补偿、鉴定、被扶养人的生活费、抚恤金等费用以及本案的诉讼费,向泸县人民法院提出本案诉请,要求Y赔偿全部丧葬费及死亡补偿金、抚恤金等。

一审(泸县人民法院1999年12月1日)判决认为,"Y卫生院在A的治疗过程中,拖延了有限的可能急救的时间,也并未做出充分急救的努力,导致A异常死亡。因此,Y应当承担医疗损害赔偿的法律责任。但是,原告方向被告Y请求的从丧葬费中产生的一万六千余元的赔偿,于法无据,不予支持。此外,死亡补偿金包含了精神损害赔偿。原被告双方在相关部门的调解下缔结的医疗损害赔偿协议,是合法的,并且已经履行。原告方在该履行该协议之后,又向被告请求高额的损害赔偿于法无据,不予支持。但对被告自愿向原告方追加赔偿两千元,予以认可。"

X不服一审判决,向泸州市中级人民法院提起上诉。

## 【判决要旨】

二审(泸州市中级人民法院2000年1月19日)认为,"对于因故意或过失致他人损害的任何行为,该行为人都应当承担损害赔偿责任。被上诉人在向上诉人的亲属A提供医疗时,未尽到保护患者生命健康的注意义务,拖延了有限的可能救命的时间,也未做出充分急救的努力,引起医疗技术事故,并致A异常死亡。因此,Y应当依法承担损害赔偿责任。此外,对于上诉人与被上诉人在泸县人民政府的调解下,根据当事人自愿缔结了医疗损害赔偿协议这一事实,因该协议不违反法律法规的规定,也未侵害上诉人的合法权益,应当认定为合法有效。对于上诉人主张的该协议明显欠缺公平,是基于上诉人不真实的意思表示,且在被上诉人欺诈、胁迫的状况中签订的,因欠缺事实根据,无法成立,对此不予采信",驳回了上诉。

事例6

## 南昌市东湖区人民法院判决①

## 【事实概要】

2004年5月9日,原告X因静脉曲张到Y医院就诊,给予注射治疗,花费治疗费

---

① 中国法院网:《调解协议生效  患者再告医院被驳》,2006年7月7日,http://www.china-court.org/article/detail/2006/07/id/211695.shtml.

五百元。同年6月6日,X再次到Y医院就诊,Y在向X出具的病历中载明原病历丢失。该日,Y为X补写了病历。至2004年8月26日,X病情未治愈。为此,双方发生纠纷,在南昌市东湖区卫生局的调解下,双方于2004年10月26日达成调解协议,内容如下。

"患者X于2004年5月9日在江西红十字医院门诊部治疗右下肢静脉曲张,经一次性治疗,治疗效果不明显,现经东湖区卫生局调解,由江西红十字医院门诊部一次性给患者X经济补偿人民币共计三千元整。双方一致同意达成协议并签字,今后双方互不相扰"。该内容的调解协议书由X、Y各持有一份。

当日,Y给付X三千元,X向Y出具收条一张。之后,X表示后悔,向Y提出一万元的赔偿,并向法院提起诉讼。

**【判决要旨】**

受理本案的南昌市东湖区人民法院(日期不明)认为,"原、被告各自持有的调解协议书是双方真实意思表示,合法有效。根据协议规定,被告已给付原告经济补偿共计三千元",驳回了X的诉讼请求。

第2项　探讨

以上选取了和解之后再起纠纷的3个事例。事例4中,因误诊导致患者死亡的Y医院,隐瞒误诊的事实,缔结了对患方极为不利的协议。对于该协议,一审认为"是双方当事人通过自由意思缔结的,是当事人的真实的意思表示",认定其有效。对此,二审认为,对于A的死亡"Y应当承担过错责任,赔偿该死者遗属的丧葬费以及死者生前扶养人的生活费等","双方之间缔结的赔偿协议明显有失公平",撤销了该协议,并判令Y医院支付因A的葬礼X支出的丧葬费、误工费、交通费以及A生前扶养人的生活费等费用。

在事例5中,错过有效急救时间的Y卫生院,在泸县玄滩镇人民政府的主持下,与被害人A的遗属X等之间缔结了协议。对于该协议,一审二审均判定合法。

在事例6中,患者X以静脉曲张未治愈等理由,与Y医院之间产生纠纷,该辖区的卫生局居中调解,达成了Y向X支付三千元补偿的协议,Y履行了该协议。之后,X表示后悔向法院提起要求Y赔偿一万元的诉讼。法院以"协议书是双方真实意思表示,合法有效"为理由,驳回了X的请求。

对于协议内容是否公平、合法,应依照何种标准判断,以上三个事例的判决均未明确。但是,事例5的二审判决提示了,如果认定不违反法律法规的规定、未侵害上诉人的合法权益,则"应当认定为合法有效"这一旨趣。

# 第四节 审判主导期的恢复(2002 年～ )

为了纠正"办法"暴露的各种问题,作为"为了适应经济和社会发展的需要,保证科学、公正地处理医疗纠纷,维护医患双方合法权益,保持社会稳定,制定这个条例是很有必要的"①,2002 年 2 月 20 日国务院第 55 次常务会议上通过了《医疗事故处理条例》(以下称"条例"),同年 4 月 4 日经国务院颁布。同时施行了 15 年的"办法"被废止。

## 第 1 款 医疗事故处理条例的特征

该"条例"由总则、医疗事故的预防与处置、医疗事故的技术鉴定、医疗事故的行政处理与监督、医疗事故的赔偿、罚则、附则 7 章构成,全部共 63 条。对于医疗事故的处理,"条例"基本继承了"办法"的行政处理与行政调解为主的原则,损害赔偿额的计算也与之前扶养型相同,但与"办法"相比,具有以下特征。

### 1 医疗事故概念的纠正

首先,对于医疗事故的概念,"办法"规定为"是在诊疗护理工作中,因医务人员诊疗护理过失,直接造成病员死亡、残废、组织器官损伤导致功能障碍的"("办法"第 2 条),此外规定了"虽有诊疗护理错误,但未造成病员死亡、残废、功能障碍的",不属于医疗事故("办法"第 3 条第 1 项)。也就是说,医疗从业人员即使发生重大的错误,但未对患者造成"死亡、残废、功能障碍"这样的损害,既不构成医疗事故,因此被认为不会被追究责任。

而与此相对,"办法"规定,"医疗事故,是指医疗机构及其医务人员在医疗活动中,违反医疗卫生管理法律、行政法规、部门规章和诊疗护理规范、常规,过失造成患者人身损害的事故"("条例"第 2 条),即使未对患者造成死亡、残疾、功能障碍,只要造成一定的损害即被追究责任。也就是说,医疗过错的成立要件得到了一定的缓和。

### 2 信息公开

在中国传统上认为,医疗机构不具有向患者及其家属提出诊疗资料的义务,所有

---

① 新华网:《国务院官员谈制定〈医疗事故处理条例〉的重要性》,2002 年 4 月 14 日,http://news.xinhuanet.com/newscenter/2002-04/14/content_357431.htm.

的诊疗资料由医疗机构保存,患方阅览诊疗资料的权利不被认可。"条例"第 10 条规定了,患者具有复印或复制诊疗资料的权利,并详细规定了能够复印或复制的诊疗资料的详细内容。

### 3　说明义务

关于说明义务,通过何种形式、到何种程度向患者进行说明,过去全部由医师个人裁量。对此,"条例"第 11 条规定,"在医疗活动中,医疗机构及其医务人员应当将患者的病情、医疗措施、医疗风险等如实告知患者,及时解答其咨询;但是,应当避免对患者产生不利后果"。

### 4　行政与鉴定的分离

"办法"对于鉴定人的选定,规定"由卫生行政部门提名(鉴定委员会人选),报请同级人民政府批准"("办法"第 12 条),承认了鉴定属于行政的管辖。在实务上,法院将医疗事故鉴定委员会的鉴定手续作为诉讼的前置手续,鉴定结论,即是否经过了行政处理为受理诉讼的要件。患者及患者家属对于医疗事故鉴定结论存有异议时,可以向上级医疗事故技术鉴定委员会申请再鉴定,但仅以对鉴定结论有异议而向法院提起诉讼,法院则不会受理。[①] 不仅如此,对于不被医疗事故鉴定委员会作为医疗事故认定的医疗纠纷,有不少法院以证据不充分为理由拒绝受理。另外,根据"办法"第 11 条,当事人可以选择行政调解或法院审理其中一种方式处理纠纷。但是,卫生行政部门的调解是在最终到达法院这一道路上无法回避的程序,也就是说,接受卫生行政部门的处理,在作出结论的情况下,才能够向法院提起诉讼。与此相对,"条例"规定"可以直接向人民法院提起民事诉讼",鉴定也并非行政机关而是交由民间的医学会进行。此外还规定可以不由当地的医学会组织鉴定,取消了地域限制。

### 5　损害赔偿

对于损害赔偿的基本构成,"条例"继承了"办法"的扶养构成,还承认了"办法"不予认可的精神损害的抚慰金。传统上受到苏联强烈影响的中国,无论是在理论研究还是在实务中,都认为精神损害是不能用金钱计算的,否定了精神损害赔偿制度的设立。在 20 世纪 50 年代中国的民法理论中,"只有资产阶级的精神痛苦可以通过金钱被治愈,类似商品能够与货币进行交换。在社会主义国家,人是社会中最为重要的财富,人的生命、健康无法用金钱来换算。因此,人身损害是引起财产损失时才由行为

---

① 徐忠诚,前揭文。

人承担赔偿责任。如果存在人身损害,而无财产损失时,只能依照其他法律加以制裁"①,此种学说曾占据主导地位。进入到 80 年代,少数学者开始主张"在制定侵权法时,应当考虑对于精神损害以及其他非财产性损害也承认适当的损害赔偿的规定"②,进入 90 年代后期,国民的权利意识急速高涨,判例也终于承认了精神损害赔偿③。从此意义上说,"条例"可以说是由实务引导的,通过立法肯定精神损害赔偿,毫无疑问在中国具有重要的意义。

## 第 2 款　关于医疗事故处理条例适用的观点

### 第 1 项　最高人民法院的通知

2003 年 1 月 6 日,最高人民法院对于该"条例"的适用,向各省、自治区、直辖市高级人民法院、解放军军事法院、新疆维吾尔自治区高级人民法院生产建设兵团分院发出通知。④ 该通知的主要内容如下。

(1) 条例施行后发生的医疗事故引起的医疗赔偿纠纷,诉至法院的,参照条例的有关规定办理;因医疗事故以外的原因引起的其他医疗赔偿纠纷,适用民法通则的规定。人民法院在条例施行前已经按照民法通则、原《医疗事故处理办法》等法律、法规审理的民事案件,依法进行再审的,不适用条例的规定。

(2) 人民法院在民事审判中,根据当事人的申请或者依职权决定进行医疗事故司法鉴定的,交由条例所规定的医学会组织鉴定。因医疗事故以外的原因引起的其他医疗赔偿纠纷需要进行司法鉴定的,按照《人民法院对外委托司法鉴定管理规定》组织鉴定。人民法院对司法鉴定申请和司法鉴定结论的审查按照《最高人民法院关于民事诉讼证据的若干规定》的有关规定处理。

(3) 条例施行后,人民法院审理因医疗事故引起的医疗赔偿纠纷民事案件,在确定医疗事故赔偿责任时,参照条例第四十九条、第五十条、第五十一条和第五十二条的规定办理。

---

① 中央政法干部学校民法教研室编:《中华人民共和国民法基本问题》,法律出版社,1958 年,第 339 页。

② 梁慧星:《论侵权行为法》,《中国民法经济法诸问题》,中国法制出版社,1999 年,第 107 页。

③ 参见:"盲肠手术纱布遗留事件(北京市朝阳区人民法院 1997 年)",《民商法论丛》第 9 卷,法律出版社,1998 年,第 255 - 256 页;"阑尾炎手术误切除子宫事件(福建省龙岩市中级人民法院 1997 年 12 月 9 日)",《人民法院案例选》,第 118 页。

④ 最高人民法院关于参照《医疗事故处理条例》审理医疗纠纷民事案件的通知(法〔2003〕20 号)。

人民法院在审理涉及医疗事故民事案件中遇到的其他重大问题,应及时层报最高人民法院。

第2项　学说

该"条例"公布后不久,卫生部即发布了"条例"的相关规定以及通知。① 虽然相关机构及媒体尽力宣传条例的正确性,但另一方面,有学者强烈批判"条例"的制定本身有超出行政立法权之嫌。

根据该学者的观点,"国家医疗行政权源于医疗行政管理的需要,同理,医疗行政法规的制定也必须有执法上的需求。医疗事故的处理不属于行政管理,行政管理部门的职能中也没有处理医疗民事纠纷的职责。《条例》把处理医疗民事纠纷纳入到行政管理的范围,既没有法律依据,也没有行政管理权能上的需要,属于行政立法权的超越"②。

此外,法院中也有从事实务的法官指出"条例"与其他法律之间存在以下矛盾之处。即,"《条例》第57条规定,'参加医疗事故技术鉴定工作的人员违反本条例的规定,接受申请鉴定双方或者一方当事人的财物或者其他利益,出具虚假医疗事故技术鉴定书,造成严重后果的,依照刑法关于受贿罪的规定,依法追究刑事责任'。这一条是被有关专家及新闻媒体所称赞的优点或特点之一。从这一条内容规定本身看,确实具有一定的强有力的监督效果。但是,当我们从《刑法》角度来看此规定时,此规定就变得是那么的苍白无力。根据《刑法》第385条关于受贿罪的规定,构成受贿罪的主体必须是国家工作人员。参加医疗事故技术鉴定工作的人员显然不是《刑法》第93条第1款明确规定的国家工作人员。因为中华医学会及其各地分会作为学术性团体,仅仅是社团法人。……即使参加医疗事故技术鉴定工作的人员从事了这样的不当行为,依法也构不成受贿罪"。

此外,"《条例》规定,'精神损害抚慰金:按照医疗事故发生地居民平均生活费计算。造成患者死亡的,赔偿年限最长不超过6年;造成患者残疾的,赔偿年限最长不超过3年'。在此之前,最高人民法院根据《民法通则》等有关法律规定,针对精神损害问题出台了《关于确定民事侵权精神损害赔偿责任若干问题的解释》(法释〔2001〕7号)。该解释规定,精神损害赔偿数额的确定因素中,除'受诉法院所在地(一般而言,同于《条例》规定的医疗事故发生地)平均生活水平'外,还包括侵权人的过错程度、侵

---

① 《医疗事故分级标准(试行)》(2002年7月19日)、《医疗事故技术鉴定暂行办法》(2002年7月19日)、《重大医疗过失行为和医疗事故报告制度的规定》(2002年8月)、《医疗机构病历管理规定》(2002年8月2日)、《医疗事故争议中尸检机构及专业技术人员资格认定办法》(2002年8月2日)、《关于做好实施〈医疗事故处理条例〉有关工作的通知》(2002年8月2日)。

② 蒋德海:《关于〈医疗事故处理条例〉的实践思考》,《法律适用》2002年第11期,第54-55页。

害的手段、场合、行为方式等具体情节及侵权行为所造成的后果等五项因素。现在《条例》规定的精神抚慰金仅仅考虑了受诉法院所在地/医疗事故发生地居民年平均生活水平这一个因素,并且又针对造成患者死亡和残疾两种情况分别加以时间限制。这种规定不仅与前述最高人民法院该司法解释的规定和原则有冲突,而且明显不合理、不公平。"①

实务中,甚至有观点指出:"医疗活动本身即是一种避险行为,紧急情况下的抢救措施也是医疗活动,只不过是在时间上紧急,紧急抢救行为作为紧急避险行为,也应当是不得超过必要的限度;在医疗实践中并不允许不考虑病人的具体情况,一味机械地实施抢救措施,否则,紧急抢救行为(避险行为)超过必要限度,就成为抢救措施不适当、不合理的过失医疗行为,因此,《条例》第三十三条第(一)项的规定未对紧急抢救造成的不良后果进行限制性规定,是非常遗憾的。"②

对于以上批评,社科院法学研究所的梁慧星教授,在 2005 年 5 月 31 日举行的关于审理医疗纠纷案件法律适用问题的研讨会上,做出了如下评论。

在对待《条例》的态度上,存在两种截然相反的观点。不仅是法官当中,律师当中也一样,学者当中也是这样。说明我们整个社会的思想没有统一。我们还停留在制定《条例》之前的立法论的争议当中。应当看到,《条例》是以国务院的名义发布的,属于已经生效的行政法规。国务院已经做出了决断,《条例》已经生效,我们别无选择,必须严格执行。……虽然《条例》有缺陷,不尽如人意,但我们现在已经不能够再讨论、再纠缠于立法论的争论,我们别无选择,必须正确理解、正确解释和正确适用《条例》。③

第 3 项　小结

如上所述,确实该"条例"中存在三个问题。

第一,形式上的问题,也即立法程序的问题。日本立足于三权分立主义,国会是唯一的立法机关。国会立法之外实质意义上的立法,除了宪法具有特别规定的情况,一般是不被允许的,通过国会立法意味着无需国会之外机关的参与成立法律。④ 内阁虽然被赋予了政令的制定权限,但单独制定行政法规在日本是无法实现的。

与此相对,在中国制定刑事、民事、行政等基本法律的权限属于全国人民代表大

---

① 许先明、黄金波:《略论〈医疗事故处理条例〉的缺陷》,中国法院网,2003 年 11 月 15 日,http://www.chinacourt.org/article/detail/2003/11/id/91576.shtml.

② 王晓路、李卫:《医疗损害的司法认定》,《人民司法》2002 年第 9 期,第 59 页。

③ 梁慧星:《医疗损害赔偿纠纷案件的法律适用问题——在审理医疗纠纷案件法律适用问题研讨会上的发言》,中国法学网,http://www.iolaw.org.cn/showarticle.asp?id=1486.

④ 芦部信喜:《宪法》,第 222 页。

会(立法法第 7 条①),国务院(相当于日本的内阁)也被赋予行政法规的制定权(宪法第 89 条第 1 项,立法法第 9 条②、第 56 条③)。根据立法法第 9 条及第 56 条(旧),对于全国人民大表大会及其常务委员会应当制定的法律事项,国务院接受全国人民大表大会及其常务委员会的授权,根据实际的需要,对其中事项作为"先行法"先制定行政法规,经过一定的施行过程,待法律制定条件成熟时,全国人民代表大会及其常务委员会可以提请相关法律的制定。因此,前述该"条例"的制定"超出了行政立法权"的批判,在中国现行的立法体制下可以说并不准确。

第二,是实质性问题。该"条例"条文的内容中,仍然存在不完善之处。例如,"在紧急情况下为抢救垂危患者生命而采取紧急医学措施造成不良后果的"不属于医疗事故("条例"第 33 条第 1 项)这一规定,正如前述实践中的观点应当加以限制,此外对损害赔偿的计算标准也存在探讨的空间。但是,该"条例"规定可以直接向法院起诉,认可精神损害、对诊疗信息的披露也进行了详细的规定。并且使鉴定从行政分离出来,特别是取消了鉴定的地域限制,在中国可以评价为划时代的进步。现在,医疗纠纷中的证据保全、因果关系的认定、损害赔偿的计算等,都依照该"条例"进行,随着依该条例处理的事例不断积累,灵活运用其经验,以新的立法为目标,相信将来更加严密、合理的成文法指日可待。

第三,是适用的问题。正如梁慧星教授所指出的,该《条例》已经生效,我们别无选择,必须严格执行",作为目前的现实,即使存在与其他法律冲突的情形,依照下位法遵照上位法的原则处理即可。对于已经施行的法律或条例等,以存在部分不足为理由,无视其立法本意全面否定的话,将会伤及法律的尊严。如果失去法的权威性,则从人治社会转变为法治社会将变得异常艰难。

---

① 《中华人民共和国立法法》第 7 条:全国人民代表大会和全国人民代表大会常务委员会行使国家立法权。

② 《中华人民共和国立法法》第 9 条:本法第八条规定的事项尚未制定法律的,全国人民代表大会及其常务委员会有权作出决定,授权国务院可以根据实际需要,对其中的部分事项先制定行政法规,但是有关犯罪和刑罚、对公民政治权利的剥夺和限制人身自由的强制措施和处罚、司法制度等事项除外。

③ 《中华人民共和国立法法》旧 56 条(现 65 条):国务院根据宪法和法律,制定行政法规。
行政法规可以就下列事项作出规定:
(一)为执行法律的规定需要制定行政法规的事项;
(二)宪法第八十九条规定的国务院行政管理职权的事项。
应当由全国人民大表大会及其常务委员会制定法律的事项,国务院根据全国人民代表大会及其常务委员会的授权决定先制定的行政法规,经过实践检验,制定法律的条件成熟时,国务院应当及时提请全国人民代表大会及其常务委员会制定法律。

第 4 项　判例

以下将列举几个在"条例"制定后适用问题上的相关事例。

事例 7

## 上海第一中级人民法院 2005 年 8 月 24 日判决[①]

**【事实概要】**

A(男童,年龄不详),因"发烧四天、抽搐一次",于 2004 年 7 月 18 日晚至 Y 儿科医院急诊,院方在给予吸氧、降温、止痉等对症处理后,A 仍表现为四肢肌张力增高,院方拟进行腰穿。在给 A 注射安定后,突然出现心跳、呼吸停止,全身发绀,气道内涌出大量血性液体,双瞳放大,经抢救无效死亡(死亡时刻不明[②])。此后,A 的父母 $X_1$、$X_2$ 主张 Y 在对 A 实施诊疗的过程中存在过错,诉至上海市徐汇区人民法院请求 Y 进行损害赔偿。受理本案的上海市徐汇区人民法院进行了文书鉴定,结果发现,A 的诊疗记录被进行了篡改。原审法院审理后认为,"当医患双方产生医疗纠纷后,医方应当就其在对 A 诊疗过程中是否存在过错承担举证责任。经有关部门鉴定,A 自管病史卡上书写记录存在诸多瑕疵,且自管病史卡记录的就诊时间与门急诊医药费收据中的付费时间前后矛盾,对此 Y 未作出合理解释。A 死亡后,Y 医院作为专业机构,未及时告知 $X_1$、$X_2$ 行尸体解剖,造成 A 确切死因不明,该责任在于 Y 医院。由于双方对注射药物及剂量有争议,Y 医院应及时预判、封存残留注射药物及注射器械,以便于 A 抢救及日后医疗争议的处理。由于 Y 医院的原因致医疗事故技术鉴定的基本条件不具备,Y 医院应承担举证不能的法律后果",故原审法院认定 Y 医院在对 A 诊疗过程中存在过错,造成医疗事故,依据"条例"计算了赔偿数额。

对于原审依照"条例"计算的赔偿额,原告认为该"条例"仅适用于构成医疗事故的医疗纠纷案件,而本案并未经有关部门鉴定即推定构成医疗事故是不妥当的。因此,本案应适用《民法通则》以及《最高人民法院关于审理人身损害赔偿案件适用法律若干问题的解释》的相关规定确定损害赔偿数额,并向上海市第一中级人民法院提起上诉。

**【判决要旨】**

受理上诉的上海市第一中级人民法院,对于该"条例"的适用,认为"《医疗事故处理条例》(以下简称《条例》)是对医疗纠纷案件所作的特别规定,人民法院在处理医疗

---

① (2005)沪一中民一(民)终字第 2431 号判决。

② A 的死亡时刻判决书中未有记载,但从向鉴定机构交付的十几页之多的 A 的诊疗记录,以及一个医师记录 A 诊疗的全部过程呈现的不自然、法官的感觉来看,至少应不是 18 日晚。

纠纷案件引起的民事赔偿案件时,应当优先适用上述条例的规定确定赔偿的数额。《条例》的适用,是不以构成医疗事故为前提条件的,凡医疗机构在实施具体的医疗或诊疗过程中引起的医疗赔偿纠纷案件,均应适用《条例》的规定。如强调必须构成医疗事故才能适用《条例》的规定,那是对《条例》片面的、不正确的理解。现上诉人 $X_1$、$X_2$ 以未经医疗鉴定不能推定构成医疗事故为由要求按照最高院《关于审理人身损害赔偿案件适用法律若干问题的解释》的有关规定计算赔偿金额于法无据,本院不予采纳",驳回了上诉人(原审原告)的上诉请求。

# 第五节　中国的鉴定制度

在医疗纠纷诉讼中,因诊疗行为是否适当为主要的争论点,因此要求医学上的专业知识。然而,法官与作为当事人代理人的律师在大多数情况下不具备此种专业知识。最终,在归纳争议焦点时发现真正争点本身并不容易,即使大体上归纳了争点,但由于法官对于争点的判断缺乏必要的专业知识,为了补充此种缺陷通常作为证据调查而进行鉴定。对于如何进行此类鉴定,根据各国的鉴定制度的不同呈现出不同的特点。

## 第 1 款　医学鉴定的定义

在中国围绕医疗纠纷的医学鉴定的定义,一般认为是特定机构或组织(例如医学会、司法鉴定所等),或特定人员(例如医师、护士、法医学者等),对于在某一医疗行为对患者造成人身损害时,该行为是否属于医疗事故、若属于构成几级医疗事故等问题进行判断的过程。[1]

通常,鉴定结果本身与损害赔偿数额并不直接相关联。但是,在中国鉴定人不仅对于医方是否存在过失进行判断,也被赋予对事故等级的裁定权限(医疗事故处理条例第 31 条第 2 项、第 7 项),此外赔偿数额几乎都是依据事故等级进行计算,因此出现了鉴定结果对赔偿数额具有巨大影响的结果。如此可见,鉴定在医疗纠纷中扮演着重要的角色,以下对其概要进行简单介绍。

## 第 2 款　行政鉴定

正如在本章第三节中介绍的,中国围绕医疗纠纷的鉴定,在较长时期内都是以行

---

[1] 洪朱丹主编:《医疗事故如何赔》,中国法制出版社,2005 年,第 27 页。

政鉴定为主。这一专属地方政府的行政鉴定,受到行政的强烈影响,处在容易受行政控制的立场,具有事件本身越是与行政部门的利益相关则鉴定结论的可信赖性越低的倾向。此外,行政鉴定自始至终所依赖的鉴定均由行政机关掌控,并且是非公开、欠缺透明性的。因为鉴定书的制作没有明确规定,有的甚至未记载调查、分析、探讨的内容,也常常见到鉴定人未署名的鉴定书[1],鉴定责任的归属含糊不清。

为了改善此种状况,随着《医疗事故处理条例》的施行(自 2002 年 9 月 1 日起),围绕医疗纠纷的鉴定由医学会[2]继承,行政的影响力渐弱。此外,为确保公正的鉴定,设置了一定的规则。即,①由医患双方在医学会主持下,从专家库中随机抽取[3]参加医疗事故技术鉴定的相关专业的专家,组成鉴定组("条例"第 24 条)。②组成鉴定组专家的人数须复数且单数,涉及鉴定的主要学科的专家人数不得少于鉴定组成员的二分之一。此外,涉及死因、伤残等级鉴定的,应当从专家库中随机抽取法医参加专家鉴定组。制作鉴定结论,实行合议制("条例"第 25 条)。③医疗纠纷的当事人或当事人的近亲属、与医疗纠纷有利害关系的、与医疗纠纷当事人有其他关系可能影响公正鉴定的,应当回避鉴定("条例"第 26 条)。④鉴定组依照法律、法规,运用医学科学原理和专业知识,独立进行鉴定,任何机构、团体或者个人不得干扰鉴定工作,不得威胁、利诱、辱骂、殴打专家鉴定组成员("条例"第 27 条)。

## 第 3 款 司法鉴定

### 第 1 项 司法鉴定的定义

在中国除了前述医学会主导的鉴定之外,还存在由法院主导的司法鉴定。司法鉴定被认为是,在诉讼过程中针对案件的专业性问题,司法机关委托该领域的专家对

---

① 艾尔肯,前揭书,第 151 页。

② 医学会是指根据 1998 年 10 月 25 日国务院颁布的《社会团体登记管理条例》的规定,接受县级以上人民政府部门的审查,得到设立许可并登记的医疗社会团体法人。该医疗社会团体法人为非营利法人,加入不具有强制性,医务人员可以根据自己的希望自愿选择参加的团体。

③ 2002 年 12 月 11 日,深圳市医学会首次通过随机抽选方式进行了专家的抽选工作。当日,首先在律师陪同的双方当事人面前,医学会的会长宣读了注意事项后,宣布了涉及本次鉴定的成员,由妇产科 4 名、内分泌科 4 名、法医 1 名构成。其次,向当事人出示了作为候补者集中了 25 名专家的名录,并告知如果存在异议可以提出。此时,患方对龙岗医院所属的专家、医方对深圳市人民医院所属专家,各自提出异议,将此两名专家从候补者名录剔除。此后专家抽选工作开始,通过电脑随机方式,双方当事人各自选出妇产科、内分泌科各两名,医学会会长选出法医 1 名,共 9 名专家组成鉴定组。在一周内向医学会选出的专家们提交鉴定的申请。参照王东红等:《医患关系与权利维护》,中国民主法制出版社,2005 年,第 193 页。

该问题进行判断的一种活动①,涉及医学鉴定的司法鉴定成为法医类鉴定,法医类鉴定包括法医病理鉴定、法医临床鉴定、法医精神病鉴定、法医物证鉴定和法医毒物鉴定。②

到 2005 年为止,中国各级法院设置了司法鉴定所或司法鉴定室。当时司法鉴定为法院的一部分,为促进迅速公证的审判提供了重要作用(例如本章列举的事例 3)。然而,在还未确立司法独立的中国,司法鉴定的中立性受到质疑,2005 年 2 月 28 日,第十次全国人民代表大会常务委员会第十四次会议上,对于司法鉴定管理的决议获得通过。此后,新的《司法鉴定人登记管理办法》和《司法鉴定机构登记管理办法》施行,自此司法鉴定从法院独立。

### 第 2 项　司法鉴定民间化的理由

如果质疑司法鉴定的中立性,通常也应当质疑司法本身的中立性。然而,为何不质疑司法的中立性,仅将其中的鉴定视为问题呢。这是由于为了保持司法的中立性,必须确实地实现司法独立。

在中国,对于司法独立,《宪法》第 126 条,《人民法院组织法》第 4 条以及《法官法》第 8 条第 2 项,均有人民法院或法官"不受行政机关、社会团体和个人的干涉"的规定。但是,各地方法院的人事权以及财政权均由地方的人民代表大会掌握(在财政方面存在与自由民主主义国家相似之处),人民代表大会的代表多数是从行政官员中选举的,从某种意义上司法只不过是行政的延长。

在这样的情形中,时常能够见到各地方党委会的书记,以党的政法委员会名义对司法审判指手画脚,造成法院对于复杂的案件征求地方党委会意见成为惯例的结果。特别是在社会上具有较大影响的案件,陷入没有党委会的批示无法审判的状况③笔者认为即使是这样,在保持原有体制的同时,为了向具有中立性的司法迈出一小步,才将司法鉴定从法院中独立出去。

### 第 3 项　医学会鉴定与新司法鉴定的区别

医学会鉴定与新的司法鉴定之间的区别,在下表中得到表述。

---

① 何家弘主编:《司法鉴定导论》,法律出版社,2000 年,第 68 页。
② 《全国人民代表大会常务委员会关于司法鉴定管理问题的决定》,第 17 条第 1 项。
③ 刘敏:《当代中国的民事司法改革》,中国法制出版社,2001 年,第 117 页。

医学会鉴定与新司法鉴定的区别

| | 医学会鉴定 | 司法鉴定 |
|---|---|---|
| 目的 | 审判的证据以及行政处分的根据 | 审判的证据 |
| 所属 | 卫生部 | 司法部 |
| 资格 | 无 | 有 |
| 鉴定的申请 | 双方当事人共同,不可单独申请 | 可以单独申请 |
| 鉴定的过程 | 复杂 | 简单 |
| 责任归属 | 不明确 | 明确 |
| 法律根据 | 医疗事故处理条例<br>医疗事故技术鉴定暂行办法 | 民事诉讼法<br>司法鉴定人登记管理办法 |
| 组织的性质 | 非营利性社团法人 | 非营利性社团法人 |

此外鉴定的目的、鉴定人资格以及鉴定机构的性质如下所示。

## 1　鉴定的目的

对于鉴定的目的,医学会鉴定中,鉴定书不仅应当交付给当事人,作为义务也应向医方所属的卫生行政机构送达移交(医疗事故技术鉴定暂行办法第 34 条),鉴定书不仅是审判的证据而且也是行政处分的根据。而与此相对,司法鉴定仅作为审判的证据被使用。

## 2　鉴定人的资格(证书)

关于鉴定人的资格,司法鉴定的鉴定人在取得"司法鉴定人执业证"后方能从事鉴定工作(许可证制度,司法鉴定人登记管理办法第 3 条,2005 年 9 月 30 日起实施)。并且该证书每五年必须更新(资格更新制度,同办法第 17 条)。而医学会鉴定非资格证书制度,符合一定条件的医务人员,作为专家登录专家库,经过随机抽选进行鉴定工作。

## 3　鉴定机构的性质

关于鉴定机构的性质,涉及医学会主导的鉴定的医师,通常在各医疗现场工作,医学会办公室的常驻人员几乎都是具有国家公务员身份从卫生行政机关派驻的人员。在此意义上,可以说医学会的鉴定具有半官半民的性质。而与此相对,新的司法鉴定是具有独立人事权、财政权的民间法人实施的一种私人鉴定。

像这样新设立的司法鉴定机构,在实际运营的过程中,如何保持中立性,如何实现其使命,值得注目。

#### 第 4 款　鉴定的效力

关于鉴定的效力,鉴定的结论不只是一种证据,是否采信可由法官通过自由心证来进行,为通说的见解。此外,根据中国的(旧)民事诉讼法(以下简称"旧民诉法"),鉴定结论是证据的一种(旧民诉法第 63 条),法官的依职权鉴定得到认可,人民法院可以委托鉴定机构进行鉴定(旧民诉法第 72 条),法官有决定是否再行鉴定的权限(旧民诉法第 125 条)。鉴定人在进行鉴定时,有权调查必要的相关案件资料,必要时可以询问当事人及证人(旧民诉法第 72 条)。另外,当事人得到法庭的许可可以向鉴定人发问(旧民诉法第 125 条)。为了明确鉴定负责人的所属,鉴定人应当在鉴定书上签名或盖章(旧民诉法第 72 条)。另一方面,为了保护鉴定人免受因对鉴定结论不满的委托人一方的过激行为,《医疗事故技术鉴定暂行办法》中设置了集团责任制。根据这一规定,医学会进行的鉴定,其鉴定书上并非鉴定人签名,而是加盖医学会医疗事故技术鉴定的专用印章(医疗事故技术鉴定暂行办法第 34 条)。但是,对于此种制作者不明确的鉴定书,也有学者抛出究竟能否具有足够证据力的疑问。[1]

### 第六节　小　　结

以上对中华人民共和国成立以来,围绕医疗纠纷的法律处理机制的变迁进行了概观。其间经历了,从审判主导期到行政主导期,再由行政主导期经行政过渡期再次转向审判主导期的变迁过程。

其中较为注目的是行政过渡期的前半阶段与后半阶段之间巨大的差异。前半阶段,作为行政主导期的延长由行政掌握主导权,医疗与行政之间勾连的问题引人注目,失去了患者的信任。与此相对,后半阶段随着医疗纠纷的多发,司法机关不得不介入,为了维护社会安定开始积极地实施司法鉴定。因此,法院受理的医疗纠纷的件数逐渐增加,最终迎来新的《医疗事故处理条例》的制定与施行。

确实,该"条例"只不过是行政法规。内容本身也存在不足之处,仍然存在检讨的空间。然而,规定了能够直接向人民法院提起诉讼,承认精神损害,并对诊疗信息公开进行了详细规定。此外,使鉴定从行政分离,特别是取消了鉴定的地域限制。这些方面,在中国可以评价为划时代的进步。笔者认为,行政的最高机关国务院发布这一

---

[1]　沈健、韩波:《论医疗事故鉴定结论在民事诉讼中的应用》,《法学评论》2004 年第 2 期,第 133－134 页;章武生等:《司法现代化与民事诉讼制度的建构》,法律出版社,2003 年,第 255 页。

条例,是为了确立独立审判,也具有意味着断绝介入审判的可能性。从以上的介绍及分析中可以窥见,在中国围绕医疗纠纷的法律处理从已经脱胎于卫生行政的介入,渐渐步入审判的正常轨道。

# 第二编 医师医疗过失的民事责任

在第一编中,围绕现在中国国内的医师的定义及其工作内容、医师资格的取得与丧失、医疗机构的特征,以及医疗纠纷的处理机制的变迁等内容,对其概要进行了介绍。在本编中,将以此为前提,考察医师的医疗行为产生的民事责任的法律解释以及法律适用。

## 引言 中国的民法制定与变迁

在考察关于医师医疗行为的民事责任的法律解释以及法律适用之前,笔者将对中国的民法制定及其变迁过程,在参照梁慧星教授的《中国对外国民法的继受》等资料的基础上[1],进行以下概观。

### 1. 中华人民共和国成立之前的民法

(1)《大清民律草案》

最初,涵盖民事关系、家族关系、刑事关系等各个方面法律关系的《唐律》,在中国是传统法律规范中最具代表性的法典。传统的封建法典与近代法对于双方当事人而言具有法律拘束力不同,仅仅是统治者对被统治者进行统治的工具。

在中国,第一次引入近代民法的,一般认为是 1911 年清末的《大清民律草案》。该《大清民律草案》由总则、债权、物权、亲属、继承五编构成,共计 1569 条。其中,总则、债权、物权三编,由日本学者松冈义正参照德、日民法典的体例和内容草拟而成。该草案,虽然因清王朝的消亡并未正式颁布施行,但在中国的民法史上,是第一次引入蕴含近代民法理念与德国式立法体例的尝试。此后,在该草案的基础上,中华民国

---

① 梁慧星:《中国对外国民法的继受》,《山东大学法律评论》2003 年;顧祝軒:《中国における民事法の継受と〈動的システム論〉(二)、(三)》,《早稲田法学》,第 78 卷第 1 号,第 35 - 78 页、第 2 号,第 232 - 237 页;于敏:《中国民法·不法行為法の起草について》,《比較法学》,第 36 卷第 2 号,第 139 - 141 页。

政府开始了近代民法典的编纂,也从此刻开始,日本民法对中国近代法的形成产生了重大的影响。

(2)《民国民律草案》

1912 年中华民国成立之后,政府以大清民律草案为基础,进行增删修改,于 1925 年完成民律草案。该草案与大清民律草案相同,由总则、债权、物权、亲属、继承五编构成,共计 1745 条。虽然该草案也未正式颁布,但通过当时司法部通令各级法院予以适用这一事实可以得知,在部分审判实践中该草案作为判案依据得到了适用。

(3)《中华民国民法典》(1929 年至 1949 年)

20 世纪 30 年代编纂完成的中华民国民法典,是中国历史上第一部民法典。中华民国民法典由总则、债权、物权、亲属、继承五编构成,共计 29 章,1225 条。该法典的编纂受到了当时德国、日本、瑞士各国民法典的极大影响,此外,还参考了苏俄民法典与泰国民法典。在该法典中,较早引入了男女平等、禁止权利滥用等法理及原则。民国民法典于 1931 年正式施行,1949 年之后,中华人民共和国成立,该法典作为具有资产阶级性质的法典被政府废止,而在台湾地区继续有效。

### 2. 中华人民共和国成立后的民法

(1)《民法草案》(1954 年至 1956 年 12 月)

这一时期的民法草案,是以 1922 年的苏俄民法典为模板起草而成的,包括总则、所有权、债和继承四编,共计 525 条,但之后由于政治运动的发生而致起草工作中断。在这一草案中,并未包含亲属编,物权之中也仅仅涉及"所有权"的规定;在主体上以"公民"的概念代替"自然人"概念;相较于私人的财产权,强调对国有财产和集体财产的特别保护。

(2)《民法草案(试拟稿)》(1962 年至 1964 年 7 月)

中国在 1962 年开始尝试第二次民法起草,这一次的草案,是以摆脱苏俄民法的影响以及与资产阶级民法彻底划清界限为目的,设计了与苏俄民法典和德国民法典的体例编排完全不同的内容,即第一编"总则"、第二编"财产的所有"、第三编"财产的流转",共 262 条。继亲属制度之后,将中华民国民法典中的继承、侵权行为制度也排除在外。此外,抛弃"权利""义务""物权""债权""所有权""自然人""法人"等传统民法的概念,转而使用"预算""税收""劳动报酬"这样具有计划经济色彩的概念。这一公法色彩浓厚的民法草案最终也因政治运动的影响而夭折。

(3)《民法草案(第四稿)》(1979 年 11 月至 1982 年 5 月)

1979 年 11 月,全国人大常委会法制委员会成立民法起草小组,开始组织"第三次民法起草"工作。经历了第一稿、第二稿、第三稿之后,于 1982 年 5 月完成《中华人民共和国民法草案(第四稿)》。这一草案,分为①民法的任务和基本原则、②民事主体、③财产所有权、④合同、⑤智力成果权、⑥财产继承权、⑦民事责任、⑧其他规定,共八编465条。《民法草案(第四稿)》从编排体例和内容上来看,是在参考了1964年的苏俄民法典以及1977年的匈牙利民法典之上完成的。该草案不同以往之处在于,是在实行改革开放、市场经济体制的社会背景下制定的,较之前的民法草案,增加了更多与经济活动相关的规定。但当时中国正处于刚刚开始经济体制改革,仍在摸索采取何种经济体制的时期,中国民事立法的方针也产生了较大变化,因此全国人大常委会决定转而制定民事单行法,待民法典编纂的条件成熟之后再进行民法典的制定工作。

此后,《经济合同法》《涉外经济合同法》《继承法》相继作为单行法制定颁布,但伴随改革开放的推进,经济和社会生活中不断出现新的问题和矛盾,客观上要求一部能够调整各种民事关系的基本法律。正是基于此种时代背景,在《民法草案(第四稿)》的基础上于1986年制定颁布了《民法通则》。时至今日仍在施行的《民法通则》,由①基本原则、②公民(自然人)、③法人、④民事法律行为和代理、⑤民事权利、⑥民事责任、⑦诉讼时效、⑧涉外民事关系的法律适用、⑨附则等九章构成,共156条。其中,关于侵权责任的规定与债务不履行的规定,一同被置于第6章的民事责任部分。

(4) 民法典编纂(1998年至今)

进入到20世纪90年代,在发展社会主义市场经济的社会背景下,由学者组织编纂的几部民法草案建议稿进入到公众视野。主要包括以下四部草案,即①中国社会科学院草案(梁慧星主编)、②中国人民大学草案(王利明主编)、③北京大学草案(魏振瀛主编)、④厦门大学草案(徐国栋主编)。这些草案的所具有的共通之处在于,突出了民法作为私法的属性,从正面确立了私法自治的原则与合同自由的原则。但是,以上草案无一被立法机关采纳。全国人民代表大会法律工作委员会以上述草案为参考起草的民法草案中,包括①总则、②物权法、③合同法、④人格权法、⑤婚姻法、⑥收养法、⑦继承法、⑧侵权责任法、⑨涉外民事关系的法律适用法,共九编,曾于2002年12月23日向全国人大常委会提交审议,但因同时审议九编难度较大,全国人大常委会决定分步制定物权法、侵权责任法等单行法。此外,在本草案中,关于侵权责任和债务不履行责任的规定,与现行的民法通则存在差异,即将两者分别规定在合同法与侵权责任法中。

### 3. 小结

综上,中华人民共和国成立之后,于20世纪50年代(1954—1956年)、60年代(1962—1964年)、80年代(1980—1982年)、90年代(1998年—)尝试过四次民法典的编纂,但最终均未实现。个中缘由,正如前文所述,在社会主义思想的影响之下对于私法的排除或否定的观点曾经获得了有力支持,因此与社会主义背道而驰的具有资本主义性质的民法无其容身之地。

# 第一章　医师与患者的法律关系

对于医师与患者间的关系,在 2004 年 3 月 14 日召开的第十届全国人民代表大会二次会议,首次将"国家尊重和保障人权"作为第 2 章《公民的基本权利和义务》(第 33 条第 3 款)的一项规定正式引入宪法。可以说是以人权改善为目的的极为重要的宪法修正。

以此次宪法修正案为契机,在中国关于人权的讨论在短时间内变得非常活跃,有关患者的权利的讨论也渐渐出现。例如,对人身权[1]、人格权[2]、生命权[3]、健康权[4]、肖像权[5]等基本的人权展开论述,对其中与医疗直接相关联的权利的解说较为常见。

在患者的权利意识不断高涨的同时,正如在前编第 2 章第 4 节中提到的,时常会出现针对医院或医师一方的暴力行为、阻碍医师工作的现象并不断激化,使得医院或医师不得不提高对于患者的警戒程度。另一方面,伴随着医疗机构的营利化,追求治疗收入、内部管理混乱的医疗机构的增长,也使得患者对于医疗环境的不信任感逐渐加深,医师与患者的关系陷入了一触即发的紧张状态。

在此情形下,政府大声疾呼希望改善医患之间的关系,并推出了一系列的对策,但收效甚微。各领域的研究者也将医患关系恶化的原因作为研究对象进行分析,尝

---

[1]　"所谓人身权,是指与不能公民的人身相分离的,且与经济利益无直接关联的民事权利。由人格权与身份权构成"(宪法第 37 条)。参见刘新社主编:《正确处理医疗事故与纠纷:写给病人》第 2 版,人民卫生出版社,2006 年,第 123 页。

[2]　"人格权,是民事权利主体的公民或法人,为了维持其生存以及独立人格而应享有的人身权利,其中包括生命权、身体权、健康权、劳动能力权以及姓名权、肖像权、名誉权、隐私权、贞操权、婚姻自主权等"(宪法第 37 条,42 条,民法通则第 98 条)。参见刘新社,前揭书,第 123 页。

[3]　"生命权是指自然人的生命安全不受侵害的权利。公民的生命未经司法程序,任何人都无权剥夺"。参见王岳主编:《医疗纠纷法律问题新解》,中国检察出版社,2004 年,第 61 页;刘新社,前揭书,第 123 页。

[4]　"健康权,是公民为了维持自己身体的健康,不受非正常医疗的侵害的权利,以及为了保护自己的精神不受打击的权利"。参见王东红等著:《医患关系与权利维护》,中国民主法制出版社,2005 年,第 5 页。

[5]　"自然人根据法律具有的对自己的肖像占有、使用、收益及处分的权利。未经患者的承诺不得将其肖像用作营利目的使用"(民法通则第 100 条)。参见王岳,前揭书,第 69-70 页。

试找出突破口的相关研究也相继发表。而对于医患关系的法律性质的讨论相对较少,深度有待增加。

## 第一节　历史背景

在践行社会主义的中国,曾经在农村实行过"合作医疗"①,都市地区引入了"公费医疗"②、"劳动保险医疗"③的制度。在这些医疗制度下,所属单位或社队(人民公社和生产大队)决定职员和其亲属以及村民接受医疗的医院,个人不能与医疗机构自由缔结医疗合同。在所谓的"计划经济"体制下,各种事项均由政府安排,不存在自己看病的必要性。

然而,从 20 世纪 80 年代后期开始,民间诊所的开设得到了许可,之后外资的加

---

①　以农民为对象,以社队(人民公社和生产大队)集体为单位,从集体和个人收集资金,对所在集体的居民实行免费或低收费提供基本医疗服务的医疗制度,在老解放区民众进行互助合作运动的时期,以自发及互助为原则筹集资金而建的保健所为起源发展而来。该制度的实施为解决农民的看病难和对疾病的轻视的问题在 20 世纪六七十年代得到发展,据统计 1976 年全国 90% 的农民参加了合作医疗。但是,随着农村实施生产承包责任制度,合作医疗也随之自然消亡。1989 年的合作医疗只覆盖了全国行政村的 4.8%,农民自费接受医疗成为主流。城本るみ:《中国の医療制度改革》,《弘前大学人文学部人文社会論叢(社会科学篇)》第 4 号,第 7 页;吴崇其,达庆东主编:《卫生法学》,法律出版社,1999 年,第 447 页。

②　针对人民政府、党派、机关团体中登记在册的工作人员,以及文化、教育、卫生、银行等企事业单位的工作人员实施的免费医疗与疾病预防为主要内容的医疗制度。1952 年 6 月中央人民政府政务院发布了《关于全国各级人民政府、党派、团体及所属事业单位的国家工作人员实行公费医疗预防的指示》,同年 8 月 30 日卫生部发布了《国家工作人员公费医疗预防实施办法》,构建了公费医疗制度的基础。该制度的主要适用对象是国家机关干部,文化、教育、卫生等事业单位的工作人员,身体残疾的军人(因军事活动负伤导致伤残的退役军人),国立高等(大学等)至中等(专科学校)学校的在校生,以及政府机关邀请的外籍专家及其家属。公费医疗的负担范围包括,在指定医疗机构就诊的医疗费、急诊医疗费、特定疾病的康复疗养费、计划生育手术费用等。公费医疗的经费由国家财政划拨,各级医疗行政部门的公费医疗管理委员会下设的公费医疗办公室进行管理。城本るみ,前揭文,第 6 页;吴崇其,达庆东,前揭书,第 445 页。

③　以企业为责任主体,对企业的劳动者及其家属实行的免费或半免费提供医疗的制度。该制度以 1951 年颁布的《中华人民共和国劳动保险条例》为基础,以铁路、邮电、航运的企业,以及雇工与职员为百人以上的国营、公私合营、私营及合作社经营的工厂、矿产企业的劳动者及其家属为对象,实行免费或半免费提供医疗,之后实施范围扩大至国有企业、集团所有制企业及中外合资企业,经费全部由企业负担,保障的内容与公费医疗相比也毫不逊色。城本るみ,前揭文,第 7 页;吴崇其,达庆东,前揭书,第 446 页。

入也逐渐被承认。① 1995 年镇江和九江两个城市作为劳动保险和公费医疗的综合改革试点,开始实施所谓"两江方式"②,之后全国各都市开始普及这一模式。到 2004 年 8 月末为止,全国的城镇中有 1.8 亿人加入了社会医疗保险③,从所在单位或集体指定的医疗机构中解放出来,可以自由地选择就诊的医院及医师④。此外随着加入医疗保险的人数增加,农村实施了家庭联产承包责任制,农村的合作医疗制度逐渐瓦解。1976 年全国 90％的农民曾加入了合作医疗,到 1989 年合作医疗的比例只占到全国行政村的 4.8％⑤,患者一方可以自由选择与医方缔结医疗合同。但是,农民的就诊率仍然较低,自费接受医疗正在成为主流。

伴随着这样的变化,在中国,作为从法律角度的考察,对医师与患者相互之间的法律关系等问题进行分析的必要性日益凸显。然而,在很长一段时期内对医疗事故的处理都交给了行政机构⑥,医疗合同这一观点得不到承认,因此对于医师与患者的法律关系,也处于含糊不清的状态。

另一方面,不对私法与公法进行区分,甚至对私法本身的存在不予认可的观点,无论是在法律界或是在党内都曾经作为主流观点存在过。在采取计划经济体制的中国,个人属于作为国家代理的单位的管理之下,日常生活用品之外几乎没有私有财产。无论是在企业抑或是其他组织,人事、财产的管理,资金的运用,生产以及销售等

---

① 拙稿,前揭文,第 63 页。

② 根据 1994 年 4 月国家体改委、财政部、劳动部、卫生部联合发文的《关于职工医疗保障制度改革试点的意见》,镇江与九江两市自 1995 年开始试点劳动保险和公费医疗的综合改革。其主要内容包括,社会医疗保险的实施范围、资金筹集方式、医疗保险的支付及其标准、医疗费的限制、社会医疗保险的组织管理等方面。在此实施的社会医疗保险的方式被称为"两江方式",之后在全国各城市得到普及。

③ 徐晓溪、王伟:《十年铸一剑　医保谱新篇》,《中国劳动保障报》,2004 年 9 月 24 日。

④ 医学界也引入了竞争机制,2000 年 7 月 18 日卫生部联合国家中医药管理局发布了《关于实行病人选择医生促进医疗机构内部改革的意见》(卫医发〔2000〕234 号)。根据这一意见,为了便于患者选择医师,医疗机构需要对医师的照片、职称(主任医师、主治医师、医师、医士等)、专业特长以及其他相关资料,进行易于理解的提示。

⑤ 然而,政府本着使农民群体享受最基本的医疗服务的目的,于 2003 年 1 月 10 日由卫生部、财政部、农业部联合发布了《关于建立新型农村合作医疗制度的意见》(国办发〔2003〕3 号)。这一新型合作医疗制度的最大特征是在个人和集体之外政府负担其中一部分资金。此外,卫生部在同年 3 月 24 日再度发布《关于做好新型农村合作医疗试点工作的通知》(卫办基妇发〔2003〕47 号)。根据这一通知,政府以到 2010 年为止将新型农村合作医疗制度在全国进行普及作为发展目标。但事实上,充满疑问的是,生活标准已经提高,或将来得到提高的农民群体是否能够满足于"最基本的医疗服务"。

⑥ 参见岩志和一郎、川城憶紅:《中国の医療処理条例》,《比較法学》,第 37 卷第 2 号,第 289 页。

环节,全部都按照政府的计划进行,因此私法也许被认为欠缺存在的必要性。

对中国的社会主义国家建设影响最为深远的列宁(1870—1924),曾经做出过以下论断:"我们不承认任何私法。在我们看来,经济领域中的一切都属于公法范围,而不属于私法范围。"①曾经受苏联的法理论强烈影响的中国学者认为,"公法、私法的划分是以私有制为基础的,在社会主义国家一般不作公法与私法的划分"②。甚至有观点认为"社会主义国家只需要公法不需要私法",公法是"兴无灭资""兴公灭私"的法,而私法"不仅保护私人利益,而且损害公共利益、损害国家和集体利益",因此要"存公法,灭私法"。③

此外,虽然在1986年颁布了《中华人民共和国民法通则》,并于1987年1月开始实施,但当时参与起草民法通则的江平教授在对其适用范围及效力的解读中提到,"民法的'民'字含义并不仅指公民个人,而是指市民社会,民法就是调整市民社会关系(即经济关系、财产关系)的法。在资本主义社会中它属于私法,而在社会主义社会中它已经失去了'私'法的特征。……我国的民法不是私法,而是公法"④。

在上述时代及其背景之下,医师与患者的关系究竟属于国家与私人的关系,抑或私人与私人的关系,对此进行相关的讨论本身即为非常困难的事情。

## 第二节  私法与公法的论争

自1993年开始,虽然仍旧属于少数,但主张划分私法与公法的必要性与重要性的学者开始出现,呼吁对私法的认识进行纠正。⑤ 然而,1995年《求是》杂志社刊登了同社政治部主编李茂管的文章,其中总结了学界存在的几种观点,并在文末指出,"在建立我国社会主义市场经济体制的过程中,承认主体自由和确定国家干预的合理限度,是十分必要的,但是,是否需要沿用公法与私法的概念来划分出国家干预与主体自由之间的界限,尚待进一步探讨"⑥。这一观点无异于对积极提出在中国现行法上

---

① 列宁:《列宁全集》(第36卷),人民出版社,1959年,第587页。

② 张友渔等编:《中国大百科全书·法学卷》,中国大百科全书出版社,1984年,第80页。

③ 从现在来看,此种观点的片面性显而易见。参见姜明安:《论公法与政治文明》,《法商研究》2003年第3期。

④ 参见江平:《民法通则的适用范围及其效力》,《法学研究》,1986年第3期,第5页。

⑤ 参见王晨光、刘升平:《论公、私法的划分及其意义》,《中国法学》1993年第5期;邱本、崔建远:《论私法制度与社会发展》,《天津社会科学》1995年第3期。

⑥ 李茂管:《法学界关于公法与私法划分问题的争论》,《求是》1995年第22期,第47页。

进行公法与私法区分的学者泼了一盆冷水,异于传统的思想或是法的思考的观点刚刚出现的时期,就被摘去了新芽。然而,两年之后的 1997 年,就有论者提出,苏联的法理只是"受到了单一的公有制和计划经济的思想的影响"①,已经是落后于时代的观点,而"在社会主义市场经济条件下,对公法与私法,第一是要承认区别,正确划分;第二是要分别应用,适当结合"②。

此外,以 1998 年开始的民法典的起草活动为契机,区别私法与公法的讨论再度被点燃。当时北京大学法学院的章永乐博士,对 1937 年商务印书馆在中国出版的美浓部达吉教授的《公法与私法》(黄冯明译)一书曾做出过如下描述,"我有一种如获至宝的感觉,仿佛自己的宪政关怀在柏拉图的洞穴里摸索许久突然看到了火光,对身处的这个转型社会有了另一种知识上的把握","当今研究法律的人似乎很少有知道这本三十年代出版的法学著作,对作者的名字更加陌生。的确,这本书确实像是被遗忘了。北大图书馆的电子检索系统中找不到这本书,只有不厌其烦者在卡片目录的角落里才能找到这本书,然而还是不能借出的库本。从译者的序言中可以猜测出这本书在三十年代法学界的巨大影响,而在今日回顾起来,竟有恍若隔世之感。客观地评价,即使在今天,也很难有一本研究公法和私法关系的著作能够有美浓部那样的系统性和论述的深度。但它仍然处在记忆的边缘,从未被我们认真关注过"。③

就在章永乐博士的文章发表的同年 9 月,中国首个以私法为名的杂志创刊了。一年后,该杂志的主编,当时北京大学法学院硕士课程在读的易继明氏,虽然担心"私法这个提法能否被现行制度所容纳",但最终还是确定将杂志取名《私法》并向读者推出。④ 2001 年 12 月,中南财经政法大学的吴汉东教授也创办了《私法研究》杂志。之后也逐渐有观点认为,"公、私法的划分作为一种法的分类方法及其理论在我国法学界获得了广泛的认同"⑤。

是否与主张公、私法划分的学者的努力之间存在因果关系无从知晓,但长时间在中国处于沉睡状态的美浓部达吉教授的《公法与私法》,终于在 2003 年 5 月作为《中国近代法学译丛》中的一册被翻译再版。

---

① 程信和:《公法、私法和经济法》,《中外法学》1997 年第 1 期,第 12 页。

② 程信和,前揭文,第 15 页。

③ 章永乐:《法律分类学? 制度理性?》,北大法律网,http://article.chinalawinfo.com/article-html/article_1696.shtml.

④ 参见易继明:《离天堂最近的人——〈私法〉编辑前后》,《私法》2003 年第 1 期。

⑤ 赵明、谢维雁:《公、私法的划分与宪政》,《天府新论》2003 年第 1 期。

## 第三节　医师与患者的关系的法律性质

伴随着公法与私法的区分的讨论,围绕医师与患者之间的关系,究竟是私人与私人之间的关系,还是行政与私人之间的关系这一问题,也掀起了讨论的热潮。

### 第 1 款　医患关系是否为私人之间的关系

#### 第 1 项　否定说

否认医师与患者的关系为私人之间关系的否定说主要强调与民事法律关系的区别。

"《民法通则》第二条明文规定,'民法调整平等主体的公民之间、法人之间、公民和法人之间的财产关系和人身关系。'根据这一定义,民事法律关系必须具备三个基本的特征:一是主体平等,二是双方自愿,三是等价有偿。这三个特征已明文写入了《民法通则》第二条与第三条规定之中。这三个特征缺一不可,缺少其中任何一个特征均不构成民事法律关系。然而,医患关系并不等同于民事法律关系。第一,在医患关系之间,它并不具备主体平等的特征。医生给病人看病时,是处于主导地位的;病人只能处于配合的地位。病人若不予配合,则必须承担由此而造成的后果。第二,在医患关系之间也不存在自愿的特征。这种自愿,必须是双方自愿,只要有一方不自愿,就不能构成民法上的自愿原则。现在虽然有人提倡病人可以选择医生,但医生不可以选择病人却是肯定的,况且就是病人可以选择医生也是有限的,在学术界还有较大的争议。第三,医患之间也不存在等价有偿的特征。目前,我国医疗收费仍未按成本核算,仍是要由国家投入的社会福利性事业。"[1]"将卫生法中的医患关系纳入民法调整范围的归类法,不仅与卫生法在总体上是属于公法范畴的法律属性是相悖的,而且也与民法的三大基本特征不符"[2],不能正确地反映医患关系的本质特征。

#### 第 2 项　肯定说

与否定说相对,认为医师与患者的关系属于私人之间关系的肯定说,主要从以下几个方面进行了反论。

"所谓医患关系,应是患者基于自身(或是其家属)的选择与医院形成的治疗与被

---

[1]　张赞宁:《论医患关系的法律属性》,《医学与哲学》2001 年第 4 期,第 3 页。

[2]　张赞宁,前揭文,第 4 页。

治疗的关系。把医患关系中的医方当成医生是错误的。医患双方是否平等自愿、等价有偿是指医院与病人之间是否平等自愿、等价有偿。明确了这个前提,我们就可以先从医患关系的整个过程来分析一下,看它是否违背了民法的主体平等、双方自由、等价有偿三个原则。"①

第一,肯定医院的选择权。例如,如果医院设置的诊疗项目不符合患者谋求的治疗,医院应当有权拒绝其治疗。此外,如果患者提出较高的治疗要求,而医院的能力无法达到相应的治疗要求,医院也是应当有权拒绝治疗的。但是,医院不能拒绝符合其开设的诊疗项目的患者。就如同商场不能随意拒绝向消费者销售商品,餐馆不能随意拒绝向客人提供餐食一样。如果医院拥有随意拒绝对患者治疗的权利,则说明它只享有权利不承担义务。或者说没有承担与其所享有的权利对等的义务,违背了民法的基本原则。因此,可以说医患双方的关系在其成立过程中完全符合民法的平等自愿原则。

第二,在一般情况下,实施怎样的治疗方案,或者是否接受此种治疗,都是由患者的自愿权(自主决定权)来进行决定,医院不具有对患者恣意地实施特定治疗方案的权利。通常情况下,医院在决定治疗方案之前会寻求患者或者其家属的意见。有些情况患者或者其家属会明确表示授权的意思,而有时也会推定患者通过默示的方法已为承诺。然而,这种推定往往是依经过长期而形成的习惯实现的。即使在此种过程之中,显而易见,并不存在一方凌驾于另一方之上的优势地位。

第三,"等价有偿"的立法宗旨,是在考虑了权利与义务之间的均衡性及其价值上的相当性而确立的。医院负有对患者的治疗义务,与享有获得诊疗报酬的权利之间具有相互对应的关系,而权利与义务从价值上也应具有相当性。诚然,对患者而言,治愈疾病、重获健康,乃至生命获得挽救,在与金钱的支付之间并不能完全画等号。然而,从社会整体的观点出发,医院与患者之间的利益是均衡的,双方的权利义务符合等价有偿的原则。

## 第 2 款　医患关系中医师的责任

### 第 1 项　契约说或违约责任说

契约说或违约责任说认为,医师与患者的关系是一种民事合同关系,即医疗服务

---

① 江亭:《医患关系到底是什么法律关系》,《上海人大月刊》2002 年第 6 期 29 页,http://www.law-walker.net/detail1.asp? id=1620.

合同关系，因医疗纠纷产生的民事责任是一种违反合同的违约责任。① 这一见解针对该合同关系适用法律的不同进一步延伸出不同的观点。

第一种观点认为，不违反法律法规或社会道德（包含特殊职业的道德）规范的医疗、护理合同是法律行为，属于特殊类型的服务合同，适用合同法的总则的规定。合同法的总则中，第8条第1款规定"依法成立的合同，对当事人具有法律约束力。当事人应当按照约定履行自己的义务，不得擅自变更或者解除合同"；第2款规定"依法成立的合同，受法律保护"。因此，医疗机构应当根据协议书负担约定的与医疗、护理有关的义务。②

即使医疗机构与患者之间并没有订立正式的书面合同，但双方存在事实上的民事合同关系，医疗机构对于因诊疗、护理过程中的过失而引起的医疗事故，或者发生其他给患者带来损害的损害事实，应当承担相应的违约责任。③

第二种观点，为主张患者是消费者，医疗机构是经营者，因此医患纠纷的解决可以适用消费者权益保护法的消费者权益说。根据此说，"消费者权益保护法第2条中的'生活消费'是指，以满足消费者自身的生存或成长的过程中产生的生理上或心理上的要求为目的，消费商品（包括药品）及服务（包括医疗服务）的各种行为。消费者权益保护法第3条规定的'经营者'，包括向患者提供药品或医疗服务的医院"④。

消费者权益说中，有人主张，"人在一生之中，关于生、老、病、死都离不开医疗机构。寻医问药，是为了满足生理上或心理上的需要而进行的商品或服务的消费行为，也可以说是某种必须消费。患者支付医疗费，同时获取药物以及医疗服务，医疗活动具有消费活动的典型特征。其中不仅具有经营者与消费者，而且与'平等自愿、等价交换'的消费形式也能吻合。此外，消费者权益保护法中对消费者的安全权、知情权等权利进行保护，这些权利与病人的基本权利极其相似"⑤。

主张医患关系应当适用消费者权益保护法的消费者权益说，引起了激烈的争论。特别是当时的卫生部，提出了"消费者权益保护法是调整主要以营利为目的的经营者

① 杨凯：《医疗损害赔偿的民事责任与法律适用》，《法律适用》2004年第1期，第18页；龚赛红，前揭书，第16页。

② 刘心稳：《医疗事故纠纷案件中医疗机构过失的认定》，《法律适用》2004年第1期，第12页。

③ 杨凯，前揭文，第18页。

④ 屈茂辉、王喜军编著：《医疗事故处理办法实例说》，湖南人民出版社，2001年，第25页；王召忠、柏岩：《医用缺陷产品致损的法律探析》，中国法院网，2003年7月10日，http://old.chinacourt.org/public/detail.php? id=67699.

⑤ 戴继舫、卢祖洵：《从医患法律属性看医疗纠纷》，《健康报》2005年4月1日，http://www.qblaw.cn/showart2.asp? art_id74&cat_id=21.

与消费者的关系的法律,而公立医疗机构是国家实行一定的福利政策的非营利性机构,因此与以营利为目的的企业存在本质区别①"的官方立场,对于消费者权益说进行了否定。此外,卫生部虽然对医患关系适用消费者权益保护法表示了反对,但认可其为一种特殊的民事关系。②

### 第 2 项　侵权责任说

关于医师责任的第二种观点是侵权责任说。根据此观点,医院具有"救死扶伤"③这一极强的公益性,实施基本上非营利性的事业,患者在医院的就诊是谓"求医",患者与医院的关系是"需求方"与"被需求方"的关系。例如,消费者在商场购物时,不支付价款无法获得商品,而急救患者被送至医院时,即使身无分文,医师也不能拒绝对该患者进行救治。④

此外,这一见解主张,医疗损害的对象为人身权,包括生命权、身体健康权以及其他的人格权,属于绝对权,因此将医疗损害赔偿责任解释为侵权责任有利于对患者权益的保护。⑤

对于侵权责任说,有观点从以下角度进行了批判,即医患关系并非"需求方"与"被需求方"的关系,医院也并非单纯的公益性事业单位。仅依前述理由并不能完全否定医院的营利性质,若医院是单纯的公益性事业单位,则无法对各医院自行宣传、招揽商机的行为进行说明。⑥

### 第 3 项　竞合责任说

第三种观点认为,医患关系中医师的民事责任具有双重构造,即一方面存在民事合同(医疗服务合同)的权利义务关系,承认因违反民事合同产生的损害赔偿请求权,另一方面存在特殊的权利义务关系,也能够行使因侵权责任而产生的损害赔偿请求权。根据此观点,两者在请求权上存在某种竞合,对于医疗机构因过失而引起的医疗损害这一事实,在法律上,同时构成一般意义上的侵权责任与医疗服务合同的违约责任。⑦

---

① 李新:《卫生部认为医疗纠纷不应纳入"3·15"》,《生活时报》2000 年 3 月 11 日。

② 李新,前揭文。

③ 抢救生命垂危之人,照顾负伤之人。形容医务人员全身心投入工作的成语。

④ 姚凡:《医患纠纷,亟须〈新药〉》,《法制日报》2000 年 1 月 7 日,第 3 版。

⑤ 张传军:《医疗损害赔偿责任略论》,中国法院网,2004 年 2 月 12 日。http://www.chinacourt.org/article/detail/2004/02/id/104298.shtml.

⑥ 屈茂辉、王喜军,前引书,第 26 页;孙山:《医疗过错别把包袱甩给患者》,中国法院网,2003 年 1 月 30 日。http://www.chinacourt.org/article/detail/2003/01/id/35325.shtml.

⑦ 杨凯,前揭文,第 18 页。

以上学说之中,侵权责任说为传统的观点,裁判例也基本上多采此说。契约说(违约责任说)作为有力学说虽然在学界获得了一定的支持①,但在实务中采此说的裁判例依然较少②。竞合责任说在现阶段引起了广泛注目,也有学者认其为通说。③

## 第四节　小　　结

如上所述,围绕医师患者关系的法律性质,在中国也经历了反复的讨论,逐渐形成了以在一般医疗中医师与患者的关系为一种民事关系,即由私法所调整的私人之间的关系为主要观点的通说。

然而,无法接受医方也属于私法主体这一立论的部分医疗界人士,最近提出了"友人说"④的观点。所谓友人说主张,"医患之间确实存在合同关系,但是医疗服务并不等同于商品。因此,医患关系也不能等同于合同关系,合同法不能完全适用于医师与患者之间。从医疗的本质以及患者求助于医师的目的来看,医患关系属于友人关系"。并且该友人说基于下述理由⑤,否定合同法的适用。

① 信任关系的存在。信医者治,正是由于信任医师,患者才会不限于自己的疾病,甚至与个人相关的隐私都能够向医师倾诉。患者求助于医师,在某种意义上可以视为是将生命托付给医师。

② 目的一致。患者求助于医师时,作为医师在头脑中首先出现的想法并非赚取治疗费,而是对患者罹患怎样的疾病进行诊断,尽可能迅速且正确地得出诊断结果;此外,尽可能地使用效果良好、副作用小的药物,在最短的时间内对患者的疾病进行医治。这一目的恰恰是与患者所期待的目的保持一致的。

③ 医疗费的征收并非等价交换。患者请求医师治疗疾病,是为了从痛苦中解放获得健康,有时甚至是生命获得了救助。如此这般,作为人类最重要的(健康乃至生命)是金钱无法买到的。

原卫生部副部长,在 2006 年中欧国际工商学院举办的"第二届中国健康产业会

---

① 胡冬梅:《审理医疗事故损害赔偿案件的几个问题的检讨》,中国法院网,2003 年 9 月 8 日。http://www.chinalawinfo.com/News/NewsFullText.aspx? NewsId=10444.

② 杨凯,前揭文,第 19 页。

③ 来小鹏:《医疗损害案件的认定及法律适用》,中国法院网,2003 年 1 月 14 日。http://www.chinacourt.org/article/detail/2003/01/id/32307.shtml.

④ 为方便起见,笔者使用的概念。

⑤ 刘振华等主编:《医患纠纷预防处理学》,人民法院出版社,2005 年,第 32 - 33 页。

议"上,从友人说的立场出发,提出"医师与患者应当是同一个战壕的战友,相互帮助,协作一致共同与疾病进行战斗。两者不应是敌对的关系"①,呼吁改善医师与患者之间的关系。

然而,笔者对于该友人说抱有许多疑问。确实医师与患者的目的是共通的,但是也并不是所有目的都完全一致。例如,考虑尽可能以较少的费用医治病患的患者,与考虑医治患者的同时也能确保获得诊疗报酬的医师之间,无法否定两者存在利益冲突。此外,即便承认存在信任关系,也不能将所有问题都托付于医师。患者在关于治疗的方法上享有自主决定权。此外,患者支付医疗费的行为也非意味着自医师购买健康乃至生命,实则作为医方实施的一系列医疗行为的对价向其支付的行为。若非如此,患者的疾病在没能治愈的情况下,岂不是可免于向医方支付医疗费了吗?

# 第二章    中国的医疗合同的法理

## 第一节    医疗合同的法律性质

将医师与患者的关系作为医疗合同进行考虑的情况下,如何理解其性质,以下将通过比较日中两国在相关问题上的讨论展开思考。

### 第1款    日本的学说与判例的立场

首先,在日本多数的学说对于通常的医疗契约的性质将其解释为准委任契约②。在判例中,例如,"诊疗契约为准委任契约,因此作为医师诚实真挚地尽到义务即可,以疾病的治愈或好转为必要因此未被治愈时直接认为存在义务的违反,此种主张不能成立"③、"存在特约时另当别论,并非一般意义上以早产儿在身体健康状态下使其出院为目的的承揽契约,仅以进行与当时的医疗水准相一致的保育监护为内容"④,

① 周凯:《卫生部原副部长殷大奎:不少医务人员很压抑》,《中国青年报》2006 年 9 月 17 日。
② 我妻荣:《債権各論中卷 2》,第 549 頁,第 601-612 頁;加藤一郎编:《注釈民法(19)》(加藤一郎執筆),第 148 頁;西井龍生:《医療契約と医療過誤訴訟》,遠藤浩、林良平、水本浩:《現代契約法大系(7)》,第 156 頁;野田寛:《医療契約をめぐる諸問題》,《医事法の方法と課題》,第 116 頁。
③ 京都地判昭 55・3・28 判夕 978 号 86 頁。
④ 新潟地長岡支判昭 60・3・29 判夕 555 号 286 頁。

不存在特殊约定的情况下,与学说同样通常将医疗契约认定为准委任契约。

对于以上观点,在牙科修补(制作义齿)①、美容整形②、手术③等一定领域的医疗行为中学说多将其解释为承揽契约,也有判例持相同观点。例如,高知地判昭41·4·21医民集2042页中,法院认为十二指肠溃疡的治疗为准委任契约的同时,对于其手术,认定为"一种以右溃疡手术的完成为目的的承揽契约"。此外,在东京地判昭46·4·14判时642号33页中,法院也在认可诊疗契约为准委任契约的基础上,判决"即使本案诊疗契约符合承揽契约的要件,在不认可(双方当事人)进行了特殊约定的本案中,形成合意的内容,并非是完成母子同样以健全的状态分娩这一结果,而是完成分娩的诊疗辅助行为本身"。

在日本虽然持无名契约说观点的学者同样不在少数,但也细分为以下诸说。其中,直接认为"诊疗契约这一无名契约"④、"特殊的无名契约之一"⑤的同时,对于其内容视为"接近准委任"的学说⑥占多数。此外,根据各种情况,将医疗契约解释为"承揽或准委任、或者作为两者的结合的一种非典型契约(委托手术与之后的治疗之情形)"⑦,或者认为"手术契约是准委任契约或准委任与承揽的混合契约"⑧等学说也占有一席之地。

在判例中,虽然为少数但也存在无名(非典型)契约之观点。例如,"本案医疗契约为类似于准委任契约的无名契约"⑨、"包含以妊娠中的诊疗以及分娩处置为目的的准委任或承揽之要素的无名契约"⑩、"以葡萄胎及其相关联的疾病的治疗为目的,

---

① 清水兼男:《診療過誤と医師の民事責任》,《民商法雑誌》,52卷6号,第799页(义齿等与其说是医疗更应将其视为制作契约);宇都木伸:《医療契約》,広中俊雄、龍田節编:《契約の法律相談(2)》,第120页(以如同义齿这样的完成品的交付为目的的医疗)。

② 高橋正春:《医療行為と法律》,第49页;鈴木俊光:《新生児死亡事件》,《医事判例百選》,第78-79页。

③ 加藤一郎:《不法行為法の研究》,第5页(如同手术一般以一定的明确的事项为目的时);野村好弘:《医療事故の民事判例》(増補改定版),第303页;西井龍生:《医療契約と医療過誤訴訟》,遠藤浩、林良平、水本浩:《現代契約法大系(7)》,第156页;増田聖子:《医療契約総論》,《実務医事法講義》,第86页。

④ 鈴木俊光:《新生児死亡事件》,《医事判例百選》,第79页。

⑤ 清水兼男:《診療過誤と医師の民事責任》,《民商法雑誌》52卷6号,第796页。

⑥ 西原道雄:《医療と民法》,大阪府医師会编:《医療と法律》,第199页;新美育文:《診療契約》,伊藤進编著:《契約法》,第229页。

⑦ 谷口知平、植林弘:《損害賠償法概説》,第275页。

⑧ 石橋信:《医療過誤の裁判》,第203页。

⑨ 札幌地判昭53·4·18判時96号61页。

⑩ 大阪地判昭57·3·4判夕466号160页。

集合准委任或承揽之要素的非典型契约"①。

在日本几乎没有采雇佣契约说的学者②。而作为例外之一,有学者主张,鉴于委任中事务的委托离开了本人的意思,将完全的权能交于相对人的情况较多的事实,在对于诊疗契约的缔结之外,手术等情形中需要本人的同意这一事实无法进行完美的说明,因此采雇佣契约说。③

## 第 2 款　中国的学说与判例

### 第 1 项　学说

在中国,对于医疗合同的法律性质,一般认为是以医师提供劳务为内容的一种"劳务合同"(日本称之为"劳务提供契约")④。劳务合同通常分为雇佣、承揽、委托三种类型,医疗合同究竟属于哪一类型,也是众说纷纭。

1. 准委托合同说

在中国合同法中,关于委托合同设置了相关规定,而对于准委托合同却未作规定。"委托合同是委托人和受托人约定,由受托人处理委托人事务的合同"(合同法第396条)。然而,在中国有学者指出,委托合同的规定并不能适用于医疗合同的情形。⑤ 从其主张来看,不适用的理由大致包括以下几点⑥:

(1)合同法第 398 条规定,委托人应当预付处理委托事务的费用。但是,由于医疗合同并非单纯的财产上的合同,必要费用与医师的诊疗债务不成立对价关系。因此,即使患者未支付治疗费,医师也不能主张同时履行的抗辩权。

(2)合同法第 399 条规定,受托人应当按照委托人的指示处理委托事务。但是,由于作为委托人的患者对于疾病的原因以及症状并不了解,无法向作为受托人的医师进行委托事务的指示,特别是针对具有高度技术性的治疗方法尤为如此。因此,事实上由患者指示医师进行诊疗的情形基本不可能出现。

(3)合同法第 401 条规定,受托人应当按照委托人的要求,报告委托事务的处理情况。但是,在医疗实践中不可能完全做到这一点。例如,患者罹患绝症的情况下,医师遵从医疗惯行,通常对患者隐瞒此事实,而只对家属进行说明。若将病情如实对

---

① 大阪地判昭 57・3・25 判夕 469 号 234 页。

② 野田宽:《医事法》(中卷),第 396 页。

③ 岩野稔:《医事法制》,第 89 - 90 页。

④ 龚赛红,前揭书,第 29 页。

⑤ 龚赛红,前揭书,第 33 页;王明新:《医患关系的性质及特点》,中国法院网,2003 年 2 月 25 日。http://www.chinacourt.org/article/detail/2003/02/id/40023.shtml。

⑥ 龚赛红,前揭书,第 33 - 34 页。

患者进行告知,可能会引起患者的焦虑与不安,反而不利于治疗,医师通常在事实的告知上也会采取消极的态度,对于患者的询问避重就轻地进行回答。于以上情形,若医师未尽依委托合同而生的告知义务,则将导致违反医疗本质的结果。

(4) 合同法第 410 条规定,委托人或者受托人可以随时解除委托合同。因解除合同给对方造成损失的,除不可归责于该当事人的事由外,应当赔偿损失。医疗行为关涉人的生命、身体及健康,患方自行寻求合同的终了时,即使因此引起对生命、身体的损害,若患方甘愿承受此种不利益,也不违反合同自由的原则。但是,医方不能"随时"终止合同,或中止治疗行为。

以上是委托合同的规定不能适用于医疗合同的理由,但是根据该学者的观点,承揽说或雇佣说更加无法把握医疗合同的性质。因此,医疗合同在某种意义上虽然是无名合同,但有观点认为,从事务处理之委托这一面来看,仍旧最接近委托合同,故将医疗合同理解为"准"委托合同是较为妥当的。但是,此"准"的含义,与日本的准委任契约中的"准"不同,仅停留在不能完全适用委托合同的规定这种程度。[①]

2. 无名合同说(非典型合同说)

法律没有明确规定一定的名称或规则的合同,被认为属于"无名合同"或"非典型合同",适用合同法第 124 条,即"本法分则或者其他法律没有明文规定的合同,适用本法总则的规定,并可以参照本法分则或者其他法律最相类似的规定"。根据此种解释,认为医疗合同属于无名合同或者非典型合同的观点。[②]

3. 承揽合同说(请负契约说)

在中国,承揽合同相当于日本的请负契约。承揽合同是指,承揽人按照定作人的要求完成工作,交付工作成果,定作人给付报酬的合同(合同法第 251 条)。虽然与日本使用不同的概念,但对于两者定义的解释基本一致。

伴随着医疗技术的进步,医疗的范围不断扩大,传统意义上不属于医疗行为的某些医院的服务项目也被纳入其中。例如美容整形、近视矫正手术等项目,有学说认为此类医疗活动的法律性质属于承揽合同。[③]

关于雇佣合同说,现阶段还未发现在中国有学者采此说。

第 2 项 判例

判例中,具体涉及合同性质的虽然未发现,但有一部分判决是以违约进行认定

---

① 龚赛红,前揭书,第 34 页。

② 屈茂辉、王喜军,前揭书,第 13 页;张丽芹:《民事审判中适用〈医疗事故处理条例〉的几个问题》,中国法院网,2002 年 9 月 10 日,http:// www.chinacourt.org/article/detail/2002/09/id/11817.shtml.

③ 王明新,前揭文。

的。例如,因交通事故受伤的 X 在 Y 医院死亡的事件中,"原告 X 由于治疗的原因而在被告 Y 医院入院,被告 Y 接受了 X 的入院,至此双方之间形成了权利义务关系,成立了医疗合同"①;对于眼部的美容整形手术未达成预想的效果,"原被告签订了协议书,因此形成了医疗美容服务合同关系"②;此外,在回声检查中被诊断为正常的胎儿作为残疾儿出生的事件中,认为"被告 Y 医院在履行医疗服务合同时具有重大的瑕疵"③。

## 第二节　医疗合同当事人的问题

在中国,关于医疗合同的当事人,有学者认为,"从一般的观点来看,医疗合同的主体为医师与患者。然而现代医疗的大部分属于组织性医疗,个人的患者通常在接受医师多人的诊察之后才进入到治疗的阶段,患者不可能将特定的医师作为相对方当事人。此外与医师缔结医疗合同的并不一定是患者本人,有可能是其家属。因此,医疗合同的当事人双方称为医方与患方更为妥当"④。

### 第 1 款　一般医疗的场合

#### 第 1 项　医方

在日本,医疗契约中医疗方的当事人,一般为医疗设施(医院、诊所等)的开设者,在医疗设施中工作的医师,通常是作为医疗设施开设者的使用人,或者履行辅助人,并非医疗契约的当事人。⑤ 依诊疗独立性的原则⑥,虽然医师对于诊疗本身不必服从开设者的指挥命令,但在现代医疗的实施过程中,通常形成医疗设施这一有机体的除医师之外,还包括护士等其他的医务人员以及医疗设备(所谓组织医疗);此外,在患者的诊疗中负责的医师出现更替的情况也较为常见;并且诊疗报酬请求权通常是归

---

① 上海市徐汇区人民法院民事判决书,http://www.angelaw.com/medlaw/case_04.htm.
② 北京市朝阳区人民法院:《北京宣判两起医疗美容损害赔偿案》,中国法院网,2004 年 5 月 18 日。http://www.chinacourt.org/article/detail/2004/05/id/117086.shtml.
③ 廊坊市中级人民法院:《B 超正常却产下残婴　医院被判赔八万》,中国法院网,2004 年 12 月 28 日。http://www.chinacourt.org/article/detail/2004/12/id/145309.shtml.
④ 龚赛红,前揭书,第 22 页。
⑤ 加藤一郎:《不法行為の研究》,第 6 页;新美育文:《診療契約》,伊藤進編著:《契約法》,第 230-231 页等。
⑥ 诊疗独立原则是指,"对患者进行的每一诊疗行为由医师个人承担其责任,医院、诊所的开设者或管理者不得进行干预"。福冈地判昭 36・2・2,《訟務月報》7 卷 3 号,第 666 页。

属于医疗设施的开设者的。①

　　在中国同样,将医疗设施或医疗机构的开设者即所谓"医方"看作是医疗合同的一方当事人,为通说所持立场。② 根据通说,"医疗单位③作为一方当事人,对其工作人员在完成工作时带来的不良后果,应当承担法律责任。医疗单位的卫生技术人员④或其他的工作人员因玩忽职守而给患者带来重大的不良后果时,无论是何种性质的事故,最后都应由医疗单位承担所有的民事赔偿责任"⑤。

　　在台湾,有观点认为,在设置指定医师制度的医院中,医疗契约的当事人并非医院,而是被指定的医师。⑥ 对此,大陆的学者做出了如下反论,"患者指定医师,可以说是现在的医疗实践中一种惯行。只要医院设有指定医师制度,而院内各科值班主治医师也有接受患者选任成为指定医师的意思,通过医院与患者相互之间对'挂号'行为的意思合致,使患者的指定行为成为医疗合同的特定内容。因此,患者指定医院内特定的医师作为自己的主治医师这一行为,应理解为医患之间的医疗合同的特约条款,医疗合同仍存在于医院与患者之间,指定医师并非医疗合同的当事人,仍属于医院的使用人或履行辅助人。并且,指定医师与其他受雇医师同样,只负责患者的诊疗,而对患者行使'诊疗报酬请求权'的还是医院,同时还需利用医院的其他设施和人员。因此,即便在'指定医师制度'下,医疗合同的医疗方当事人仍为医院"⑦。

　　大部分的判例采通说的立场,医疗方负担的损害赔偿都针对医疗机构提出请求,在医疗机构不具有法人资格的情况下,向开设该医疗机构的机构进行请求。⑧ 医疗事故赔偿费用,实行一次性结算,由承担医疗事故责任的医疗机构支付(医疗事故处理条例第 52 条)。

　　第 2 项　患方

　　作为医疗合同另一方当事人的患方,学说认为根据具体的情况会表现为不同的当事人,并展开了以下分析⑨:

①　野田寛:《医療事故と法》,第 103 页;新美育文,前揭《診療契約》,第 231 页等。
②　梁华仁,前揭书,第 63 页;龚赛红,前揭书,第 24 页;吴崇其,达庆东,前揭书,第 270 页等。
③　相当于医疗设施。
④　包括医师、牙科医师、药剂师、护士等医务人员。
⑤　梁华仁,前揭书,第 63 页。
⑥　邱聪智:《医疗过失与侵权行为》,郑玉波主编:《民法债编论文选辑(中)》,第 590 页。
⑦　龚赛红,前揭书,第 24 页。
⑧　"骨折治疗却致肝炎十四年输血风波有果",沛县人民法院认为,"由于医院不具备法人资格,无独立的财产,不能独立承担民事责任,应由医院主管单位承担法律责任"。中国法院网,2004 年 11 月 23 日。http://www.chinacourt.org/article/detail/2004/11/id/140783.shtml。
⑨　龚赛红,前揭书,第 24 - 27 页。

（1）患者本人具有行为能力①的情况下，通常自己前往医院，与医院缔结医疗合同并就诊，因此，患者本人成为医疗合同的当事人。

（2）原本患者具有行为能力，但处于意识丧失的状态，由其配偶或亲属，或其他第三人送至医院就诊的情况下，应视送诊的人与患者之间的具体关系来确定合同的当事人。关于其具体的确定方法，参考了中国台湾地区②及日本③的学说。

（3）虽然在缔结医疗合同时患者具有行为能力，但在治疗中丧失意识的情况下，继续行使权利履行义务也会变得困难。即便在此情形下，仍尽可能地推定患者在整个医疗过程中具有前后一致的意思，听取患者家属的意见，若其家属具有为该患者代理的意思，则能够以合同的继续为目的，作为患者的代理人行使权利履行义务。通过此种设计，一方面可使合同关系处于安定，即使患者出现时而昏迷、时而清醒等不安定的状况也无需频繁变动当事人；另一方面，能够最大限度尊重患者自己的意思，从而实现对患者权益的保护。④

（4）无行为能力的婴幼儿、精神病人作为患者由其父母或法定代理人陪伴而来寻求诊疗的情况下，父母或法定代理人成为缔结的医疗合同的患方当事人。该医疗合同属于为第三人（即患者）利益的合同。

（5）根据中国合同法第47条的规定，限制民事行为能力人订立的合同，经法定代理人追认后，该合同有效。但纯获利益的合同或者与其年龄、智力、精神健康状况相适应而订立的合同，不必经法定代理人追认。限制行为能力人在赴院就诊时，如果向医师寻求的是诸如感冒等疾病的治疗，则可以认为是"与其年龄、智力、精神健康状况相适应而订立的合同"，而无需法定代理人的同意。但是，如果诊疗的内容从一般观念来看已超出日常生活范围，如重大的手术、美容整形等情况，自应事先获得法定代理人的同意，限制行为能力人才能成为当事人。

### 第2款　社会医疗保险中的医疗合同当事人

关于社会医疗保险中的医疗合同当事人，在中国有学者对日本的保险人-被保险

---

①　在中国，通常将与民事相关的行为能力称为民事行为能力。民事行为能力是指，民事主体据以独立参加民事法律关系，以自己的民事法律行为取得民事权利，或承担民事义务的法律资格。参见梁慧星：《民法总论》，法律出版社，2011年，第67页。此概念相当于日本民法中所指称的行为能力。

②　邱聪智，前揭文，第591页。

③　莇立明、中井美雄：《医疗过误法》，第64-65页。

④　王敬毅：《医疗过失责任研究》，梁慧星主编：《民商法论丛》，第9卷，法律出版社，1998年，第683页。

人当事人说、保险人-保险医疗机构当事人说以及被保险人-保险医疗机构当事人说进行了介绍,并依据下述理由,主张应采被保险人-保险医疗机构当事人说[1]。

(1) 根据保险人-保险医疗机构当事人说,因医疗过失而产生的债务不履行责任由保险者承担,即使在日本,采此说的判例与学说也不多见。

(2) 患者具有对保险人指定的数家医疗机构进行选择的权利,但医疗合同自患者自身赴医疗机构进行就诊时为成立。根据保险人-保险医疗机构当事人说,患者在医院寻求诊疗之前,医疗合同业已存在。此外,通常保险人指定数家医疗机构作为保险医疗机构,在此种情况下,保险人与其中几家医疗机构之间均存在医疗合同关系。如果患者选择其中一家医院就诊,对于与其他医疗机构缔结的医疗合同不具有履行之必要,其余的医疗合同也因此而变得没有存在的意义。

(3) 医疗合同的当事人双方中任何一方都享有权利,同时也承担义务。此种权利及义务,不可能由除医院(医方)和患者(患方)之外的其他人享有和履行。"保险人-保险医疗机构当事人说",主张保险人为合同的一方当事人,但在论及合同双方当事人的权利义务时,对于保险人的义务却未有涉及。从上述内容可见,此说的理论体系的不完整及矛盾性。

(4) 保险人-保险医疗机构当事人说主张医疗合同是为第三人利益的合同,但这种观点会导致当事人之间的法律关系变得复杂。与此相对,被保险人-保险医疗机构当事人说更为直接地体现了法律关系,简洁明了。因此,可以说即使在保险医疗的情形下,医疗方的当事人为医院,而另外一方的当事人自然是患者一方。

## 第三节　医疗合同的形态与内容

### 第1款　医疗合同的形式

在中国大陆,根据接受医疗的目的的不同,参照台湾地区的学说[2]一般将医疗合同的形态按照以下的区别进行分类。[3]

1. 一般医疗合同

以疾病的诊断或治疗为目的的合同,给付的内容包括门诊、住院以及手术等过程

---

① 龚赛红,前揭书,第 27 - 28 页。
② 龚赛红,前揭书,第 27 - 28 页。
③ 龚赛红,前揭书,第 19 页。

中的治疗。

**2. 健康检查合同**

以疾病的早期发现、或对健康状况的掌握为目的,实施检查并告知其结果的合同。该种合同仅针对诊察、检查给出一定结论,不包含对于疾病的治疗。

**3. 实验性医疗合同**

此处所述的实验这一行为分为两种情况。其一是以诊疗为目的的行为,其二是以纯研究为目的的行为。前者在以疾病的诊断或治疗为目的这一点上与一般的医疗并无二致,但其手段为新开发的诊疗方法,对于效果在医学上属于尚未完全确定的行为。通常,该行为伴随着危险性,因此在医师的说明义务方面会做出严格要求。在中国,医师进行实验性临床医疗,除征得患者或其家属的同意之外,也需要获取该医院的许可(执业医师法第 26 条第 2 项)。

与此相对,后者也就是所谓的人体试验,虽然与医学的进步紧密相关,但与一般医疗并不具有直接的关联,因此不被认为是医疗合同。

**4. 特殊的医疗合同**

患者并无特别的健康方面的障碍,但仍接受医疗方服务的合同。例如关于美容整形、变性手术等的合同属于此类合同。

## 第 2 款　医疗合同的内容

医疗合同的内容,在中国一般被理解为,因医疗合同而产生的医患双方的权利和义务。依多数说的观点,医方承担主给付义务、从给付义务以及附随义务,患方则承担支付义务以及诊疗协助义务(不真正义务)。[①]

**第 1 项　医方的义务**

**1. 主给付义务**

对医方来说,依医疗合同而产生的主要给付义务,即为诊疗义务。诊疗义务是指,医师根据患者的要约,驱使习得的医学知识与技术,在正确地诊断患者所罹患的疾病之基础上,施以适当的治疗。此处所谓之诊疗应进行广义的解释,包含诊断、治疗、手术、输血等全部诊疗过程。针对个别患者应提供怎样的诊疗义务这一问题,应结合其病状采取合适的治疗方法。医师不得为了"创收"而向患者提供必要之外的诊疗。

**2. 从给付义务**

(1) 病历的制作、保存及披露义务

医疗机构应当按照国务院卫生行政部门规定的要求,书写并妥善保管病历资料

---

① 龚赛红,前揭书,第 39-42 页。

(医疗事故处理条例第 8 条)。[①] 门诊的病历资料的保存期间为 15 年,住院的病历资料为 30 年(医疗机构管理条例实施细则第 53 条)。[②] 发生医疗事故争议时,对死亡病历讨论记录、疑难病例讨论记录、上级医师查房记录、会诊意见、病程记录应当在医患双方在场的情况下封存和启封(医疗事故处理条例第 16 条)。患者依照医疗事故处理条例第 10 条前款的规定,要求复印或者复制病历资料的,医疗机构应当提供复印或者复制服务,并在复印或者复制的病历资料上加盖证明印记。复印或者复制病历资料时,应当有患者在场(医疗事故处理条例第 10 条)。

(2) 说明义务

医师应当向患者或其家属按照实际情况告知疾病的状况。但是,也必须注意避免由此而使患者可能产生的无法令人满意的结果。这一义务于《执业医师法》第 26 条第 1 款被予以明文记载,同时,《医疗事故处理条例》第 11 条也规定,"在医疗活动中,医疗机构及其医务人员应当将患者的病情、医疗措施、医疗风险等如实告知患者,及时解答其咨询;但是,应当避免对患者产生不利后果。"

(3) 转诊义务

对于因医疗设备或技术能力有限而无法进行医治的患者,应当及时进行转诊(医疗机构管理条例第 31 条)。在进行转诊时,医师负有向患者推荐其疾病相关领域的专家的义务。[③]

3. 附随义务

(1) 保护义务

保证患者的人身安全是医院的基本责任和义务。实践中有裁判例认为,在医院自杀的精神病患者的死亡与该医院未尽到适当管理之间存在因果关系。[④]

(2) 疗养指导义务

医师负有宣传卫生保健知识,对患者进行健康指导的义务(执业医师法第 22 条第 5 项)。向患者告知关于饮食、睡眠、运动等对治疗有利或不利的注意事项,也包含在此义务中。[⑤]

---

[①]　岩志和一郎、川城憶紅,前揭文,第 300 - 311 頁。

[②]　日本所有的病历资料保管期限为 5 年(日本医师法第 24 条第 2 款)。

[③]　程啸:《论医疗损害民事纠纷中医疗者的义务》,梁慧星主编:《民商法论丛》,第 21 卷,法律出版社,2001 年,第 730 頁。

[④]　"精神病患者自杀身亡医院判赔七万",山东省日照市东港区人民法院认为,"王某的死亡与医院管理不当存在一定的因果关系,医院未能尽到保障病人安全的注意义务,应对王某死亡承担相应的民事责任"。中国法院网,2004 年 11 月 4 日。http://www.chinacourt.org/article/detail/2004/11/id/138486.shtml.

[⑤]　程啸,前揭文,第 730 頁。

（3）守密义务

医疗过程中的患者隐私权，是从人权理论发展而来的，作为其最主要的内容，即在治疗过程中患者隐藏不希望被他人知晓的私密信息、私人空间的权利，并对其进行维持及支配等方面的权利。[①]

医师保护患者的隐私（执业医师法第 22 条第 3 项），违反此规定的情况下医师将被追究法律责任（执业医师法第 37 条第 9 项）。

### 第 2 项　患方的义务

#### 1. 支付义务

在实践中存在判决患方基于医疗合同负有支付医疗费用义务的裁判例[②]，对于诊疗费用的支付时期，学说认为应当按照①特约、②习惯、③诊疗完成这一顺序而决定。[③] 在日本，一般认为原则上不能以未预先支付诊疗费而拒绝治疗[④]，而在中国，一般医疗中作为保证金而预先收取医疗费的情形较为常见。但是，在急救患者的情况下，因存在"对急危患者，医师应当采取紧急措施及时进行诊治；不得拒绝急救处置（执业医师法第 24 条）"的规定，因此通常支付在后，然而近来对于急救患者也要求其预先支付的医疗机构在不断增加。

#### 2. 诊疗协助义务

医师除去对极少部分的疾病进行强制医疗的情况，通常不具有因诊疗的需要而向患者要求协助的权利。患者即使不配合医师进行诊疗，也不会承担法律责任。患者的诊疗协助义务，一般被认为是，即使不协助诊疗也只对自身健康产生不利后果的"不真正义务"[⑤]。在发生医疗纠纷的情况下，受害人也存在过错时，可以减轻侵害人的民事责任（民法通则第 131 条）。

---

[①]　赵学刚:《医疗中患者隐私保护与医学发展研究》，中国民商法律网，2003 年 11 月 12 日，http://old.civillaw.com.cn/article/default.asp? id＝13377.

[②]　《佛山首例医院告重症患者欠费二十九万》，中国法院网，2004 年 7 月 23 日。http://old.chinacourt.org/html/article/200407/23/124562.shtml.

[③]　龚赛红，前揭书，第 39 页。

[④]　菅野耕毅、高江洲義矩:《医事法学概论》，第 149 页。

[⑤]　龚赛红，前揭书，第 41－42 页。

# 第四节 医疗合同的成立与终止

## 第1款 医疗合同的成立

### 第1项 学说

对于医疗合同的成立,基本上需要要约与承诺的意思表示的合致。要约的方式,是在接待窗口,通过口头的意思表示或提交诊疗申请书的形式,在中国将此种行为称为"挂号"。在日本,通常认为在接待窗口交付诊察券,诊疗开始之后,即为承诺的意思表示。① 对此,中国台湾地区有观点认为,在进行"要约"时,"要约"的内容不得不概括性地提出,在患者"挂号"时,通常未将自己的疾病告知医师,因此不应认定为提出要约。② 对此,大陆学者龚赛红指出,患者在挂号时,一般都是根据自己的病情,确定挂内科还是外科,或 A 医师还是 B 医师的号。如果不能确定应该挂什么号,就将自己的主要症状告诉挂号人员,挂号人员根据其症状给出建议。挂号人员作为医院的代表能够接受患者的要约,而不必等到患者向医师说明其病状。因此,认为"挂号"这一行为应属于要约。③ 此观点与日本的通说持相同立场。

在日本,救护车属于以 119 为号码的消防局,因此患者在呼叫救护车拨打 119 电话时,不能被认为是医疗合同的要约。而与此相对的是,在中国,救护车被配置在各医疗机构中,因此构成了不仅是医疗机构的窗口,在向医疗机构拨打急救电话时也有可能成立医疗合同的社会体制。在此社会背景之下,实践中也出现了具有下述判断的裁判例,即向相当于医疗机构的"急救中心拨打急救电话,若急救中心作出回应,则在医患双方之间成立某种事实上的医疗合同"。

---

① 中川淳、大野真義编:《医療関係者法学》,第 59 页。
② 吴建梁:《医师与病患〈医疗关系〉之法律分析》,第 10 页,东吴大学 1994 年硕士论文。
③ 龚赛红,前揭书,第 17 - 18 页。

第 2 项　判例

事例 8

## 新田县人民法院判决 1999 年 2 月 1 日[①]

**【事实概要】**

1998 年 9 月 8 日,Y 医院(新田县人民医院)设立了医疗急救中心。同年 9 月 10 日至 10 月 10 日,当地的电视台循环播放了"医院关于成立'医疗急救中心'开通 24 小时急救电话呼叫的公告",其主要内容如下:

"为了提升本地区的医疗服务,我院设立了医疗急救中心。此外,购入了新型的附带空调的救护车,配置了具有丰富经验的医护人员及急救设备,并且开通了 24 小时医疗急救热线电话服务。如果有急、重病患者,请直接拨打 4712110。本急救中心将迅速出发,及时进行抢救。……以技术能力,发挥人才优势,用心接触患者,有呼必应。我院急救中心全体职员将竭尽全力为患者服务。"

同年 12 月 14 日零时 1 分 9 秒,A(有心脏病史)在家中突然感到身体不适,A 的儿子 X 用移动电话直接拨打了 4712110,呼叫了救护车。Y 医院急救中心的值班人员当时回答"马上前往"。零时 7 分 4 秒,见救护车仍未前来,X 再次拨打急救电话。值班人员回答"马上到达"。实际上,从 Y 医院出发的救护车,在 A 的住宅区入口处,因道路施工导致卡车无法前进或后退并将道路堵塞,因此救护车无法从入口处通过,急救人员只能下车徒步前进。零时 13 分 50 秒,X 再次拨打电话进行催促。Y 急救中心的值班人员回答"救护车与急救人员已经前往"。拨打 3 次电话之后仍未见到急救人员的 X 只得放弃,转而给 B 医院电话,要求急救。在 A 住宅约 300 米处,Y 医院的急救人员发现从另外入口进入的 B 医院的救护车之后,便直接原路返回。到达之后的 B 医院的急救人员立即进入 A 的住宅进行了紧急处置,并在零时 40 分将 A 运送至 B 医院继续进行抢救。然而,因心肌梗死发作且接受急救处置的时间过长,最终未能挽回 A 的生命。14 日 1 时,A 被确认死亡。

A 的遗属 X 等,主张由于 Y 未快速及时进行急救而导致 A 死亡,向 Y 请求损害赔偿。

**【判决要旨】**

一审(新田县人民法院 1992 年 2 月 1 日判决)认为:"被告 Y 医院设立的'急救中心'是一种特殊的服务机构,并且向全社会公开承诺,因此被告 Y 应切实地履行其职责与义务。即必须向患者及时提供高效、安全的医疗服务。患者向'急救中心'请

---

[①]　陈晓军主编,前揭书,第 107 - 114 页。

求急救而拨打电话,如果'急救中心'对此作出回应,则在医患双方之间成立某种事实上的医疗合同。医院在提供医疗服务的整个过程中因过失行为造成患者的人身或财产上的损害时,应承担所有的民事赔偿责任。本案中被告在接收到原告打来的急救电话之后,因医护人员未能按照预想迅速到达现场,错过了挽救患者的时机,而致此后的应急手段无效最终导致死亡。诚然被告方的过失行为并非患者 A 死亡的唯一直接的原因。但该患者 A 的死亡,给原告一家带来不必要的经济损失,而原告一家在精神层面也遭受到极大损害。因此,被告 Y 应当对患者 A 的死亡这一损害结果承担民事赔偿责任。此外,由于被告 Y 主张在(住宅区)入口处车辆堵塞这一理由不符合不可抗力的要素,被告不具备免责的法定要件,本院不予支持。……为保护公民的生命权、健康权,不使其受到侵害,依照《中华人民共和国民法通则》第106条第2项、第119条之规定,本院于1999年2月1日判决如下,Y医院向X赔偿1万4千余元。"

Y 不服一审判决进行了上诉,二审于 1999 年 6 月 15 日达成和解。

本案判决认定:"被告 Y 医院设立的'急救中心'是一种特殊的服务机构,并且向全社会公开承诺,因此被告 Y 应切实地履行其职责与义务。……患者向'急救中心'请求急救而拨打电话,如果'急救中心'对此作出回应,则在医患双方之间成立某种事实上的医疗合同。……本案中被告在接收到原告打来的急救电话之后,因医护人员未能按照预想迅速到达现场,错过了挽救患者的时机,而致此后的应急手段无效最终导致死亡"。在此基础上,该判决对于医疗合同成立的认定,并未局限于自患者在医疗设施的受理窗口实施"挂号"行为时成立,而是认可患者向配置救护车的医疗设施拨打急救电话时,若医方对此作出回应,则医疗合同成立。

## 第 2 款　医疗合同的终止

### 第 1 项　基于合意的终止

合同的基础是当事人之间的合意,自然通过合意可以进行解除,其解除的意思表示,既可以是明示也可以是默示的。[①] 明示的解除,例如转诊、出院的情形,而默示的解除常见于门诊的情形。但是,无论是医疗机构还是患者,非不得已而为之的事由,不得在相对人不利的时期解除合同(执业医师法第 24 条、医疗事故处理条例第 59 条)。

### 第 2 项　患者的死亡、医疗机构的解散

医疗合同当事人的任意一方(患者或个人执业的医师)死亡,或医疗机构的解散、

---

① 龚赛红,前揭书,第 48 页。

破产,也会导致医疗合同的终止。但在拥有多数医师的医疗设施中,即使主治医师死亡,医疗合同也并不终止,只有在解散的情形下双方的合同关系才会终止。医疗机构解散时,首先须将患者进行转诊。

**第 3 项　医师的资格丧失**

个人执业医师,受到行政处分,或因其他事由而被收回医师的执业证书,丧失医师资格的,医疗合同终止(执业医师法第 15 条、第 16 条、第 31 条)。一般认为,即使在此种情况下,丧失资格的医师,仍然应负有患者的转诊等"事后处理"的义务。[①]

# 第五节　违约的事例

未能实现合同目的的履行时,产生违约。医疗合同中的债务,一般认为是实施符合诊疗当时医疗水准的、适当的诊察与治疗,无需负担治愈义务的手段债务。违反医疗合同的情形下,在中国对于其法律责任如何进行追究,下面结合裁判例展开分析。

## 第 1 款　判例
事例 9

### 南京市中级人民法院 2003 年 6 月 18 日[②]

**【事实概要】**

2002 年 9 月 9 日。$X_1$(妻)与 $X_2$(夫),因不孕与 Y 医院之间签订了接受 ICSI(显微受精)这一不孕治疗的医疗合同,同月 25 日向 Y 支付了检查费 5400 元,同日,Y 自 $X_1X_2$ 分别采集了卵子与精子。此后,Y 在观察了 $X_2$ 精子的基础上,认为与 ICSI 相比较 IVF(体外授精)的成功率要高,在未与 X 等商讨的情况下实施了 IVF,但是未获成功。对此,$X_1X_2$ 基于合同法、消费者权益保护法以及民法通则的规定,向 Y 提出了包括医疗费、误工费以及精神损失费等损害赔偿的请求。

一审判决认定,医疗服务合同在患者向医院提出进行诊查、治疗的请求,并经医方做出承诺时成立。本案被告已经收取了原告交纳的医疗费,两原告与被告签订了"协议和须知",被告也对原告进行了治疗,应当认定双方之间的医疗服务合同已经成立并生效。……医疗服务合同以为患者治疗疾病为目的,医院一方应当以足够的勤

---

① 龚赛红,前揭书,第 49 页。
② 参见《最高人民法院公报》2004 年第 8 期,第 27 - 30 页。

勉和高度的注意谨慎行事,又由于医疗行为具有高度的专业性,因此医院在履约中具有较高的裁量权。但医院与患者在医疗服务合同关系中是平等的民事主体,且医疗行为的实施结果会对患者的身体造成直接影响,若完全不考虑患者的选择权明显有失公平。在医疗服务合同中,医院负有对医疗方案的说明义务,而患者享有对医疗方案一定的选择权。在实施医疗方案之前,除非在紧急情况下,医院有义务就该医疗方案向患者或其代理人进行充分的说明。患者有权充分了解医疗方案可能给自己带来的后果,有权对医疗方案进行选择。

对患者选择权的尊重应体现于存在两个以上治疗方案的场合,医院应该就几种不同治疗方案的利弊对患者进行充分说明,并以患者的决定为准选择治疗方案。本案中人工辅助生育存在 ICSI、IVF 等多种治疗技术。原、被告已经约定采取 ICSI 技术,如果医务人员在治疗过程中认为原告的状况更适合采取 IVF 技术,在条件允许的情况下,应当向原告予以说明,并就治疗技术方案的改动征求原告的意见。但被告的举证只能证明原告知悉治疗技术的改动,不能证明被告已经就该改动取得了原告的同意,故应当认定其行为构成违约,应当承担相应的责任。

基于上述认定,"依照合同法第十条第一款、第四十四条第一款、第六十条、第一百零七条、第一百一十三条第一款、《中华人民共和国民事诉讼法》第六十四条第一款的规定",判决 Y 医院向 X₁X₂ 赔偿人民币 11434.05 元。

Y 不服一审判决,向南京市中级人民法院提起上诉。

## 【判决要旨】

当事人应当按照约定全面履行自己的义务。当事人一方不履行合同义务或者履行合同义务不符合约定的,应当承担继续履行、采取补救措施或者赔偿损失等违约责任。X₁、X₂ 现虽无直接证据证明双方约定采取 ICSI 治疗技术,但……上述间接证据相互印证,可以认定 X₁、X₂ 与 Y 医院口头约定采取 ICSI 技术进行人工辅助生育治疗,Y 医院应当按照双方的约定全面履行医疗服务合同。履行医疗服务合同时,在非紧急情况下,医院在未经过患者或其代理人同意的情况下,擅自改变双方约定的医疗方案,属于合同法第一百零七条规定的履行合同义务不符合约定的行为。在本案中,Y 医院为 X₁、X₂ 治疗过程中,在未出现需要紧急抢救等非常状态的情况下,未经 X₁、X₂ 同意,擅自改变治疗方案。Y 医院的行为,属于履行合同义务不符合约定,由此造成合同相对方的损失,依法应当承担赔偿损失的责任,一审法院对违约责任和具体损失的认定是正确的,据此所作的判决并无不当。Y 医院上诉理由不足,故不予支持。

## 第 2 款　探讨

与日本相同,中国对于医疗纠纷的处理,传统上是基于侵权行为法来进行的。类似本案中从债务不履行的观点追究加害人责任的事例极为少见。本案的原告方以合同法、消费者权益保护法以及民法通则的规定为基础,向被告方请求损害赔偿,但民法通则的规定中既有违约的规定,也包含侵权行为的规定。像这样请求权发生竞合的情况下,在中国如何进行应对,下文将简要概括。

在中国,在合同法施行之前较长时期内保持了不认可请求权竞合的立场。20世纪80年代随着外资企业投资的增加,沿海地区在涉及对外国及中国港、澳地区有经济上关联的审判时,最高人民法院于1989年6月12日发布了《全国沿海涉外、涉港澳经济审判工作座谈会纪要》的通知,第一次承认了请求权的竞合。该通知规定,"两个诉因并存的案件的受理问题。一个法律事实或法律行为有时可以同时产生两个法律关系,(其中)最常见的是债权关系与物权关系并存,或者被告的行为同时构成破坏合同和民事侵害。原告可以选择两者之中有利于自己的一种诉因提起诉讼,有管辖权的受诉法院不应以存在其他诉因为由拒绝受理"。然而,此规定原则上只限于与外资企业相关联的诉讼,不适用本国国民之间的诉讼。

1999年10月1日合同法施行之后,根据该法第122条的规定,"因当事人一方的违约行为,侵害对方人身、财产权益的,受损害方有权选择依照本法要求其承担违约责任或者依照其他法律要求其承担侵权责任",最终发展到在本国国民之间的诉讼中产生请求权竞合时也可以受理。

并且,对于合同法第122条的适用,最高人民法院作出以下解释,"债权人依照合同法第122条的规定向人民法院起诉时作出(请求权)选择后,在一审开庭之前又变更诉讼请求的,人民法院应当准许"[1]。

此外,合同法自施行到现在,实务上基本按照以下三个原则在操作。即,①法律有明文规定的情况下,依照其规定。②存在合同,且合同不违反现行法的情况下,根据合同约定的内容适用有关违约责任的规定。③法律的规定、或合同都不存在的情况下,法院选择对债权人最为有利的(以债权人利益为目的)请求权。[2]

本案中,X₁、X₂与Y医院之间缔结了ICSI接受或实施不孕治疗的合同。在治疗中,Y在未征得X₁、X₂的同意的情况下,未实施双方约定的治疗方法而变更为其他治疗方法,且未获成功。对于该治疗方法的变更,本案一审判决认为,在合同履行时,医院方被授予相对较高的裁量权,但同时也必须考虑患者的选择权,违反该义务变更治疗方法的行为"构成违约,应当承担相应的应的责任"。二审判决,针对合同

---

① 最高人民法院《关于适用〈中华人民共和国合同法〉若干问题的解释(一)》第30条。
② 高立万、陶皓:《违约责任与侵权责任竞合探析》,万鄂湘主编:《债法理论与适用.Ⅱ,侵权之债》,人民法院出版社,2005年,第104页。

履行认为"当事人应当按照约定全面履行自己的义务。当事人一方不履行合同义务或者履行合同义务不符合约定的,应当承担继续履行、采取补救措施或者赔偿损失等违约责任。……履行医疗服务合同时,在非紧急情况下,医院在未经过患者或其代理人同意的情况下,擅自改变双方约定的医疗方案,属于合同法第一百零七条规定的履行合同义务不符合约定的行为"。对于本案,"Y 医院为 $X_1$、$X_2$ 治疗过程中,在未出现需要紧急抢救等非常状态的情况下,未经 $X_1$、$X_2$ 同意,擅自改变治疗方案。Y 医院的行为,属于履行合同义务不符合约定,由此造成合同相对方的损失,依法应当承担赔偿损失的责任",依照合同法的规定追究了医院方的赔偿责任。可以说一审与二审基本持相同立场。

## 第六节　小　　结

以上,对现在中国的医疗合同论进行了概观。在将医疗作为合同的情况下,对于医疗合同的法律性质,一般认为是无名合同或非典型合同,但也有学说认为可准用委托合同等,展开了与日本近似的讨论。此外,对于医疗合同当事人一方的患者,根据患者的年龄、行为能力的区别决定了由谁成为当事人,而对于另外一方的医方,学说及实务中都认为无论在一般医疗还是保险医疗,医疗设施的开设者为合同的当事人。这一问题,其理论自身还存在不成熟之处,可以窥见受到日本、中国台湾地区等学说和观点影响的痕迹。由此可见,日本、中国台湾地区的医疗合同理论在今后也将会对中国大陆产生较大影响。

然而,在中国思考医疗合同时,有必要将与日本的相异之处纳入考虑的范围。

首先,在日本,所有的国民都被课以加入某种形式的健康保险制度的义务,其结果是医师对于疾病的诊断或治疗的费用不会因为未收取而担心,能够专心于治疗行为本身。原本合同就是通过当事人自由的意思表示缔结成立,其前提自然包含对于合同内容诚实履行的预判。而在诊疗合同中,即使未预定报酬,依照医疗伦理,医方也被课以诊疗的义务。但是,另一方面,要求无法获得诊疗报酬的医师继续治疗也存在非现实性。中国的人口已经超过 13 亿,其中大约只有 1 亿 2 千万的国民加入了医疗保险,各地的医疗机构中未支付诊疗费用的现象多有发生,其中也不乏恶意的拒付行为。从本文引用案例[①]的原告医院的情况来看,对于因交通事故、遗弃、流浪者等

---

① 明确患方负有支付诊疗费的义务,"佛山首例医院告重症患者欠费二十九万",中国法院网,2004 年 7 月 23 日,http://old.chinacourt.org/html/article/200407/23/124562.shtml.

的救助,突发疾病的紧急处置等情况产生的费用,过半无法请求,其总额每年有数百万之多,且逐年攀升。而这些治疗费用不得不由该医疗机构自身负担。因此在中国若要使医疗合同理论在实务中生根发芽,相对于设计新型合作医疗制度,医疗保险制度的迅速普及更有助于建立健全的医患关系。

其次,实际上在日本,为了对处于弱势地位的患者进行救济,违约责任论一直运用至今。如果认为医疗是以医疗合同为基础,则会具有举证责任的转换(从原告方到债务不履行方),以及能够援用长期时效(从侵权行为责任的 3 年时效[日本民法第170 条]到债务不履行责任的 10 年时效)的有利之处。

一方面,对于时效,在中国分为普通时效、特殊短期时效、最长时效三种进行了规定。普通时效为 2 年,适用于一般的违约诉讼或侵权行为诉讼(民法通则第 135 条)。换言之,在中国关于时效,无论违约诉讼还是侵权诉讼,都不存在日本两者具有的差异。

此外,关于举证责任,2002 年 4 月 1 日施行的《最高人民法院关于民事诉讼证据的若干规定》,将受害人从举证责任中解放出来。该规定的第 4 条第 8 项明确了"因医疗行为引起的侵权诉讼,由医疗机构就医疗行为与损害结果之间不存在因果关系及不存在医疗过错承担举证责任"。

从上述内容来看,与日本具有不同法律构成的中国,今后关于医疗合同的讨论会有怎样的展开,引人注目。

# 第三章　中国医疗过失民事责任的侵权构成

因医疗过错追究医师等医务人员民事责任的基本构造,主要可分为基于医疗合同的债务不履行责任与基于侵权行为法的侵权责任两种。正如在前一章中所述,近年在中国也有关于医疗合同的理论,但传统上,中国也像日本曾经一样,几乎所有的医疗诉讼都是因侵权行为而提起的诉讼。本章将考察在中国基于侵权行为的侵权责任理论,以及医疗过错赔偿责任的理论。

## 第一节　侵权行为

日本民法中的不法行为,在中国 20 世纪 50 年代曾被称为民事违法行为,自 80 年代开始使用"侵权行为",并沿用至今。侵权行为这一术语,首次使用是在前述清朝末期制定的《大清民律草案》中。虽然该草案并未施行，但之后侵权行为这一术语被广泛接受，在中国固定下来直至今日。"侵权行为"这一词汇直接翻译成日语为"权利侵害行为"，但已有许多学者将其译为"不法行为"，本书也遵从"不法行为"的翻译。

## 第 1 款　侵权行为的构成

1987 年 1 月 1 日起施行的民法通则，由 9 章 156 条构成，侵权行为相关的规定主要置于第 6 章的民事责任部分。第 6 章的民事责任，由一般规定、违反合同的民事责任、侵权的民事责任以及承担民事责任的方式四节构成。其法律构造，相对于日本的一般构成要件主义，中国采取了一般构成要件主义与个别构成要件主义相结合的模式，具有复合性构造。换言之，既设置了关于侵权行为的要件与效果的一般性法规范(第 106 条①)，同时也针对个别侵权行为分别规定了各自的构成要件与效果。例如，侵害著作权规定在第 118 条，侵害肖像权、名誉权等规定在第 120 条，产品责任规定在第 122 条，环境污染规定在第 124 条。

另一方面，2009 年 12 月 26 日通过的《中华人民共和国侵权责任法》(以下简称"侵权责任法")，由一般规定、责任构成和责任方式、不承担责任和减轻责任的情形、关于责任主体的特殊规定、产品责任、机动车交通事故责任、医疗损害责任、环境污染责任、高度危险责任、饲养动物损害责任、物件损害责任、附则共 12 章 92 条构成，关于侵权行为的一般成立要件的规定，被置于第 2 章"责任构成和责任方式"中的第 6 条②。侵权责任法于 2010 年 7 月 1 日起施行，与民法通则并行存在。

对于侵权行为的成立要件，若将侵权行为法第 6 条与民法通则第 106 条相比较，相对于后者包含关于违约的规定，侵权行为法第 6 条仅针对侵权行为进行了规定；对于加害人的身份，民法通则使用了"公民、法人"的概念，而侵权行为法则使用了"行为人"，较之民法通则更加准确，以上两点是二者之间最主要的区别。

## 第 2 款　侵权行为的定义

关于侵权行为的定义，可以通过民法通则施行前后的解释窥见其变化，在此将以民法通则的施行为界分，总结归纳其施行之前与之后具有代表性的解释。

---

① 《民法通则》第 106 条：公民、法人违反合同或者不履行其他义务的，应当承担民事责任。公民、法人由于过错侵害国家的、集体的财产，侵害他人财产、人身的，应当承担民事责任。没有过错，但法律规定应当承担民事责任的，应当承担民事责任。

② 《侵权责任法》第 6 条：行为人因过错侵害他人民事权益，应当承担侵权责任。根据法律规定推定行为人有过错，行为人不能证明自己没有过错的，应当承担侵权责任。

第 1 项　民法通则施行之前的解释

民法通则施行之前的学说,大致分为以下三种:

1. A 说

A 说是认为"侵权行为是一种违法行为"①的观点。该说为中国政府成立之初首次编著的民法教科书《中华人民共和国民法基本问题》中的观点。

2. B 说

B 说认为,"侵权行为是债的发生根据之一,它是行为人不法侵害他人的财产权利或者人身权利的行为"②。该说为当时民法通则草案的起草人之一,著名民法学家佟柔先生主编的《民法原理》中的观点。

3. C 说

C 说认为,侵权行为是"因作为或不作为不法侵害他人的财产权利的行为"。此说为《中国大百科全书·法学》中的观点。

第 2 项　民法通则施行后的解释

民法通则施行之后关于侵权行为定义的解释众说纷纭,以下将介绍三种代表性学说。

1. 梁慧星说

梁慧星教授认为,"违法侵害他人的合法权利及权益,根据法律应承当民事责任的行为称为民事侵权行为"③。该说可以说是上述 A 说的展开。

2. 王卫国说

王卫国教授认为,"侵权行为是指,行为人因过错侵害他人的财产、人身,依法承担责任的行为,以及法律特别规定的应当对受害人承担民事责任的其他加害行为"④。该说是按照民法通则第 106 条第 2 款,在 B 说的基础上发展的观点。

3. 杨立新说

杨立新教授认为,"侵权行为是指,行为人因过错或法律有特别规定的情形的无过错,违反法律规定的义务,以作为或不作为的方式,侵害他人的人身权利或者财产权利,依法应承担损害赔偿等法律责任的行为"⑤。虽然可以看出受到了王卫国说以

---

①　中央政法干部学校民法教研室编:《中华人民共和国民法基本问题》,法律出版社,1958年,第 322 页。

②　佟柔主编:《民法原理》,法律出版社,1982 年,第 219 页。

③　王家福主编:《中国民法学·民法债权》,法律出版社,1991 年,第 233 页。

④　佟柔主编:《中国民法》,法律出版社,1990 年,第 557 页。

⑤　杨立新:《侵权法论》,人民法院出版社,2003 年,第 3 页。

及上述 C 说的影响，但引入了无过错，更加明确地提示了侵权行为的范围。

第 3 项　侵权行为法中侵权行为的定义

新施行的侵权责任法第 6 条，对于侵权行为的定义为"行为人因过错侵害他人民事权益，应当承担侵权责任"；与此相对，民法通则第 106 条规定，"公民、法人由于过错侵害国家的、集体的财产，侵害他人财产、人身的，应当承担民事责任"。

将该两条文一起对照来看，能够看出行为人（公民、法人等）因过错侵害他人的民事权益时，应当承担侵权行为责任（民事责任）这一趣旨，换言之，对于侵权行为的定义，两条文并无太大差别。

# 第二节　一般侵权行为的成立要件

侵权行为，可以分为一般侵权行为与特殊侵权行为。本节将对围绕一般侵权行为的成立要件的各种解释论展开分析与探讨。

## 第 1 款　关于成立要件

### 第 1 项　学说

日本民法将一般侵权行为的成立要件规定在第 709 条，"因故意或过失侵害他人的权利或法律上受保护之利益者，对由此产生的损害负赔偿责任"，根据通说，①损害是由于存在故意或过失的行为，②行为人具有责任能力，③权利侵害或加害行为具有违法性，④损害的发生，⑤加害行为与损害之间存在因果关系，此五项要件缺一不可。[1]

在中国，关于一般侵权行为，大多数的学者认为规定在民法通则第 106 条第 2 款（"公民、法人由于过错侵害国家的、集体的财产，侵害他人财产、人身的，应当承担民事责任"）。然而，第 106 条第 2 款并未明确一般侵权行为的要件，围绕其要件的内容可谓众说纷纭。以下，对关于一般侵权行为要件的各种学说简要整理。

### 1. 三要件说

有学说认为，侵权行为的成立要件由过错、损害事实、过错与损害事实之间存在

---

[1]　我妻荣、有泉亨、川井健：《民法 2 债权法》，第 428－450 页；牛山積：《現代の公害法》（第二版），第 34－41 頁。

因果关系构成。并主张行为的违法性并非侵权行为的成立要件。列举其主要理由，即，在民法通则第106条第2款的条文中，并未出现"不法"这一概念；不法行为这一词汇是侵权行为的别称及同义语；违法性包含在过错概念之中。① 也有学者提出以下观点，"以我国的立法与实务为出发点，在过错责任与过错推定责任中，由损害事实、因果关系及过错构成的责任构成要件，在公平责任和无过错责任中，应设定为由损害事实与因果关系构成责任构成要件"②。

**2. 四要件说**

四要素说主张，在过错责任中，侵权行为的成立要件，由行为的违法性、损害事实、违法性与损害之间的因果关系及过错四个要件构成；在无过错责任中，侵权行为的成立要件由侵害行为、损害事实及两者之间存在因果关系三个要件构成。③ 因此，一般侵权行为责任的构成要件，由违法性、损害事实、因果关系与主观上的过错四个要件构成。④

**3. 五要件说**

五要件说，根据其内容的不同，分为①说和②说。

① 说主张，过错侵权行为责任的构成要件，除侵权行为、损害事实、因果关系之外，过错与违法性这两个要件也应当具备。⑤

② 说以过错这一概念容易产生误解为理由，拒绝使用此概念，并主张侵权行为的成立要件应具备以下五个要件：即损害、因果关系、违法性、过失与责任能力。⑥

**4. 七要件说**

七要件说主张，一般侵权行为责任的要件包含主观与客观要件，由七要件构成。并进一步提出，主观要件包含意思能力与过错，客观要件包含自身的行为、权利侵害、损害的发生、因果关系与违法性。⑦

以上为各学说的概要，但三要件说、四要件说以及五要件说中①说之间的共通点

① 孔祥俊、杨丽：《侵权责任要件研究（上）》，《政法论坛》1993年第1期。
② 王利明：《侵权行为法研究》（上册），中国人民大学出版社，2004年，第348页。
③ 张新宝：《中国侵权行为法》（第二版），中国社会科学出版社，2004年，第20-21页。
④ 杨立新：《侵权法论》，人民法院出版社，2003年，第176页。
⑤ 刘士国：《现代侵权损害赔偿研究》，法律出版社，1998年，第75-80页。
⑥ 张俊浩主编：《民法学原理》，中国政法大学出版社，1991年，第833页。
⑦ 胡长清：《中国民法债编总论》，商务印书馆，1946年，第122-153页。

为,都未触及行为者的能力的问题。与三要件说相比,四要件说增加了违法性,五要件说的①说在此之上增加了侵权行为。然而,如果是侵权行为,当然其行为之中存在违法性,反之亦能成立。从此意义上,可以说五要件说的①说与四要件说并不存在实质上的差异。而七要件说则将行为限定为自身的行为。

第 2 项　判例的立场

原告因被告医院被诊断为恶性肿瘤,右侧乳房被全部摘除之后,进行了免疫组化病理检查,并据此明确了右侧乳房为侵袭性颗粒肌母细胞瘤,排除了乳癌的可能性,原告认为被告存在误诊,因此提起诉讼。南京市鼓楼区人民法院在 2000 年 10 月 2 日的判决中,针对医师的专家责任,认为:"本案原、被告间属医患关系,在此关系中,院方作为具有专门知识和技能的专家而赢得患者信赖,故院方在进行执业活动时,负有高度注意、救死扶伤及努力完成受委托工作的义务。这些义务有些是医疗服务合同所约定的,有些则是行业规范、法律、职业道德的要求。如在执业过程中,违反上述义务给他人造成了损害,则应承担专家责任。专家责任是一种过错责任,须符合侵权行为的构成要件,即要具备行为违法、患者有损害后果存在、违法行为与损害后果有因果关系、主观上有过错。"①从法院的立场来看采纳了四要件说的观点。

上述内容主要针对要件的构成对各学说的立场进行了概观。在下文中,将围绕各要件的解释,特别是仅在中国大陆地区使用的"过错"②这一概念的含义的解释,展开详细的分析。

## 第 2 款　围绕各要件的解释

### 第 1 项　过错

#### 1. 过错的含义

(1) 过错说

对于过错的含义,一般解释为侵权行为法中的过错包含故意和过失两种状态。作为该说的代表,杨立新教授认为,"'过错'分为两种形态,即故意和过失。故意,是指行为人预见到自己行为的结果,仍然希望其行为结果的发生或放任其发生的主观

---

① 最高人民法院中国应用法学研究所编:《人民法院案例选·2001 年第 4 辑(总第 38 辑)》,人民法院出版社,2002 年。

② 该结论,是笔者在查阅了从日本和中国能够搜集到的中国大陆、台湾、香港以及澳门等地区出版的中文文献的基础上得出的。

心理状态。而过失是以疏忽或懈怠为内容。行为人对于自己行为的结果应当预见，或者能够预见而没有预见的情形，为疏忽；行为人已经预见自己行为的结果，但轻信能够避免结果的发生，为懈怠。两者都构成过失，都是对应当负担的注意义务的违反。因此，民法上的过失，就是行为人对受害人应负的注意义务的疏忽或懈怠"①。根据该说，"过错"分为三个等级，第一等级为故意，故意的行为是最为重大的"过错"，应负的侵权责任也最重。第二等级为重大过失，具有重大过失的行为作为中等的"过错"，所应负担的责任较故意轻，较一般过失重。第三等级为一般过失，也是最轻的"过错"，其所应负担的责任也必须低于因重大过失引起的责任。② 此种关于故意及过失的解释，与日本的主观说类似。但是在日本并不存在故意及过失的用语，也不存在这样的解释。

诸如"过错分为故意和过失两种形态"，或"过错包含故意和过失"这样，故意与过失是由过错而来的两种形态的解释方法究竟是否适当。

过错，在中国的侵权行为中作为最为重要的构成要件之一，基于对其含义应当进行明确的考虑，在此围绕杨立新教授等提出的过错说，针对其妥当性进一步展开检讨。

（2）过错的含义

根据杨立新教授的《中国民法的理论与实践》（日文版）的译者注的说明，"'过错'一般是指错误与过失，包含不法行为上的故意与过失"③。因此，以下对过错的一般含义与侵权行为上的含义分别进行考察。

① 一般意义上的过错

过失这一词汇，在汉语中自古有之。例如，《汉书·刑法志》中记载了"三宥，一曰弗识二曰过失三曰遗忘"，此外明律中也有"如无故意害之情者，以过失杀人论处，不许行医"的规定。而过错这一词汇并不存在。过错这一词汇首次出现在辞典中，是在对过失进行说明时被使用的。以下，笔者将对各辞典中出现的过失及过错的含义尝试进行梳理。

首先，《康熙字典》中对"过"这一文字说明时，使用了过失这一词汇（"过，过失也。……过者不识而误犯也。"），但未对过失这一词汇本身进行说明。过失作为一个整体的词汇被说明，是在民国四年（1915年）9月出版的《辞源》中。其对过失有如下说明，"【過失】法律名词。……金律於本无犯意，偶因不注意而侵害生命财产者，亦謂

---

①　杨立新：《中国民法の理論と実際》，[日]成文堂2001年，第237-238页。

②　杨立新，前揭《中国民法の理論と実際》，第237-239页。

③　杨立新，前揭《中国民法の理論と実際》，第228页。

之过失"。此外,民国二十六年(1937年)8月出版的《辞海》,用过误说明了过失。过误这一词汇原出自《汉书·孝成许皇后传》("皇后上疏曰,妾幼稚愚惑,不明義理蒙過誤之寵,非命所當託"),但并未收录于辞典中。首次收录于辞典,不在中国,而是在日本昭和9年(1934年)12月出版的《大辞典》之中。从《大辞典》与《辞海》的出版年月来看,可以假设存在《辞海》从日本将"过误"这一词汇进行了反向输入的可能性。之后,国民党政府迁至台湾,在台湾、香港等地区,"过误"这一词汇沿用了下来,而中国大陆基本不再使用。至今在大陆出版的辞典中也未见收录。

在中国大陆,作为过误的代替使用过错一词。国民党时期的文化,特别是与政治密切相关的法律文化,被新中国政府视为"糟粕",过误这一词汇也属于其中之一,最终遭到舍弃。

过错这一词汇,原本在汉语中并不存在。在中文的辞典里登场,是在1961年中国大陆出版的《辞海试行本》中,为说明过失而首次被使用("过失①过错。")。此般说明,至今仍未改变。

因此,应当可以认为过错"一般具有错误与过失的含义"。

② 侵权行为法上过错的含义

随着过错这一词汇的出现,针对其在侵权行为法中,如何被使用或如何被解释,根据笔者独自的调查,以下按照20世纪50年代、80年代、90年代及21世纪四个阶段展开分析。

Ⅰ. 20世纪50年代

中国共产党政权,以"不承认其他任何政权以及任何法律,也不承认任何人制定的任何规范"①这一列宁的名言为座右铭,随即(1949年2月)颁布了《关于废除国民党〈六法全书〉和确定解放区司法原则的指示》,将自1929年施行的国民党的《六法》废止。并且将在解放区颁布的条例等作为现行法取而代之。《保障人权财权条例》《地权条例》《婚姻条例》等即为其例。与此同时,积极地学习并参考苏联法律,主张"社会主义民法,首先是苏联民法,其为人类史上第一部能够处理人民内部矛盾的民法"②,翻译了大量关于苏联民法的文献。例如,《苏维埃民法》《苏维埃民法中的过错》《苏维埃民法中的债》《苏维埃法律上的诉讼证据理论》等,都为苏联民法相关的书籍翻译而来。

苏联的法律中曾经使用"Вина"这一术语。在苏联刑法中,Вина分为两种形式,即故意与过失,受到刑法学者影响的苏联民法学者,在民法中对于Вина,认为"引起

① 参见《列宁文集》第6册,第315页。
② 参见《中华人民共和国民法基本问题》,第6页。

对某人实施违法行为的故意或过失,称为 Вина"[1]。如此这般,苏联的法律中并未严格区分故意与过失。而与此相对,内容涉及刑事关系乃至民事关系的中国的律,自古就严格区分故意与过失。例如,"宥过我大,刑故无小""不忌故犯、虽小必刑"等即为其表现。由此可见,不仅是在法律上的见解,作为行为规范或文化已经年累月深入人心。然而,类似这样历史的或文化的传统,因当时政治上的理由被认为是需要破除的,从而被彻底排除。

　　在上述背景下,可以发现当时的中国学者,存在生硬地将苏联法向中国进行移植的痕迹。例如,上述"Вина"的翻译,《苏维埃民法中的过错》的译者有如下说明。"本书中的 Вина 这一用语,在不同场合,具有各自特殊的含义,主要有如下三种情况。一是具有刑法上的罪(罪过)的含义时,我们将其(Вина)译为罪过。二是具有民法上的过错的含义时,我们将其(Вина)译为过错。三是包含民事的过错之外也包含刑事的罪具有统一且一般性概念的含义时,由于未找到恰当的翻译,我们也将其(Вина)译为过错。因此,本译文中的过错这一用语,根据其上下文,具有两种不同的含义"[2]。根据此说明,该译本中过错这一词汇,依不同情况也有可能意味着罪。该翻译,对之后的中国大学阶段的教科书的编写产生了巨大的影响。

　　如前文所述,在中国过错被认为是过失,通常对过失行为的处理采较为宽松的态度。但是,Вина 这一术语在苏联的法律中,是作为故意与过失的复合体来使用,同时还具有罪的含义。若将 Вина 译为过错,则在过错之中加入了故意之义,不得不说是违背了中国的一般常识。法律学要求措辞严谨,将 Вина 译为过错,欠缺慎重,实属勉强。

　　苏维埃民法的研究、移植的集大成者,是当时出版的《中华人民共和国民法基本问题》这一民法教科书。该教科书,是 1957 年由培育中国共产党精英的中央政法干部学校作为"中华人民共和国民法基本问题"的讲义资料,编辑而成并被使用。该教科书认为,"过错,是行为人决定其行为的某种心理状态,其中包含故意与过失。行为人预见其行为的结果,并且希望其结果的发生或放任其发生时,为故意。……行为人应当预见其行为的结果或能够预见却未预见,或者已经预见但轻信能够避免时,为过失"[3]。然而,对于为何过错"包含故意和过失",以及对过错的解释为何与一般辞典的解释相异,并未进行说明。该教科书虽然当时只在一部分的学校被使用,但也对后

---

① ［苏］Г.К.MATBEEB 著,彭望雍等译:《苏维埃民法中的过错》,法律出版社,1958 年,第 174 页注①。

② 参见《苏维埃民法中的过错》,第 341 页。

③ 参见《中华人民共和国民法基本问题》,第 327－328 页。

世产生较大影响。

在另一方面,由于中国和苏联之间关系恶化,在失去社会构建的范本后,政治斗争更加激化,政治运动也频繁发生,最终导致"文化大革命"的爆发。在"文化大革命"期间,20世纪60年代至80年代,所有与法律相关的杂志全部遭受了停刊的命运。

Ⅱ.20世纪80年代

20世纪70年代末,"文化大革命"终结,自1978年恢复高考全国各地的大学重启法学教育,法学等专业的授课得以恢复。然而,国民党的《六法全书》被废止,中古传统以及社会主义国家之外的法律文化被否定,关于法学的研究长期中断,在中国大陆唯一能够参考的,是20世纪50年代着力研究的苏联民法。因此,重新授课的民法讲义的教科书,基本上是以苏联民法的教科书或前述《中华人民共和国民法基本问题》为范本编写的。例如,关于过错的解释,在1980年西南政法学院(现西南政法大学)民法教研室针对该校1978级、1979级、1980级学生开设的民法课程而编写的《中华人民共和国民法讲义》①的第178页,1982年中国人民大学针对本校法律系学生的民法课程而编写的《民法概论》②的第309页,以及1983年北京大学出版的《民法教程》③的第412页等,都与前述作为范本的教科书存在极为相似的著述。

对于接受上述教育的学生来说,诸如"过错包含故意和过失","故意和过失是过错的两种形式"这样的解释是理所当然的。例如,1978年进入西南政法学院法律系的王卫国教授在三年级时(1981年)撰写的"试论民事责任的过错推定"的论文,对于过错的定义,做了以下论述,"故意和过失是过错的两种基本形式,而尤以过失最为常见,所以'过失'常常被看作'过错'的同义语"④。

此处"故意和过失是过错的两种基本形式"这一思考,究竟是自说还是他说,无法得到明确。如果是他说,应当备注其出所,如果是自说,理由不充分易成为无说服力的文章。此外,对于过失是过错的同义语这一认识的思考,作者也未表明其立场。或许在作者看来,此种解释无论是在哪种教科书中都有记述,特意突出其出所或明确自己的观点,无此必要。

该论文在当时获得极高评价,本科三年级的作者在之后直接跳级进入了硕士课程。十九年之后作者在其著作《过错责任原则:第三次勃兴》的前言部分,对于前述论文的写作过程作出了以下说明,"我从事侵权行为法的研究,实始于1981年。那时,我作为西南政法大学法律专业的三年级本科学生,在杨怀英教授的启发和指导下,撰

---

① 西南政法学院民法教研室主编:《中华人民共和国民法讲义》(初稿),第178页。
② 佟柔、赵中孚、郑立主编:《民法概论》,中国人民大学出版社,1982年,第309页。
③ 王作堂、魏振瀛、李志敏、朱启超等编:《民法教程》,北京大学出版社,1983年,第412页。
④ 王卫国:《试论民事责任的过错推定》,《法学研究》1982年第5期,第21页。

写了一篇题为《试论民事责任的过错推定》的学年论文。这篇文章后来发表在 1982 年第 5 期《法学研究》上"①。由中国社会科学院出版的《法学研究》在中国法学界的地位毋庸多言,而王卫国教授也在此后成为中国侵权行为法的重要研究者之一。

如前文所述,在 20 世纪 80 年代的中国,无论是民法教科书或个人的论述,都只有"过错包含故意和过失"这一种解释。

### Ⅲ. 20 世纪 90 年代

20 世纪 90 年代初期,对于上述解释提出不同观点的学者开始出现。张俊浩教授在其主编的教科书中通过以下的论述作为理由,拒绝了过错这一术语的使用。

"《民法通则》中所称的'过错',一般学说认为过错分为过失和故意。本书认为,作为侵权行为的主要要件,具有过失即可成立,故意仅在计算责任的轻重时具有一定意义,但对于侵权行为的成立而言则无意义。因此,我们认为该要件称为过失要件更为正确。这也是外国及台湾学说(除苏联外)的共同认识。但是,苏联称之为'Вина'(过错)。使用'过错'这一词汇,在伦理上应受指责,例如容易与过咎这一词汇混淆,也因此容易使人产生误解。本书的编辑者本身,经历过一部分的法官、律师将过错作为过咎使用失去过失的含义,而导致不能正确把握过失要件的意义。考虑到诸如此类的情况,本书中不使用'过错'要件,或'过错'原则这样的表达,一律称为'过失'。"②如此这般的质疑声,无异于对过错含义传统解释这一平静的湖面上投下了一颗石子。然而,对于传统解释的由来,以及中国民法的过错与苏联民法的 Вина 之间的关系,并未过多触及。

另一方面,王卫国教授引用了 Williams 和 Hepple 关于 fault 的图表分析③,并以此作为过错说的理论根据。王利明教授在其著作中也在"过错"之后使用了 fault④,并未说明此 fault 是英语的 fault,还是法语中的 fault,但表明了著者的立场与王卫国教授是相同的。此外,其他众多的学者,也将日本、德国以及中国台湾地区的过失相抵、无过失责任等法律术语,单纯地替换为过错相抵、无过错责任,发表了相关的论著。看上去过错说已经构筑了无法动摇的地位,但是笔者对轻易将他国的过失相抵替换为过错相抵、无过失责任替换为无过错责任是否妥当,存有疑问。从日本以及中国台湾地区学者的研究来看,都存在 fault 并非与我们称之为过失的同义语的

① 王卫国:《过错责任原则:第三次勃兴》,中国法制出版社,2000 年,再版前言。
② 张俊浩,前揭书,第 840 页。
③ Williams, Hepple, Foundations of the Law of Tort, p.85 - 88.
④ 王利明,前揭书,第 214 页。(指王利明著《侵权行为法研究》,下同。——译者)

观点。①

### Ⅳ. 21 世纪

2004 年 1 月，曾在英国留学的胡雪梅教授出版了《"过错"的死亡》这一著作，在其中对将英语中的 fault 作为过错说的理论根据的学说进行了激烈的批判。胡雪梅教授指出，"在英国，作为认定责任基础意义上的'过错'（fault）早已是人人喊打的过街老鼠。现实生活中，人们有时也仍然会用到'过错'（fault）一词，但此时人们完全是将其作为一个不具有任何严格法律意义的一般形容词来使用"②。并提出"笔者非常希望在侵权法领域人们对'过错'一词的使用频度会越来越低，因为，这毕竟是一个没有严格法律含义的描述性语言，尤其是因其与归责原则的'剪不断、理还乱'的历史渊源关系③。为净化我们的法律语言，更为正本清源、拨乱反正，我们应该尽量少用乃至不用这一词语"④。针对这一观点，王利明教授认为，"过错概念不可轻言废弃，可以断言，过错责任尚未完成其历史使命"⑤。此外，在王利明教授课题组起草的民法典草案的第 1824 条中明确了"过错包含故意与过失"，作为其理由，提到"过错作为侵权行为的一个核心概念，对其的理解一直存在着一些争议。我们认为有必要在民法典中对过错做出一个相对准确的界定，这样将有利于澄清司法适用中对过错这一概念的误用"⑥。

如上所述，过错说确实得到了较多支持，但是也有部分学者对此提出质疑。过错，"一般意义上意味着错误与过失，但在侵权行为上包含故意和过失"，此种观点并非完全确定。过错说在法学界说到底也只是占据了多数说的位置，这一点通过本文的探讨得以明确。

③ 立法者的意思

在上文中，可以看到对于过错的含义存在不同的观点。换一种视角，民法通则的立法者的意思究竟如何？

民法通则在颁布之前，制定民法通则草案的法制工作委员会的王汉斌主任，为了

---

① 平井宜雄：《損害賠償法の理論》，第 326 页；雷万来：《侵权行为论（一）比较过失责任主义之形成及发展》，《中兴法学》第 18 期，第 349 页。

② 胡雪梅：《"过错"的死亡》，中国政法大学出版社，2004 年，第 111 页。

③ 但是，这一"历史渊源"具体是指何种含义，著者没有进一步说明。

④ 胡雪梅，前揭书，第 314 页。

⑤ 王利明，前揭书，第 232 页。

⑥ 王利明等：《中国民法典学者建议稿及立法理由·侵权行为编》，法律出版社，2005 年，第 17 页。在 2008 年 7 月 8 日早稻田大学举行的题为"中国民法典制定的动向与课题"的研讨会上，笔者向报告人王利明教授提出"过错包含故意与过失"的解释的由来的问题，得到王利明教授"未做考证"的回答。

使草案的内容更容易得到理解,将关于草案的说明①提交到全国人民代表大会。根据该说明,王汉斌对,①民法通则的基本原则和调整范围,②法人,③个体工商户、农村承包经营户、个人合伙,④民事法律行为,⑤民事权利,⑥民事责任,⑦涉外民事关系的法律适用,⑧民族自治地方制定变通条例或者规定问题等内容进行了说明,而并未进一步说明过错的含义。即,通过阅读该说明,民法通则中过错的含义,是一般辞典中提示的含义,还是法学的一般教科书提示的含义,无法得出立法者的意图。

而另一方面,民法通则在颁布之后,各大学出版的关于民法通则的解释的书籍中,多数都写有与"过错包含故意和过失"的解释相似的内容。例如中国政法大学出版的《中华人民共和国民法通则简论》②、河南大学出版的《〈中华人民共和国民法通则〉条文释义》③等。

(3) 过错说的问题点

综上所述,过错说在法学界获得了较多的支持,但是该说存在以下问题点:

① 故意和过失的混同

首先,如果认为过错之中"包含故意和过失",则出现,在一个概念中勉强放入两个完全不同含义的词汇的结果。换言之,原本互不相容的概念混同在一起,讨论的过程在不明确中进行。

在民事侵权中,也有观点认为无区别故意和过失之必要④,但在涉及抚慰金计算的问题时,考虑到最应责难的故意引起的损害赔偿额会增多,笔者认为还是应当区分故意和过失。

② 欠缺严密性或连贯性

其次,在过错说之中也存在较多欠缺连贯性的论述。

第一,"过错责任原则,也称为过失责任原则或主观责任原则。……无过错责任原则也称无过失责任原则或客观责任原则。……过错,……其中包含故意和过失两种。故意是指行为人明知自己的行为会引起不良结果的发生,仍然希望或放任其结果发生的心理。过失是指行为人应当预见自己的行为会引起不良结果的发生而没有预见,或已经预见但轻信其不会发生或能够避免的心理"⑤。在此,一方面使用将过错与过失作为同义语对待的表述,另一方面认为过错中除过失的含义之外还包含

---

① 王汉斌:《关于〈中华人民共和国民法通则(草案)的说明〉》,1986 年 4 月 2 日,全国人大网,http://www.npc.gov.cn/npc/lfzt/rlys/2014-10/24/content_1882694.htm.

② 佟柔主编:《中华人民共和国民法通则简论》,中国政法大学出版社,1987 年,第 257 页。

③ 王明锁:《〈中华人民共和国民法通则〉条文释义》,河南大学出版社,1987 年,第 138 页。

④ 郭明瑞等:《中国损害赔偿全书》,中国检察出版社,1995 年,第 31 页。

⑤ 王珊珊等:《中国民法的理论与实践》,法律出版社,1999 年,第 405 - 424 页。

故意。

第二,"过错相抵规制也称过失相抵规制。……被害人对于损害的发生或扩大存在过错时,该过错有可能是故意,也有可能是过失"①。此处所谓的故意相抵,在现实当中能否发生,笔者存有疑问。

第三,"医疗损害责任的构成要件之一的过错包含故意和过失。为了行文的简洁明了,以及医疗损害主要是因医师的过失而引起,本文以下仅讨论因医师的过失引起的损害赔偿责任。可以说,医疗损害赔偿责任的构成要件之一的过错为过失,即医疗过失"②。在主张过错包含故意和过失的同时,简单地将过错替换为过失。

以上欠缺连贯性的论述可在相当一部分文献中发现,因页数限制本文不再列举。

③ 与实务的乖离

再次,从过错包含故意和过失这一解释发展而来的过错理论,虽然在理论界获得了支持,但在实务中发生了得不到适用的现象。对于此种现象,有学者提出,"这种理论与审判实务,甚至日常生活没有联系,它像一部杜撰的故事,……传统过错理论也是如此,各种教科书以之为基础,各种考试以之为标准答案,我们自然以为这种理论是正确的,其实,这种理论只在其封闭的体系中才是'正确'的,它与审判实务没有联系,即使熟悉这种理论的法官,在审判中也绝对不会去运用这种理论"③。并且指出法官不使用过错理论的原因,在于过错理论"严重脱离审判实务"。

通常,法官在追究加害人的赔偿责任时,经常会使用过错这一用语。例如"被告存在过错,因此应承担民事责任"常常出现在判决文中。但是,如果过错包含故意和过失,该判决文中的过错究竟是指故意,还是过失,并不明确。在理论的世界中,可以构建完美建筑,但在实务中,法官作出判决时,首先要明确判决的效力范围,使当事人理解判决内容,并对一般国民公开判决内容,通过具体事件展现法律的解释。

(4) 小结

如上所述,20 世纪 50 年代,未充分考虑中国的传统或习惯的部分译者,将未严格区分故意和过失的苏联法中的 Вина 译为了过错。然而,该时期"故意、过失是过错的两种形态"的解释,只不过是苏联法中的解释,并非中国法中的解释。"文化大革命"终结后不久,以法治社会为目标的中国,在大学中重设法律系,使用的教科书多以苏联民法为范本。50 年代中国积极追随苏联,而进入到 80 年代改革开放之后,中国仍以苏联法为参照的理由,主要在于:第一,在苏联之外的国家,特别是对先进国的法

① 黄振辉、谢斐:《论过错相抵规则》,http: // www. zfwlxt. com/html/2007-3/20073251020591. htm.

② 龚赛红,前揭书,第 116 页。

③ 喻敏:《对侵权行为法中过错问题的再思考》,《现代法学》1998 年第 4 期,第 101 页。

律的研究缺乏积累;第二,本国没有民法,因此也没有构筑相应的理论基础。为了方便的需要,只有继续使用苏联法。

此外,该时期的学者,在论文执笔时多不标明引用文献的出处,因此,被使用的苏联民法的基本构成,不知不觉中成为了中国民法的基本构成,在 80 年代也无人质疑,当然地接受了过错说。然而,采过错说立场的学者,随着理论的发展,也逐渐陷入了停顿,不得不在矛盾之中展开自己的观点。坚持过错说的论者,犹如脚已经变长却不愿将之前穿过的鞋子扔掉的人,只好扮演削足适履的角色。原本为了方便而使用的"鞋",如今已成为束缚自由精神之物。若不断然将旧"鞋"废弃,则只有在矛盾之中越走越远。

### 2. 过错的本质

(1) 主观说

对于"过错"的本质,中国的通说受日本通说的影响采主观说的立场。该立场认为,行为人应当能预见到自己的行为产生的结果,但因"疏忽大意"[1]没能预见,或已经预见但轻信能够避免的心理状态,该心理状态应有受非难性。[2] 此外,对于行为人是否具有过错的认定,法官只有通过对照行为人的年龄、知识、经历、职业及行为时的具体状况进行适当的分析,通过法律设置适当的规定较为困难,也无必要。[3]

(2) 客观说

也有学者批判通说,而采客观说的立场。其主要理由在于,"意志状态对行为人来说是主观的,对社会来说却是客观的。因此,社会应当根据一系列客观事实来确定行为人在主观方面有无故意或过失"[4]。

(3) 折中说

此外,有学者认为简单地断定主观说与客观说的是是非非毫无意义,不如将两者都接受,故意的场合采主观说,过失的场合采客观说。[5] 还有学者主张,应以承认违法性作为侵权行为成立要件之一为前提,统一主观、客观的标准。[6]

对于以上学说,有学说从通说的立场出发,提出了批判,"对于故意与过失,各自采主观说与客观说的做法,究竟能否在实务中得以实现怀有疑问。这样说是因为,原

---

① 根据日中辞典的说明,"疏忽"为草率、不注意,"大意"为敷衍、不认真的意思。

② 艾尔肯:《医疗损害赔偿研究》,中国法制出版社,2005 年,第 95 页。

③ 刘士国,前揭书,第 79 页。

④ 王卫国:《试论民事责任的过错推定》,《法学研究》1982 年第 5 期,第 21 页。

⑤ 王家福主编:《中国民法学·民法债权》,法律出版社,1991 年,第 471 页。

⑥ 郭明瑞、房绍坤、于向平:《民事责任论》,中国社会科学出版社,1991 年,第 74 - 85 页。

本过失是作为过错的标准被考虑的结果,事先无法确定,也不能选择。因此,采主客观结合的标准,在理论上是不可能的。该说的论者坚持违法性也是独立的责任要件之一,而客观说将违法性纳入过错之中,并不区分违法与过错"①。

然而,日本的通说受到德国民法学的影响,过去曾认为过失是指应当能够预见因自身行为导致发生权利侵害的结果,由于疏忽,未预见到结果发生的心理状态,该疏忽即欠缺意思的紧张,在这一点上存在应受法律上非难的根据。

但是随着经济的发展及技术的进步,存在权利侵害的危险性的活动日益增多,认为在防止权利侵害中,比起意思的紧张,对于结果回避有益的行为更为必要的观点逐渐成为有力说。根据此种观点,过失得以从意思的紧张这一主观性要素中解放出来,客观上作为"违反法秩序为了回避权利侵害而规定的一定的注意义务"②,在此意义上不断发展。

在以上变动之中,中国的通说究竟会如何展开,值得瞩目。

第2项　损害

关于损害,围绕是否包含精神损害,分为两种观点。

受到瑞士民法影响的第一说,主张"此处所谓损害是指财产的损失。即使对于人身损害,也是指由人身的伤害产生的财产的损失"③。

第二说认为,"根据民法通则第121条、第122条的规定,损害是指主体的合法权益受侵害的结果。由该结果产生损害赔偿责任。换言之,损害是指因一定的行为或事件使某人的权利或法益遭受不利影响"④,此外还有观点认为"损害事实,是指因一定的行为使权利主体的人身权、财产权及其他法益遭受侵害,且引起财产性利益及非财产性利益的减少或消灭的客观事实"⑤。

第二说,对第一说中混同了损害与损失这一点进行了批判,并同时指出,"实际上这两个概念是有严格区别的。损害作为对权利和利益侵害的后果,包括了财产损失,损失则仅指财产的减少或丧失。……我国《民法通则》也区别了损害和损失的概念。根据《民法通则》第117条与第121条,损失是指侵害财产权所造成的后果,而损害是指侵害财产权和人身权的后果,可见,损害不同于损失"⑥。

---

① 刘士国,前揭书,第79页。
② 四宫和夫:《事务管理・不当利得・不法行为》中卷,第303页。
③ 佟柔主编:《民法原理》,法律出版社,1982年,第240页。
④ 王利明,前揭书,第350页。
⑤ 杨立新、朱呈义:《新版以案说法:侵权法篇》,中国人民大学出版社,2005年,第34页。
⑥ 王利明,前揭书,第351页;龚赛红,前揭书,第121-122页。

### 第 3 项　因果关系

**1. 中国的因果关系论**

在中国,20 世纪 50 年代从苏联移植而来的必然因果关系说曾经维持着通说的地位。[①] 该说是从"因果关系是事物内部的、本质的以及必然的关系"这一马克思的哲学因果论而来的。根据该说,只有行为人的行为与损害结果之间存在内在的、本质的以及必然的联系时才有法律上的因果关系。如果行为与结果之间的联系是外在的、或偶然的,则不能说两者之间存在因果关系。

必然因果关系说,将原因分为主要原因与次要原因,或直接原因与间接原因,认为"主要原因是引起损害的决定性要素,次要原因(偶然原因)对于损害的发生仅仅是次要的要素,不发挥决定性的作用"[②]。此外,"直接原因不通过第三人的行为,而是因行为人直接引起结果的原因。……间接原因是因第三人的介入行为而间接引起结果的原因"[③]。并且主张,主要原因与直接原因相当于侵权法上因果关系的原因,次要原因及间接原因不属于侵权法上的因果关系。

自 20 世纪 80 年代中期开始,有学者认为排除偶然的因果关系与间接的因果关系并不合适,质疑必然因果关系说的观点开始出现[④],但对于相当因果关系说,以"违反唯物辩证法"进行了批判。[⑤] 对此,社科院法学研究所的梁慧星教授指出,"必然因果关系说貌似符合唯物辩证法,实际上是形而上学。依唯物辩证法,客观事物的必然联系,即客观规律,是可以认知的。要求法官处理每一个具体案件,均能准确掌握其必然性因果联系,恰恰是违背唯物辩证法的"[⑥],"与必然因果关系说相反,相当因果关系说不要求法官对每一个案件均脱离一般人的智识经验和认识水平,去追求所谓'客观的、本质的必然联系',只要求判明原因事实与损害结果之间在通常情形存在可能性。这种判断非依法官个人主观臆断,而是要求法官依一般社会见解,按照当时社会所达到的知识和经验,只要一般人认为在同样情形有发生同样结果之可能性即可。

---

① 李仁玉:《比较侵权法》,北京大学出版社,1996 年,第 116 页。

② 参见《中国大百科全书·法学卷》,第 473 页。

③ 李由义主编:《民法学》,北京大学出版社,1988 年,第 589 页。

④ 张佩霖:《民事损害赔偿中的因果关系探疑》,《政法论坛》1986 年第 2 期,第 29 页。

⑤ 魏振瀛:《论构成民事责任条件的因果关系》,《北京大学学报(哲学社会科学版)》1987 年第 3 期,第 98 页。

⑥ 梁慧星:《雇主承包厂房拆除工程违章施工致雇工受伤感染死亡案评释》,《法学研究》1989 年第 4 期,第 50 页。

因此,相当因果关系说不仅是现实可行的,而且符合法律维护社会公平正义之精神"①,力主相当因果关系的合理性。

在最高人民法院公报 1989 年第 1 期发表的《张连起、张国莉诉张学珍损害赔偿纠纷案》中,对于在拆除工厂建筑物的现场受伤,被诊断为关节挫伤,受伤第五天住院的张国胜,已经因局部组织感染、坏死导致脓毒败血症,半个月后死亡的事实,天津市塘沽区人民法院判决认为,"被告张学珍的全权代理人徐广秋在组织、指挥施工中不仅不按操作规程办事,带领工人违章作业,而且在发现事故隐患后,不采取预防措施,具有知道或者应当知道可能发生事故而忽视或者轻信能够避免发生事故的心理特征。因此,这起事故,是过失责任事故。经鉴定,张国胜死亡是工伤后引起的死亡,与其他因素无关。……依照民法通则第 119 条的规定,被告应承担赔偿张国胜死亡前的医疗费、家属误工减少的收入和死者生前抚养的人的生活费等费用"②。

对于该判决,梁慧星教授认为,"依相当因果关系说,因外伤感染脓毒败血症死亡的情况,虽非必然发生之结果,但依一般社会见解,有发生之可能性,因此应认定为有因果关系,使被告承担赔偿责任,与民法通则所确立的公平原则及社会公平正义观念完全符合。反之,若依必然因果关系说,则势必否认有所谓'客观的、本质的必然因果关系',而使原告得不到赔偿,违背民法基本原则及社会公平正义观念。本案受理法院虽未公开表明判断因果关系之理论依据,但从案件处理结果看,显然采纳了相当因果关系说为理论依据。因为必然因果关系说没有为本案的公正解决提供任何可能性。本案表明,我国司法实务接受了相当因果关系说,采取了与各国及我国台湾省大多数民法学者相同的立场。毫无疑问,在理论和实务上将产生重大影响"③。可以说做出了较高评价。

此后,"若严格贯彻必然因果关系说,将使许多无辜受害人得不到法律保护,违反民法基本精神和社会公平正义观念"④,"将偶然的原因从因果关系中排除,切断了对因偶然的原因遭受损害的被害人的救济之路。这是明显欠缺正当性的"⑤,对必然因果关系说的批判不断出现,通过"在复杂的案件中采用相当因果关系更为合理"⑥等理由,确立了相当因果关系说的通说地位。

---

① 梁慧星,前揭文,第 50 页。

② 参见《最高人民法院公报》1989 年第 1 期(总第 17 期)。

③ 梁慧星,前揭文,第 50-51 页。

④ 梁慧星,前揭文,第 50 页。

⑤ 杨丽:《侵权法因果关系双层次理论体系的尝试》,载杨立新主编:《侵权司法对策》,第 1、2 合辑,人民法院出版社,2005 年,第 159 页。

⑥ 王利明,前揭书,第 450 页。

自 20 世纪 80 年代末开始,学界之中开始产生宽松的氛围,讨论的方式也较之以前更加自由。这一时期,学者们积极研究先进国家的法律规范,各种学说被介绍至国内并展开活跃的讨论,不只限于相当因果关系说,英美判例法在认定因果关系时区分事实的原因与法的原因的分类方法(称为两分法或二分法)也被介绍,作为有力说受到一定关注。采该说立场的学者认为,"这种方式思维程序条例清晰,理论内涵晓畅实用,证明方法简便快捷,易于理解、掌握和运用"①。该见解对于因果关系如何认定的问题,主张"因果关系认定分为事实因果关系认定和法律因果关系认定两个步骤。在事实因果关系认定中,单一式因果关系适用必要条件理论,复合式因果关系适用实质要素理论。在法律因果关系认定中,区分故意侵权行为、过失侵权行为及适用无过错责任的侵权行为,分别援用直接结果理论、可预见性理论和风险理论对其进行因果关系认定"②,或者认为应通过以下顺序来认定,"第一步,是被告的行为或承担责任的事件是否属于事实上引起损害发生的原因;第二步,是引起损害发生的原因是否为应当承担法律责任的原因"③。

学说发展的结果,导致传统的必然因果关系说逐渐被淘汰,现在相当因果关系说获得了广泛支持成为通说,而两分法作为有力说也受到关注。

**2. 因果关系的原因为何**

关于因果关系的原因为何,分为三种学说。

第一种是行为原因说。根据该说,民法上的因果关系,是指行为人的行为或其物品与损害事实之间的因果关系,并非是违法行为与损害事实之间的因果关系。因果关系只不过是确定责任的条件之一。认定因果关系的目的,并非确认行为人的行为中是否具有违法性,而是确认行为人的行为与结果之间是否存在关系。④

第二种是"过错"原因说。该说认为,过错对于行为人是否承担责任的认定起到作用。而相对的,因果关系承担确定责任范围的功能。也就是说,行为人并非因其行为承担所有的损害责任,而是仅对法律上的原因事实导致的损害承担责任。因此,只有过错才能成为侵权法上的原因。即使是因行为人的行为导致损害,其行为与损害之间存在因果关系,但该损害并非因过错产生,仍不属于赔偿的范围。这表现出,因果关系是因过错而必然派生出的,只有过错与损害之间的因果关系才能确定侵权行

---

① 王旸:《侵权行为法上因果关系理论研究》,载梁慧星主编:《民商法论丛》第 11 卷,第 558 页。

② 王旸,前揭文,第 558 页。

③ 江平主编:《民法学》,中国政法大学出版社,2007 年,第 759 页。

④ 王利明,前揭书,第 399 页。

为责任。①

　　然而,中国民法也承认无过错责任。根据民法通则第106条第3款的规定,"没有过错,但法律规定应当承担民事责任的,应当承担民事责任",笔者认为该说忽略了无过错责任。

　　第三种是违法行为原因说。该说主张,"违法具有客观的属性,意味着行为客观地违反了法律的规定,正是该违法的客观属性使违法性归属于客观现象的行为之中,成为一个侵权行为责任的客观构成要件。承担侵权责任的要件,要看行为的具体表现以及行为是否客观地违法,另一方面,损害事实的要件要看受害人是否遭受了权利的损害。在这两个要件成立的情况下,因果关系要件所承担的任务,是判断损害结果是否由违法行为引起,以及该违法行为是否成为该损害事实的客观原因。因果关系要件的作用,并非判断损害事实是由何种行为引起的。该行为被确定为违法的情况下,判断该违法行为与损害事实之间是否存在因果关系才是其功能所在"②,将侵权行为作为因果关系的原因。

　　在日本,侵权行为中的因果关系是将加害行为作为原因考虑的。这是因为引起损害的加害行为中并非必然包含违法性。例如,正当防卫、紧急避难等情形,违法性被阻却,不成立侵权行为。但是,即使不成立侵权行为,也不能否定存在因果关系这一事实。在中国同样承认违法性的阻却(民法通则第128条、第129条等)。因此,该说也并不恰当。对于这一点,第一种行为原因说能够准确把握因果关系认定的目的,认为因果关系的原因是产生损害的行为(是否具有违法性在所不问),可以说是较为妥当的。

　　第4项　违法性

　　关于违法性,主要分为以下两种观点:

　　第一说认为,违法性是指,该行为在最广义的范围内,违反法律(包含法规、司法解释、判例等)或公序良俗的状态。即,成为违法性标准的法,不仅限于民事法律,宪法、刑事法、行政法、环境保护法以及其他实体法也包含在内。此外,不仅是国家立法机关制定的实体法,也包括各部委制定的行政法规、规章以及地方性法规、规章,不仅是具体的法律条文或法律规范,也包括法律的基本原则,甚至还包括最高人民法院作出的司法解释。在这些法律、法规、规章、法律原则及司法解释中,如果存在保护他人的民事法益或关于行为人义务的规定,加害人违反此类规定则构成违法。例如违反

---

①　孔祥俊、杨丽:《侵权责任要件研究(下)》,《政法论坛》1993年第2期,第54页。

②　杨立新:前揭《中国民法の理论と实际》,第236页。

公序良俗也构成违法。[①]

第二说则认为,作为违法性标准的法结合具体的法律条文来理解。该说主张,"侵权行为法采类似刑法的罪刑法定主义是不现实的,即使对各种侵权行为集中地设置列举性规定,因侵权行为关乎社会生活的方方面面,法律不可能网罗所有的侵权行为。民事侵权行为多为过失行为,由于多数的损害是以行为人欠缺注意、或技术能力不充分等原因产生的,对于这些过失行为是否具有违法性的判断较为困难,只能认定行为人是否存在过错。因此,作为责任的构成要件行为的违法性这一概念,不具有与过错相区别的内容"[②]。此外,"随着过错概念的客观化,以及违法推定过失的发展,对客观的行为违法与主观的心理状态,已经很难进行区分,因而在过错中应当吸收违法。尤其是随着现代社会经济和技术的发展,在许多领域对行为标准的确定越来越具体化,要采用各种技术性的标准来确定人们的行为规则,违反了这些规则,不仅表明行为具有违法性,而且表明行为人具有过错,所以过错本身可以吸收违法的概念"[③]。该说以法律不可能列举所有侵权行为,以及判断标准的客观化为理由,否定违法性是侵权责任的构成要件之一。

针对上述否定违法性要件的观点,有学者提出了反论。此种客观的确定标准,由于无法判断行为人的义务违反是由故意或过失其中哪一种心理状态引起的,因此也无法明确指出应对该行为的哪一方面进行责难。在通常的民事判决中,一般情况下即使行为人的故意或过失的心理状态被指出,也不对赔偿责任产生特别影响。但是,确定该行为存在故意或过失,表明法律(原则上)对于行为人责难的程度有所不同。并且,如果是在特殊情况时,对于故意或过失的确定将会影响行为人的赔偿责任。例如,精神损害赔偿故意较过失更重。虽然关于过错责任的法律条文未明示"违法""不法",也不能因此断定责任要件中不包含违法性。这是因为,如果因过错侵害他人的财产、身体,必然违反保护他人的财产和身体的法律。[④]

第 5 项　责任能力

### 1. 责任能力的概念

如前所述,对于侵权行为的构成要件,通说的立场为四要件说。因此,责任能力要件的存在感很弱,在中国并没有进行过多讨论。关于责任能力的讨论,从 20 世纪

---

① 张新宝:前揭《中国侵权行为法》,第 84 - 91 页。
② 王利明、杨立新:《侵权行为法》,法律出版社,1996 年,第 74 - 75 页。
③ 王利明,前揭书,第 347 页。
④ 刘士国,前揭书,第 77 - 78 页。

90 年代后期开始,对其概念的观点主要分为四种。① 而在相关讨论中台湾地区的侵权行为能力说②也被介绍。

(1) 民事行为能力包容说

该说认为,自然人的民事行为能力,是指自然人因自己的行为获得民事权利,承担民事义务的能力或资格,其中,不仅包括自然人因合法的行为取得民事权利承担民事义务的能力,也包括因其违法行为承担民事责任的能力。③

(2) 独立责任资格说

该说认为,民事责任能力,指民事主体据以独立承担民事责任的法律地位或法律资格。④

(3) 意思能力说

该说认为,自然人的民事责任能力,指理解自己的行为并且预见其违法行为产生的结果的心理能力。⑤

(4) 识别能力说

该说在参考日本的识别能力说的基础上,认为民事责任能力是指能够辨识自身行为引起的结果的精神能力。⑥

**2. 责任能力的判断标准**

关于责任能力的判断标准,分为 A、B 两种学说。

(1) A 说

A 说认为,民法通则对自然人的民事责任能力,通过一般标准与例外标准的双重标准来确认。对于一般标准,首先,依民法通则第 11 条⑦的规定,具有完全民事行为能力的主体,同时具有完全的民事责任能力。其次,依民法通则第 133 条第 1 款⑧的规定,无民事行为能力人及限制民事行为能力人,原则上不具有对其致害行为承担民事责任的能力,其责任应由监护人承担。对于例外的标准,根据民法的一般原理,

_____

① 刘保玉、秦伟:《论自然人的民事责任能力》,《法学研究》2001 年第 2 期,第 77 - 78 页。

② 梅仲协:《民法要义》,中国政法大学出版社,2004 年,第 58 页。

③ 刘心稳主编:《中国民法学研究述评》,中国政法大学出版社,1996 年,第 95 页。

④ 梁慧星:《民法总论》,法律出版社,2010 年,第 68 页。

⑤ 张俊浩主编,前揭书,第 73 页。

⑥ 于敏:《日本侵权行为法》,法律出版社,1998 年,第 81 页。

⑦ 《民法通则》第 11 条:"十八周岁以上的公民是成年人,具有完全民事行为能力,可以独立进行民事活动,是完全民事行为能力人。"

⑧ 《民法通则》第 133 条第 1 款:"无民事行为能力人、限制民事行为能力人造成他人损害的,由监护人承担民事责任。监护人尽了监护责任的,可以适当减轻他的民事责任。"

唯有行为人的意思能力或对其行为的性质、后果有认识能力、判断能力的人方应对其行为负责,对欠缺这种能力的人,无从追究其过错责任。但是,作为例外,根据公平原则或衡平原则,即使无意思能力或认识能力,仍有必要使无民事行为能力人及限制民事行为能力人以自己的财产支付赔偿费用,其根据是民法通则第 133 条第 2 款[①]的规定。[②]

(2)B 说

B 说主张责任能力的判断标准应以识别能力为标准。该观点首先将侵权责任能力分为,法定绝对无侵权责任能力、法定相对有侵权责任能力以及法定绝对有侵权责任能力。

在此基础上,认为:①法定绝对无侵权责任能力人的情形,例如未成年人或精神病患者对自身行为不负责任。其责任,由未履行监督责任的监护人承担,反之则免除其责任。该情形,通常基于公平原则分担损害。②法定相对有侵权责任能力人的情形,如果加害人具有辨别或控制自己行为的能力,则认为该加害人具有侵权责任能力。该情形下,加害人必须自己承担责任。③法定绝对有侵权责任能力的情形,加害人自己承担自己行为的结果责任,适用一般的侵权行为规则。[③]

## 第 3 款　私见

以上,对一般侵权行为的成立要件以及围绕各要件的解释进行了概观,并对成立要件中最为重要的过错要件,针对其由来、过错说的形成及其存在的问题展开了详细的分析。以下,对于上述内容,提出笔者的个人见解。

### 1. 过错

对于过错的含义,基于下述理由,不支持过错说。

第一,苏联法中不区分故意与过失的 Вина 的存在理由,大概是与其植根于苏联的社会文化、或者习惯存在很大关联,而在自古严格区分故意与过失的中国社会,对此概念进行移植,则会产生不协调感。

第二,在以 20 世纪 50 年代的苏联民法为基础的中国,自 80 年代起,大量输入德国、日本以及中国台湾地区等大陆法系的民法理论。然而,这些大陆法系的民法,与

---

① 《民法通则》第 133 条第 2 款:"有财产的无民事行为能力人、限制民事行为能力人造成他人损害的,从本人财产中支付赔偿费用。不足部分,由监护人适当赔偿,但单位担任监护人的除外。"

② 刘保玉、秦伟,前揭文,第 85 - 86 页。

③ 袁雪石:《自然人侵权责任能力肯定论》,载杨立新主编:《侵权司法对策》,第 215 - 219 页。

苏联民法有着根本的相异之处。因此,在不同国家的理论之间会产生矛盾,而结果,是理论在不明确中艰难前行,与实践也产生乖离。对此现象不能选择无视。

笔者认为,为了避免以上矛盾或混乱,可作如下解释:

我们先来看由 3 款构成的民法通则第 106 条的旨趣为何。

第 106 条第 1 款"公民、法人违反合同或者不履行其他义务的,应当承担民事责任"之规定,分为前半句"公民、法人违反合同","应当承担民事责任",以及后半句"不履行其他义务的,应当承担民事责任"。前半是关于合同法的规定,后半是合同之外所生的其他义务。也即,对于该规定,笔者认为体现了无论故意或过失,违反合同或不履行其他义务者都应承担民事责任这一旨趣(目的解释)。

然而,对于该规定,一般认为是关于合同法的规定,而非关于侵权法的规定。但笔者对此存有疑问,因为原本义务是对法律主体的人课以的法的拘束,并非所有义务都是由合同产生。因此,不能断言该规定与侵权行为法毫无关联。

的确,构成侵权行为法一般规定的第 106 条与 109 条中,对基于故意的行为,都没有明确规定。但是,如果进一步分析"其他义务"的指向,则能够洞察到第 106 条第 1 款的故意的旨趣。即,"其他义务"为合同约定之外的义务,该合同之外的义务究竟应如何理解,在该条文中未明确时,从其他条文中发现也不失为一种方法。

在此,首先可以观察宪法的规定,"任何公民享有宪法和法律规定的权利,同时必须履行宪法和法律规定的义务"(宪法第 33 条第 4 款)。其次,对于法律规定的义务,例如,作为医师应负担的义务(执业医师法第 22 条、第 24 条、第 26 条、第 28 条、第 29 条),作为药品生产、流通的从业者应负担的义务(药品管理法第 74 条、第 75 条、第 76 条、第 77 条等),作为经营者应负担的义务(消费者权益保护法第 16 条~第 29 条)等,在各类法律中都设置了明确规定。其中,存在着对故意明确描述的条文。

例如,药品的生产、流通的从业者负有不生产、不运输、不销售假劣药品的义务,违反此义务,"知道或者应当知道属于假劣药品而为其提供运输、保管、仓储等便利条件的,没收全部运输、保管、仓储的收入,并处违法收入百分之五十以上三倍以下的罚款;构成犯罪的,依法追究刑事责任"(药品管理法第 76 条)。此外,所有法人及个人都负有保护环境的义务(环境保护法第 6 条),"违反本法规定,有下列行为之一的,环境保护行政主管部门或者其他依照法律规定行使环境监督管理权的部门可以根据不同情节,给予警告或者处以罚款:①拒绝环境保护行政主管部门或者其他依照法律规定行使环境监督管理权的部门现场检查或者在被检查时弄虚作假的。②拒报或者谎报国务院环境保护行政主管部门规定的有关污染物排放申报事项的(故意)"(1989年的环境保护法第 35 条),以上法律条文中所列举的行为,均为具有故意的行为。

如上所述,对于"其他义务"的具体规定散见于各法律之中,而这些规定都是关于侵权责任的规定,因此对于故意的侵权行为进行明确规定的也不在少数。

可以明确的是,民法通则第 106 条第 1 款的前半句,是违反合同时追究合同责任,而后半句则是违反其他义务时追究侵权责任的规定。因此,笔者认为对于 106 条的旨趣,可以解释为无论故意还是过错因义务违反给他人造成损害,或因过错侵害他人的财产(包括国家、组织的财产)、身体时,或者虽然无过错但依法律的规定应当承担民事责任时,必须承担损害赔偿责任。该情形下过错应理解为过失的同义语。

野村好弘教授与浅野直人教授,在日本进行了如下介绍:"中国的侵权行为法中,使用'过错'的概念。过错为主观要件,是行为人决定行为时的心理状态。过错,包含故意和过失两方面。"①同时将民法通则第 106 条第 2 款的"过错"译为"过失"(「公民、法人は過失によって国家、集団の財産を侵害し、又は他人の財産、人身を侵害した場合は、民事責任を負わなければならない」)②。该翻译应当说是将中国的民法通则第 106 条的旨趣通过日语忠实地进行了再现。

的确,民法通则第 106 条并未使用故意这一用语。但是,因过错而发生侵害行为的情况下,须承担民事责任,此外无过错时如有法律的规定亦须承担责任,故意的侵害行为,理所当然应承担民事责任。

在创作中国画时经常使用写意一词,绘画创作时与拍照不同,并非将拍摄对象的外观拍摄下来,而是具有将其本质及画家的精神性进行表现的意味。其中,体现了"笔不到意到"这一东方的美感。换言之,不能因为没有描绘而断言没有表现。例如,在观赏树上栖鸟的画时,不能因画中鸟无足,就认为"这个画家连鸟有脚都不知道",或"这只鸟,可能有 3 只、4 只或 5 只脚",这样的鉴赏者应该不会存在。

新成立的侵权责任法也可以用相同的方法进行解释。因为,就像在序言中所说,该法由 12 章 92 条构成,虽然与《民法通则》中侵权行为的规定相比各条款都规定得较为详细,但基本构成没有太多变化。

为了避免不必要的误解或混乱,严格运用术语,笔者不采"过错包含故意与过失"的立场,而将过错这一用语作为过失的同义语来理解。因此,对于一般侵权行为的成立要件,笔者认为由以下五要件构成。①具有责任能力者,②因故意或过错(过失),③违法侵害他人的权益(加害行为的违法性),④因该行为(加害行为与损害之间存在因果关系),⑤发生损害时(损害),成立侵权行为。

以上是在现行民法之中的解释,若要更进一步,在制定民法典时,作为个人观点,笔者赞成主张从学界将"过错"这一概念放逐的胡雪梅教授的观点。因为,如果在原

---

① 野村好弘、浅野直人编著:《中国民法の研究》,第 138 頁。

② 野村好弘、浅野直人,前揭书,第 380 頁。

本的含义上使用过错这一术语,应当不会出现任何问题,但在增加了故意的含义后,过错这一术语变成了含义暧昧的词汇。但是,将已经如此广泛的解释(过错说),通过解释论进行转换非常困难。修正如今以及过去的错误的时机可能已经来到。即使没有过错这一术语,现有的"过失"与"故意"也能充分应对,且更加简洁明了,与中国的文化、传统或一般常识也能保持一致。侵权责任法的立法者错失良机,在制定侵权责任法时,继续沿用了民法通则的"过错"概念,只能说十分遗憾。

### 2. 损害

对于损害,笔者认为第二说的观点是妥当的。在此,为了使讨论更加深入,不仅要区分损害与损失,而且要以日本法为参考,有必要区分财产性损害与非财产性损害,精神损害、积极损害与消极损害。

### 3. 因果关系

对于因果关系的原因进行介绍的三个学说中,首先,过错原因说主张"过错之外都不能成为侵权行为法中因果关系的原因"。但是,根据民法通则第106条第3款的规定,"没有过错,但法律规定应当承担民事责任的,应当承担民事责任"。也即,承认无过失责任。因此,该说忽略了无过错责任。

其次,违法行为原因说通常在侵权行为中的因果关系以加害行为作为原因。这是因为引起损害的加害行为并不一定存在违法性。例如,正当防卫、紧急避难等情形,违法性被阻却,不成立侵权行为。但是,即使不成立侵权行为,也不意味着否定存在因果关系的事实。民法通则第128条(正当防卫)、第129条(紧急避险),也承认违法性的阻却。因此,该说并不妥当。

对于以上学说,行为原因说更加准确地把握了因果关系认定的目的,认为成为因果关系原因的是引起损害的行为(不问是否存在违法性),这一点可以说是恰当的。

### 4. 违法性

围绕违法性的认定的解释,可以列举两种学说。第一说认为,成为违法性标准的法之中,包括所有的法律、法规、规章(行政条例、指南等)以及最高人民法院的司法解释。对此,第二说认为,"侵权行为法不能像刑法那样采罪刑法定主义,即使对各种侵权行为集中地设置列举性规定,因侵权行为关乎社会生活的方方面面,法律不可能网罗所有的侵权行为"。虽然这一指摘是恰当的,但对于"过错本身能够吸收违法的概念"的观点不能苟同。笔者认为在违法性的认定上,应参考日本的相关关系说。即,只有对加害行为的形态与被害利益的种类进行相关地考察,并参照法律的理想来决定违法性的有无。[1]

**5. 责任能力**

围绕责任能力的判断标准,也主要有两种观点。A 说是基于 20 世纪 80 年代以苏联民法为范式制定的民法通则展开的解释,而 B 说则是引入了日本等先进国家的法解释论。换言之,前者为中国的旧民法学派的观点,而后者则是面向民法典制定的新生代民法学派的观点。

## 第三节　医疗过失赔偿责任的成立要件

### 第 1 款　医疗事故与医疗过误的概念比较

第 1 项　日本

对于医疗事故的定义,在日本通常认为,"医疗事故(也称诊疗事故)是指,在与医疗有关的场所,以主要接受医疗行为的患者为受害人,包括在诊断、检查、治疗等医疗的全部过程中发生的一切人身事故,其除了自医疗行为发生之外,也包括自病房的坠落、因医疗器械的缺陷致患者受伤等,因医院的管理而产生的问题。此外,也指暂且不考虑其发生、原因、责任的所在,作为社会现象的事件。其中,不基于医师的过失,即按照医疗水准已进行了充分的诊疗,但其结果不符合患方期待的情形等不能说违反医师的注意义务而产生的事故(也包括在内)"[2]。

与此相对,关于医疗过误的概念,认为"是指医师对患者实施诊疗行为时,怠于行使其业务上作为必要应当然付出的注意义务,由此侵害患者的生命、身体,致使引起死伤等结果的情形"[3],"在实务上,谈到医疗过误诉讼或审判,一般是作为争论医师是否存在过失责任的民事事件而使用"[4]。然而,"从现在的医疗水平来看,判断医师是否存在注意义务的违反较困难的事故,医疗设备未达到一定标准而发生的事故等不能明确是否存在过失;较多围绕注意义务的内容展开微妙争论的事例,以上这些全

---

① 我妻荣、有泉亨、川井健:《民法 2 债权法》,第 433 页。
② 莇立明、中井美雄:《医療過誤法》,第 18 页。
③ 莇立明、中井美雄,前揭书,第 18 页。
④ 莇立明、中井美雄,前揭书,第 18 页。

部被纳入医疗过误诉讼之中"①的倾向存在。对于此种诉讼,有观点指出,"一律称为医疗过误诉讼,仿佛想当然地认为医师存在错误,只会给世间带来误解"②,也有观点认为"在此意义上传统的医疗过误的称呼改为医疗事故,或医疗事故诉讼或审判,称呼进行统一也较容易理解"③。

　　第 2 项　中国

　　在中国不存在医疗过误这一表达方式。医疗事故的定义是由法律规定的。在2002 年 2 月起施行的《医疗事故处理条例》中,"医疗事故,是指医疗机构及其医务人员在医疗活动中,违反医疗卫生管理法律、行政法规、部门规章和诊疗护理规范、常规,过失造成患者人身损害的事故。"(第 2 条),此外,"有下列情形之一的,不属于医疗事故:①在紧急情况下为抢救垂危患者生命而采取紧急医学措施造成不良后果的;②在医疗活动中由于患者病情异常或者患者体质特殊而发生医疗意外的;③在现有医学科学技术条件下,发生无法预料或者不能防范的不良后果的;④无过错输血感染造成不良后果的;⑤因患方原因延误诊疗导致不良后果的;⑥因不可抗力造成不良后果的"(第 33 条)。根据上述规定,中国的医疗事故是指,医务人员(医师、护士、药剂师等)进行医疗活动时,违反法定的注意义务,因过失引起患者人身伤害的事故。但因不可避免的原因、或患者自身的原因产生的损害不属于赔偿的对象。可以说,中国的医疗事故的含义与日本的医疗过误的含义较为接近。

## 第 2 款　中国关于医疗事故赔偿责任成立要件的学说

　　第 1 项　要件

　　围绕医疗事故赔偿责任的成立要件,学说分为三要件说、四要件说和五要件说。

　　首先,根据三要件说④,医疗事故赔偿责任,由①医务人员的过失行为,②给患者带来损害,③医务人员的过失行为与患者产生的损害之间的因果关系这三项要件构成。

　　其次,根据四要件说⑤,由①行为的违法,②患者的损害,③行为与损害之间的因果关系,④加害人的过失这四项要件构成。

　　①　莇立明、中井美雄,前揭書,第 18 頁。
　　②　加藤一郎、鈴木潔監修:《医療過誤紛争をめぐる諸問題》,第 2 頁。
　　③　莇立明、中井美雄,前揭書,第 619 頁。
　　④　刘士国,前揭书,第 260 - 264 页;龚赛红,前揭书,第 116 页。
　　⑤　张新宝,前揭书,第 257 页;刘心稳:《医疗事故纠纷案件中医疗机构过失的认定》,《法律适用》2004 年第 1 期,第 9 页。

最后,五要件说认为由以下五项要件构成,即①因医院或医疗卫生技术人员的行为,②在医疗活动过程中的医疗行为,③因过失引起,④损害的发生,⑤过失与损害之间存在因果关系。

具体而言,"①医疗事故赔偿责任的主体,必须是医院或从医疗行政机关取得执照的各类医疗卫生技术人员。不具有医师资格的人因无照行医致人损害时,承担一般的侵权责任,而非医疗事故责任。②医疗过失,必须是医疗从业人员在医疗活动过程中产生的。该活动的范围限定于患者提出申请至诊疗终结。医疗从业人员非正式的诊疗活动,即因非正当的诊疗活动导致患者损害时,非医疗事故责任,而应作为一般侵权责任进行处理。③医疗事故的主观过错,以行为人在诊疗、看护过程中的过失呈现。医疗从业人员没有过失,不构成医疗事故责任。且医疗过失只包括过失,不包括故意。④医疗过失行为是给患者带来一定损害的行为。⑤医疗过失行为与患者的人身损害之间存在因果关系"[①]。

以上简要介绍了关于医疗事故赔偿责任成立要件的各学说的见解,而对于医疗过失、医疗行为违法性等要件也存在不同见解。

第 2 项　医疗过失

对于医疗过失,第一说认为,"医师因违反在诊疗过程中业务上必要的注意义务,导致患者的生命、身体遭受损害的情形"[②]。根据该说,医疗过失被限定为医师的诊疗过程,但医疗行为并非只有医师做出,因此并不恰当。

与此相对,第二说作出如下解释,"医疗过失是指医务人员轻信能够避免因自己的行为产生的损害而未能避免,或者因疏忽大意未能预见损害结果,现实中该损害结果发生的情形"[③]。即,若付出谨慎的注意便能预见损害结果,但因疏忽未能预见。该说参考了医疗全体,可以说是较为准确且总括性的解释。

第 3 项　医疗行为的违法性

对于医疗行为的违法性,第一说认为,"此处所说的违法,是在诊疗、看护的过程中,医务人员的行为违反了国家的法律、法规以及医疗行政管理部门或医疗机关制定的规章或制度"[④]。根据该说,因医疗从业者违反法定义务致患者法益受到侵害时,

---

①　王利明、杨立新,前揭《侵权行为法》,第 305－306 页。

②　艾尔肯,前揭书,第 96 页。

③　刘新社主编:《正确处理医疗事故与纠纷:写给病人》第 2 版,人民卫生出版社,2006 年,第80 页。

④　侯雪梅:《患者的权利:理论探微与实务指南》,知识产权出版社,2005 年,第 260 页。

构成医疗侵权行为。①

对此,第二说认为,"医疗行为的违法性,主要指对关于诊疗、看护的规章制度以及作业指南等的违反。但是,这些规章制度以及作业指南,既可以是成文的,也可以是'约定俗成'的,即在业界的实务中大家普遍遵守的规则"②。

第三说则主张,"的确,医疗损害都是因医疗行为而产生的,但是医疗行为本身并非违约行为或侵权行为。因此,不具有违法性。在医疗过失责任的范围中,医疗行为的违法性直接表现为过失。即过失行为未达到正常医疗行为的合理效果,通常不能实现医疗相关法规的宗旨。违反本应尽到的注意义务,也未能实现法律规定的医疗的积极效果。因此,这样的过失行为不符合法律的规定,并且侵害患者的生命、健康等相关权利,被认为违法。在医疗过失责任的范围中,过失要件与违法性要件紧密关联,在内容上也具有密不可分的性质"③。

第 4 项　医疗损害

医疗损害是指,在诊疗、看护的过程中,因医疗行为而产生的对患者不利的事实。通常,医疗损害指,患者的死亡、残疾、脏器等的损伤以及症状的恶化等。这些是患者的生命权、健康权或身体权遭受侵害的结果,其他情况,也包括患者的隐私权、名誉权受到侵害产生的结果。此外,也包括因这些侵害而使患者或其家属遭受的财产损害即精神损害。上述损害可以进行以下分类。

**1. 生命权的侵害**

生命权是指自然人的生命安全免受侵害之权利。民法通则第 98 条规定"公民享有生命健康权",公民的生命,不经司法程序任何人都不能将其剥夺。④

**2. 健康权的侵害**

健康权,是公民为了维持自己身体的健康状态,免受不适当的医疗侵害的权利,或为了保护自己的精神免受打击的权利。⑤

**3. 身体权的侵害**

民法通则第 98 条只规定了生命健康权,对于身体权未进行明确规定,因此围绕

---

① 侯雪梅,前揭书,第 262 页。
② 王岳主编,前揭书,第 29 页。
③ 王敬毅,前揭文,692 页。
④ 王岳主编,前揭书,第 61 页;刘新社,前揭书,第 123 页。
⑤ 王东红等,前揭书,第 5 页。

身体权如何进行解释分为不同意见。

第一说认为,生命权与健康权中包含身体权,因此无个别设置之必要。[①]

第二说认为,生命健康权的客体为生命、身体、健康。因此,生命健康权可以细分为生命权、身体权、健康权。[②]

第三说主张,身体权应作为独立的人格权得到承认。近年,第三说的支持者不断增加,作为有力说受到瞩目。根据此说,身体权是自然人维持其身体的完整性,且支配其肢体及脏器的权利,该权利属于人格权。[③]

### 4. 自我决定权的侵害

在中国,自我决定权称为自主权或自主决定权。

自主权,以具有决定能力的患者被授予自己的病情以及对其治疗的充分信息为前提,基于自己的意思,决定是否接受治疗、在何处治疗以及选择或拒绝何种治疗方法等权利。[④]

患者的自主权中,包括选择医疗的权利,同意医疗的权利以及拒绝医疗的权利。选择医疗的权利是指,患者对治疗的医师、医院或其他提供医疗服务的机构可以自由地选择或变更的权利;或对多种检查、治疗的方法及药物进行选择的权利。医疗的同意权也称为知情同意权。该权利在患者通过医疗机关的受诊的过程中,对医方准备提供的检查或治疗方法,在把握其信息的基础上,明确表示同意或不同意的意思的权利。对于医疗的拒绝权,认为患者(除精神病、传染病的患者)在法律允许的范围内,具有拒绝哪一种检查、治疗方法及药物处方的权利,以及知晓因拒绝而产生的结果的权利。[⑤]

### 5. 患者隐私权的侵害

在中国,隐私权中的"私"是指纯粹与个人相关的,与"公"或团体组织无关系的内容。此外,"隐"是指,以"私"的当事人来看,不想让他人知晓或被干涉的个人的事情,或如果是他人应当远离的私人的事情。因此,"隐私"是指,不想让他人知晓或他人不应知晓的个人信息,不想被他人干涉或他人不应干涉的私人活动,不想被他人侵入或

---

① 张新宝,前揭书,第264页。

② 梁慧星:《民法》,四川人民出版社,1989年,第353页。

③ 王利明、杨立新主编:《人格权与新闻侵权》,中国方正出版社,1995年,第227页。

④ 侯雪梅,前揭书,第138页。

⑤ 侯雪梅,前揭书,第138-167页。

他人不应侵入的私人空间。① 民法通则中关于隐私权没有明确规定,但《执业医师法》第 22 条,规定了医师负有"关心、爱护、尊重患者,保护患者隐私"的义务。最高人民法院发布的《关于贯彻执行〈中华人民共和国民法通则〉若干问题的意见(试行)》第 140 条规定,"以书面、口头等形式宣扬他人的隐私,或者捏造事实公然丑化他人人格,以及用侮辱、诽谤等方式损害他人名誉,造成一定影响的,应当认定为侵害公民名誉权的行为"。但是,大部分的学说认为隐私权不属于名誉权的范围,而是独立的人格权。②

### 6. 患者及其家属的财产损害

医疗过失行为给患者及其家属带来的财产损害,主要以不必要的医疗费、丧葬费、因误工减少的收入,以及住院、转院的交通费、住宿费、护理费、营养费等费用体现。

### 7. 患者及其家属的精神损害

关于精神损害的内容,请参照第一编第三章的第四节。

## 第 3 款　判例

判例中,在认定医疗事故赔偿责任时,有判决提示了与前述学说中四要件说不同的四项要件,即①患者的损害,②因果关系,③过错,④医疗从业者这四项必需的要件。该判决(上海市长宁区人民法院 2000 年判决)认为,"医疗纠纷中,认定侵权损害赔偿责任,损害事实、因果关系、行为人存在过错以及该不合适的行为是由医疗单位(医疗机关)导致这四项必要条件,缺一不可"③。

此外,南京市中级人民法院 2001 年 1 月 13 日判决④,对于右乳腺摘除手术的必要性,虽认为"Y 医院在根治术的选择上不能说存在错误","然而,X 受到的损害与 Y 医院的医疗行为之间存在因果关系。但因双方当事人不存在过错,从公平原则的观点出发,Y 医院应当对 X 给予一定的经济补偿",采纳了无过失责任的立场。

---

①　侯雪梅,前揭书,第 168 页。
②　龚赛红,前揭书,第 133 页。
③　纪春雷主编:《医疗事故赔偿计算标准》,中国法制出版社,2004 年,第 209 页。
④　陈晓军主编,前揭书,第 132－143 页;祝铭山主编:《医疗损害赔偿纠纷》,中国法制出版社,2004 年,第 133 页。

### 第4款　探讨

#### 1. 医疗事故赔偿责任的成立要件

学说的四要件说,考虑了行为的违法性,但并未提示对于医疗行为这一特殊行为,即对于行为人身份的思考。

判例的四要件说,考虑了医疗的特殊性,但并未排除医疗从业者的医疗行为之外的行为,并且也未明确提示医疗行为的正当性或侵袭性。

三要件说的"医务人员的过失行为"这一要件,可以分为行为人是医务人员,以及该行为存在过失两项内容,实质上能够认为是判例的四要件。

对于五要件说,首先,因为要件①和②的内容近似,可以看做是一个要件。此外,该说与三要件以及判例的四要件说采相同立场,对于违法性未纳入视野。

医疗行为是常伴随着对患者侵袭的行为,"在正当的业务的情形下即使从形式上看侵害了他人的权利,也不产生法律上的责任"[1]这一观点在日本是一般性观点。也就是说,如果阻却了违法性,不追究医方的责任是理所当然的。

从上述内容来看,对于医疗事故赔偿责任的成立要件,作为个人观点,应由①因医疗行为引起,②医疗行为人存在过失,③致患者损害,④过失与损害之间具有因果关系,⑤医疗行为存在违法性这五项要件构成。

#### 2. 公平原则

对于公平原则,学界存在各种各样的解释,代表性的观点有以下4种。

A说认为,"公平责任是指在当事人双方对造成损害都无过错的特殊情况下,侵权行为人也要承担一定的赔偿责任"[2]。

B说认为,"公平责任原则的基本内容,是侵权行为人致他人损害时,假设其主观上不存在过错,法院根据加害人与被害人双方的财产状况以及其他具体情况,命令加害人赔偿被害人的全部或部分损失,因此能够维持社会的正义与公平"[3]。

C说指出,公平责任原则与民法通则第132条规定的内容一致。根据该说,公平责任"当事人双方都不存在过错,但可根据实际情况合理地让双方分担民事责任"[4](该解释的用语与民法通则第132条接近)。

---

① 牛山積,前揭書,第38頁。

② 房绍坤、武利中:《公平责任原则质疑》,《西北政法学院学报》1988年第1期。

③ 宋章:《谈谈〈民法通则〉中侵权损害三个责任原则的规定》,《北京律师》1987年第1期。

④ 蒋颂平:《"公平责任"原则应是独立的归责原则》,《人民司法》1989年第7期。

D 说认为公平责任与无过失责任有所区别，"公平责任是指在当事人双方对造成损害均无过错，但是按照法律的规定又不能适用无过错责任的情况下，由人民法院根据公平的观念，在考虑受害人的损害、双方当事人的财产状况及其他相关情况的基础上，判令加害人对受害人的财产损失予以适当补偿"[①]。同说主张"公平责任主要适用于财产权受到侵害的案件"[②]，但同时认为在侵害人身权的情形下，"例如身体残疾和死亡产生的费用（医疗费、误工费、生活扶助金、丧葬费等）"[③]也能够补偿。

A、B、C、D 四说分别从不同观点对公平责任原则进行了解释，但对于双方当事人即使没有过错，被害人的损失填补责任也在加害人一方，具有共通的认识。A 说指出了公平责任原则的本质，"属于无过错责任的范畴"这一观点最为妥当。B 说从"维持社会的正义与公平"这一角度展开解释，但个人所有的财产与法人所有的财产之间的比较本身并不适当。C 说仅仅指出公平责任原则的根据是民法通则第 132 条。D 说的观点与 B 说相近，只不过对于被害人损失的填补，B 说采"赔偿"的立场，而 D 说采"补偿"的立场。

如上所述，各学说均采无过失责任论的立场。

对于医疗侵害的救济，日本也在讨论无过失责任的适用。而且，最近在一部分的医疗领域，例如产科患者遭受损害，适用无过失责任，其赔偿责任由国家负担的议案，政府机关正在检讨。即使是其他国家，例如法国，对所有的医疗机构课以加入保险的义务，对国公立医院，满足一定条件也认可无过失责任，但是对于补偿或赔偿责任，不在医方，而是由国民互助的名下，国立医疗事故补偿公社（ONIAM）对被害人进行补偿，具有这样一种补偿机制。[④] 以上这些国家，具有以下认识，即如果对医疗侵害适用无过失责任，对受害人的补偿责任不在医方，而在国家。也就是说，无过失医疗产生的损害填补，国家负有补偿责任，或确立了由国家主导的补偿机制，才能够追究医方的无过失责任。

对此，中国几乎没有医疗机构加入保险，对于无过失医疗产生的损害填补，也没有确立由国家主导的补偿机制。在如此状况中追究医方的无过失责任，使其承担补偿或赔偿责任，无异于将医方赶入困境，也会产生使医疗事业破产的危险。

---

① 王利明，前揭书，第 274 页。
② 王利明，前揭书，第 277 页。
③ 王利明，前揭书，第 278 页。
④ 山口斉昭：《フランスにおける医療契約と医療被害救済制度》，日本医事法学会编：《年報医事法学 21》，第 65-66 页。

## 第四节 小 结

以上对中国侵权行为的基本理论，以及医疗事故赔偿责任的成立要件进行了概观。对于一般侵权行为的构成要件存在诸多见解，笔者对照《民法通则》及《侵权责任法》关于侵权行为的规定，形成以下思考。

首先，多数学者将侵权行为中的"过错"解释为包括故意和过失。但是，这样的解释，与自古以来使用的词汇本来的意义相反，无论是在实务还是一般人的理解中，该解释事实上都未被完全接受。为了回避此种不恰当的解释，对于医疗事故赔偿责任的成立要件，许多学者选择了"过失"这一词汇。此外，《医疗事故处理条例》中，也并非"过错"，而使用"过失"。

从以上情况来看，为了避免不必要的误解或混乱，也为了严格运用词汇，作为个人观点，笔者不采"过错包括故意与过失"的立场，过错应理解为过失的同义语。因此，一般侵权行为的成立要件，应由以下五项构成。即①具有责任能力者，②因故意或过错（过失），③违法侵害他人的权益（加害行为的违法性），④因该行为（加害行为与损害之间存在因果关系），⑤发生损害时（损害）。

其次，对于医疗事故赔偿责任成立要件的讨论，大致分为两种。即，以①行为的违法性，②损害，③因果关系，④加害人的过失为要件的四要件说，以及以①医疗从业者的行为，②过失或过错，③损害，④因果关系为要件的学说（三要件说、五要件说、判例的四要件说）。

根据医疗事故处理条例第 2 条，"医疗事故，是指医疗机构及其医务人员在医疗活动中，违反医疗卫生管理法律、行政法规、部门规章和诊疗护理规范、常规，过失造成患者人身损害的事故。"参照此规定，并考虑到医疗行为人的身份特殊性以及医疗行为的侵袭性，笔者认为，应由①因医疗行为，②医疗行为人存在过失，③致患者损害，④过失与损害之间具有因果关系，⑤医疗行为具有违法性这五项要件构成。

此外，在判例中，认定医疗事故赔偿责任之际，存在将①患者的损害，②因果关系，③过错，④医疗从业者这四项要件作为必需要件的判决，同时也可见适用公平责任原则，采无过失责任论立场的判决；然而，笔者认为对于公平责任原则的适用，在国家主导的补偿机制未确立的情况下，追究医方的无过失责任，使其承担补偿或赔偿责任，并非妥当之举。

# 第四章　医疗过失的判断标准

已如在第二编第二章及第三章中明确的那样,在中国一般认为,对于医疗事故的损害赔偿请求,有两种构成,一种是医师的侵权行为责任的构成,第二种是违反医疗机构的诊疗合同,即作为债务不履行责任或不完全履行的构成。无论采用哪一种构成,医师的责任为过失责任是通说的观点。正如前一章第三节所述,关于医疗过失,可见与日本的一般过失概念的解释近似的学说(第二编第三章第二节医疗过失的第二说)。即,主张医疗过失意味着医疗从业者违反结果预见义务及结果回避义务。换言之,认为医师在做出医疗行为之际,应当承担付出细心注意的义务,也就是所谓的注意义务。

在本章中,对于医疗过失究竟基于怎样的标准进行判断的问题,首先将过失成为问题的情况分门别类,对与其对应的日本判例进行概观与比较;其次,尝试讨论在决定医师的注意义务的标准时,应当考虑何种因素。

## 第一节　注意义务违反

### 第 1 款　学说

已如第二编第二章所述,中国的学说中,从合同的视角将医师的义务分为主给付义务、从给付义务、附随义务三种,注意义务的讨论是传统的观点。与此相对,近年来,有学者提出了新的分类方法,以下将对代表性的观点进行介绍。

#### 第 1 项　程啸说

程啸先生指出,"从契约的角度构造医疗者义务的学说存在这样一个误解,即认为医疗者之所以负有义务是因为医疗者与患者之间必定存在一个契约关系。尽管绝大多数时候医疗者与患者之间确实存在着契约关系,但也有医疗者与患者没有契约关系,而医疗者仍负有义务的情形。例如,当医生受第三人如原告的雇主的聘请为原告检查身体时,因医生的严重过失没有及时发现原告的某种疾病,以致延误治疗时间造成病人损害的,原告可以依据侵权法上医生应负的义务追究其责任"[①]。并主张

---

　① 　程啸,前揭文,第 727 页。

"医疗者的义务来源于其工作的高度技术性与专门性以及患者基于对此种职业高度技术性、专门性的信赖,简言之,医疗者的义务来源于医患关系。因此,对医疗者义务进行类型化的研究必须从医患关系入手,结合医疗规章所规定的或通常医疗者采用的医疗行为操作规程,而不能局限于医患关系的一种表现形式——契约关系,尽管它可能是主要的表现形式"①。

根据该说,医方的义务分为基本注意义务与高度注意义务两类,基本注意义务又分为一般义务与特别义务。在一般义务中包括:①在紧急情况下不得拒绝对患者进行诊断治疗的义务;②同意治疗患者后对患者进行正确诊断的义务;③依据诊断结论对患者加以适当治疗的义务;④未经患者同意不得任意终止治疗的义务;⑤治疗过程中为患者提供合格的药品、医务人员以及医疗设备的义务;⑥治疗过程中为取得患者承诺而做的说明义务;⑦指导患者进行疗养的义务;⑧医疗过程中转诊或转院的说明义务。特别义务是指无法按医疗过程加以划分的义务。主要包括:对患者的病历资料适当地记录与保管的义务、保守患者秘密的义务、掌握现代通常的医学知识与技术的义务等。此外,高度注意义务中包括:①依据自身全部专业知识与技能对患者进行全力以赴的诊断治疗的义务;②掌握当前最先进的医学知识与技术的义务。②

### 第 2 项　刘心稳说

刘心稳教授主张,"注意义务是法定义务、约定义务及职业义务的组合"③,并引用《医疗事故处理条例》(以下简称条例)的条文,作出下述解释。首先,对于法定义务,"《条例》第 5 条规定,'医疗机构及其医务人员在医疗活动中,必须严格遵守医疗卫生管理法律、行政法规、部门规章和诊疗护理规范、常规,恪守医疗服务职业道德'。本条中的'必须严格遵守'、'恪守'决定了医疗机构及其医务人员对医疗事故的注意义务是法定义务。在审理医疗事故纠纷案件时,医疗机构及其医务人员不能证明自己已经严格遵守这些法律法规、规章规范和职业道德的,应当认定其未尽法定注意义务,应当承担医疗事故责任"④。

其次,关于约定义务,认为"医患当事人有时候会签订有关医疗护理的协议书,如果协议书既不违反法律关于法律行为的一般性规定,又不违反医疗卫生管理法律、行政法规、部门规章和诊疗护理规范、常规,还不违反医疗服务职业道德,人民法院就应当认定该协议书有效,因为不违反法律法规、社会道德(包括特殊职业的道德)规范的

---

① 程啸,前揭文,第 728 页。
② 程啸,前揭文,第 729 - 730 页。
③ 刘心稳,前揭文,第 12 页。
④ 刘心稳,前揭文,第 12 页。

医疗护理协议,是双方法律行为,属于特种服务合同,适用《合同法》总则的规定。因此,医疗机构根据合法的协议书负担医疗护理约定义务"[①]。

对于职业道德义务,"一般行业因其业务不直接关系人的生命和健康,其职业道德并不伴随法律效果,违反其职业道德者不受法律上的不利后果。医疗护理行业的业务直接关乎人的生命、健康,是直接践行人道主义、治病救命的特殊行业,社会赋予该行业特殊的职业道德要求,职业道德感伴随法律效果。故而,医疗机构及其医务人员负担特殊职业道德义务,违反职业道德义务使患者受到人身损害,应当承担不利的法律后果"[②]。

此外,刘心稳教授根据《条例》第12条"医疗机构应当制定防范、处理医疗事故的预案,预防医疗事故的发生,减轻医疗事故的损害",以及第15条"发生或者发现医疗过失行为,医疗机构及其医务人员应当立即采取有效措施,避免或者减轻对患者身体健康的损害,防止损害扩大",这两条规定,提出医疗机构及医务人员应当负有事故预见义务、事故防范义务、事故和损害避免义务以及损害减轻义务。[③]

## 第2款　判例与探讨

如上所述,相对于学说对理论进行深入,从判例无法得到获知此种理论构成的深化究竟对实务产生何种影响的材料。虽然判例是个别的,且数量不多,但下面仍将按过失问题的不同情形进行类型划分,同时穿插日本对应的判例,进行概观。

第1项　诊断、处理中的过失

### 1. 判例

事例10

**尿路梗阻性慢性肾功能不全误诊的事例**

**(上海市第一中级人民法院 2001 年 4 月 17 日判决)[④]**

**【事实概要】**

1993 年 3 月中旬,X(满 60 岁)因频尿、呕吐,到 Y 医院的门诊接受诊察,被诊断为萎缩性胃炎及胃溃疡,接受了 Y 医院门诊的持续治疗。同年 7 月 23 日,X 因慢性

---

① 刘心稳,前揭文,第 12 页。
② 刘心稳,前揭文,第 12 页。
③ 刘心稳,前揭文,第 11-12 页。
④ 陈晓军主编,前揭书,第 156-166 页。

胃炎及不完全性幽门狭窄进入 Y 医院住院。住院后不久接受了庆大霉素等药物的治疗,因没有疗效,同年 7 月 31 日 Y 对 X 实施了胃大部切除手术。同年 9 月 4 日 X 出院,出院之后 X 在其他医院继续接受了治疗。其间发现自己肾衰竭、听力下降、前庭器官损伤及性功能不全等问题,因此申请了对 Y 的医疗事故技术鉴定。第 1 次的鉴定(上海市长宁区医疗事故鉴定委员会 1995 年 11 月)判明了,X 在进入 Y 住院之前已经罹患了尿路梗阻性慢性肾功能不全的事实,Y 的庆大霉素的用药原则上存在过失,但并无因此加重了 X 肾功能低下的客观根据,因此出具了不属于医疗事故的鉴定结论。第 2 次的鉴定(上海市医疗事故鉴定委员会 1996 年 7 月),认为 Y 对 X 进行治疗的过程中虽存在不足之处,但是并非导致 X 肾功能损伤的直接因素,X 的肾功能损伤与 Y 医院使用庆大霉素之间没有必然的因果关系。因此,同意上海市长宁区医疗事故鉴定委员会的鉴定结论。

一审判决(上海市长宁区人民法院长民初字〔1997〕第 1672 号)认为,"(1)庆大霉素氨基糖苷类抗生素类药,可能会对肾功能不全的老年人之肾功能产生影响,故 Y 医院在对 X 的治疗用药上存在不足,但 X 的肾功能受损与 Y 医院使用的不当药物之间无必然的因果关系。(2)X 无证据证明其目前肾功能障碍、前庭功能受损、听力下降、性功能衰竭等状况系使用庆大霉素后造成。X 要求 Y 医院赔偿,依据不足。(3)X 与 Y 医院的医疗事件虽不属医疗事故,但医院在对 X 的治疗用药中存在不足,Y 医院可对 X 经济上受损的实际情况适当进行补偿。",判令 Y 向 X 补偿人民币 2 万元。

X 不服一审判决,提起上诉。

受理 X 上诉的上海市第一中级人民法院,经过审理查明,在 Y 医院进行的关于 X 的肾功能检查的检查记录被经过了涂改。

【判决要旨】

二审判决认为,①公民的生命健康权受法律保护。公民、法人由于过错侵害他人人身权利的,应当承担民事责任。本案中,在 X 于 1993 年 3 月中旬至 Y 医院就诊后,Y 医院忽视了 X 主诉的病症系作为老年人常见疾病前列腺增生而导致的下尿路梗阻疾病的外在症状表现,而仅以 X 患×××病进行诊治。特别是在同年 5 月 11 日,X 的 B 超检查已显示其右肾有积液后,该院仍未对此尿路梗阻引发的肾功能异常予以确诊并治疗。在 X 病情未见好转被收治入院至同年 7 月 31 日欲行手术之时,且此间 7 月 28 日 X 的 B 超检查又显示其已双肾有积液,该院还是未对此梗阻性肾病作出明确诊疗措施。故应当认定,Y 医院在 1993 年 3 月中旬至同年 7 月下旬对 X 的诊疗行为属误诊,该误诊行为客观上延误了对 X 肾病的及时诊疗,使该病情得以持续发展。由于 Y 医院未及时对 X 的梗阻性肾病作出诊疗,故在 X 住入该院后,

Y 医院对 X 不仅使用了对老年人和肾功能不全之人应当慎用的庆大霉素,并且是多天数较大剂量的使用此庆大霉素氨基糖苷类抗生素药,该用药的原则性错误无疑加重了 X 的病情。自此以后,X 的肾功能检查数据显示其肾功能趋于衰竭。因此,Y 医院在 X 住院期间对其的治疗实属存在误治。从 X 在 Y 医院就诊初期肾功能未感明显异常,而今其肾衰竭,以血透、腹透或移植肾脏来维持生命及无证据证明 X 在 Y 医院就诊前存有前庭功能疾患,而今 X 前庭功能丧失之两方面的情况分析,应当认定 Y 医院对 X 误诊、误治的医疗过失行为与 X 目前病情之间存有因果关系。Y 医院应当对因其行为所引起的损害后果承担相应的民事责任。就本案所涉的医疗事件,两级医疗事故鉴定结论均认定了 Y 医院在对 X 的治疗过程用药中存有原则错误与不足之处,也认定了 X 在住院前已患有下尿路梗阻性慢性肾功能不全。该两份鉴定虽作出不属医疗事故的结论,但并未排除 Y 医院存在医疗过失的行为,从侵权损害角度而言,Y 医院基于其医疗过失行为对 X 身体健康权的侵害成立。

②　略

③　公民的身体健康权遭受侵害并导致严重后果的,受害人除有权请求赔偿实际损失外,还可请求酌情赔偿精神损失。Y 医院对 X 的误诊、误治。不仅延误了治疗,而且加重了 X 身体受损的情况,给 X 今后身体健康和正常生活带来了严重的不良后果,也给 X 精神上带来了痛苦,故依据 Y 医院在本案中的过失程度、侵权行为的具体情节以及给 X 造成的后果等情况,充分体现精神损害赔偿兼具补偿、慰抚和惩罚的功能,酌情确定精神损失费赔偿额为人民币 30000 元。Y 医院在对 X 的诊治过程中,不仅存在误诊、误治的过失行为,而且存在对 X 有关化验单据擅自涂改的行为。这种行为既有悖于医疗单位的职业道德,也是有害于对病人病情的正确记录和诊治,更是对病人合法权益的严重侵害。

判令 Y 向 X 支付 15 万 6 千余元的损害赔偿金。

事例 11

**实施阑尾炎手术时切除子宫的事例(福建省高级人民法院 1998 年 4 月 30 日判决)**①

**【事实概要】**

1996 年 3 月 2 日 16 时,X(1990 年 9 月 23 日生)在 Y 医院接受急诊检查,被确诊为急性化脓性阑尾炎。当日 17 时施行了阑尾切除手术。在手术过程中,手术医师取出切除组织后,当即怀疑与阑尾有异,即请其他医师上台手术,找到炎症阑尾,行阑尾切除术。其后,经验证,先行切除组织为子宫。

---

①　祝铭山主编,前揭《医疗损害赔偿纠纷》,第 112 页。

一审(龙岩市中级人民法院 1997 年 12 月 9 日判决)认为,"保证病员的人身安全是医院的基本责任和义务。医院对其医务人员工作中的过错造成的侵权损害结果依法理当赔偿,以维护公平与合理性。原告 X 因病在 Y 医院治疗时,被该院医生在行阑尾切除手术时误将子宫切除,经龙岩市地区卫生局医疗事故鉴定委员会鉴定为二级医疗责任事故,双方对该事实均无异议。又经司法部司法鉴定科学技术研究所鉴定,X 已完全丧失生育功能,正常心理发育将受到一定程度的影响。人身损害的实际损失除物质方面外,也包括精神损失,即实际存在的无形精神压力与痛苦,必须给予抚慰与补偿。X 的受害也给其父母造成精神痛苦,亦应给予一定的精神补偿",判令 Y 向 X 支付 15 万 6 千余元的损害赔偿金。

对于一审判决结果,X 与 Y 按照各自的理由分别提起上诉。

**【判决要旨】**

二审认为,"本案双方当事人之间的医疗事故损害赔偿纠纷,属平等主体之间发生的民事纠纷,应依照《中华人民共和国民法通则》的有关规定处理。Y 医院违反手术规程,在为 X 施行阑尾切除手术时误将其子宫摘除,造成 X 终生丧失生育能力、部分丧失劳动能力的残疾,其行为严重侵犯了 X 的健康权,依照《民法通则》第一百一十九条的规定,Y 医院应承担人身损害赔偿责任。(中略)一审判决确定的精神损害赔偿额偏低,不足以对 X 的精神损害进行抚慰,应予变更。……X 上诉请求龙岩市第一医院赔偿其因子宫缺失引起的将来继续治疗和恢复生育能力的费用,没有事实依据,对该请求本院不予支持。(中略)X 的父母不是医疗事故的直接受害人,其要求给予精神损害赔偿,不符合我国民法确立的人身损害赔偿原则,对其请求应予驳回。"

判令 Y 向 X 进行 24 万 6 千余元的损害赔偿。

事例 b

### 因胃部切除手术后消化道穿孔引起的细菌性腹膜炎的漏诊,怠于实施开腹手术等适当措施的事例(日本東京地裁平 15 年 3 月 12 日判决)①

**【事实概要】**

平成 5 年 3 月 8 日,A 因胃痛、恶心等症状在 Y 开设的 B 医院接受诊察,因被诊断为胃癌,进入 B 医院住院治疗,同月 17 日接受了胃部切除手术。同年 4 月 6 日午后 1 时,因术后情况顺利被许可出院,回家途中吃了乌冬面。但是,因到家之后发生了强烈的腹痛,同日午后 5 时被救护车再次送至 B 医院住院。B 医院怀疑是食物中

---

① 判夕 1185 号,第 260－266 頁。

毒及胆囊炎,之后 A 的腹痛及腹胀感一直持续。同月 11 日 A 被发现腹部急剧膨胀、浮肿、腹水、胸水积液严重,呼吸困难、血压低下、心音微弱,产生休克状态。同月 15 日以后,曾短暂出现好转,但 20 日发生重症黄疸,同月 25 日发生意识障碍。次日,在 B 医院的判断下,A 被转往 C 医院接受开腹手术,但因腹腔内脓疡致败血症死亡。

**【判决要旨】**

东京地方法院对于 Y 医院处置的妥当性作出以下判断。在怀疑是消化器穿孔引起细菌性腹膜炎时,如不行开腹手术,则无法断绝败血症、休克或器官衰竭,以至于死亡这一连串的恶性循环,作为外科医师负有尽可能迅速地实施开腹手术,或在无法实施的情况下将患者向具有手术可能性的医院转院之义务。

然而,被告医院的主治医师,在 4 月 11 日之后怀疑腹膜炎的同时,漫不经心地在两周的时间里始终实施保守治疗,以至于转送至劳灾医院(C 医院)时 A 的病情已恶化到无法挽救的程度,同医院直接实施开腹手术也未能奏效,直至死亡。

对于在被告医院住院的 A,因为不认为存在全身状态恶化这一应当组织手术的理由,具有开腹手术的适应症,因此劳灾医院在内科接收到 A 后直接将其转至外科实施紧急手术。以上事实,暗示了对 A 持续实施保守治疗最终使其症状恶化,因此在被告医院入院时,A 处于即使存在一定风险但仍应实施开腹手术的状态。

假设被告医院在设备上,或技术层面无法对患者进行妥善的治疗,应当在早期使患者转院,无论从哪一方面来看,漫不经心地实施保守治疗直至 4 月 26 日,作为医师的处理是不适当的。

综上,被告医院根据诊察及各项检查的结果,最迟在 4 月 9 日也能够对穿孔性、细菌性腹膜炎的发病进行合理怀疑但却忽视,存在尽可能迅速地实施或转院实施开腹手术的必要而疏忽大意,漫不经心地持续进行保守治疗至 26 日这一行为中存在过失。

### 2. 探讨

错误的诊断往往与错误的处理相关联,在医疗纠纷的事例中,误诊这一类型认定医师过失的判决,无论在日本还是中国都比较少。这是因为,治疗过程本身就具有不断试错的性质,对于迫切要求采取措施,从有限的资料中作出判断的情况,不得不承认当时的医疗水平的界限。如此,许多判例并非直接对误诊本身追究其责任,而是着眼于诊断前的问诊以及诊断后的处理中是否尽到了相应的注意义务。

在事例 10 中,一审判决认可了 Y 在进行治疗的过程中存在不足之处,但同时否定了庆大霉素的投药,与 X 的肾功能损伤之间具有必然的因果关系。对此,二审判决认为,“Y 轻视了 X 诉说的自觉症状(频尿)”,“B 超检查(5 月 11 日)已显示其右肾有积液后,该院仍未对此尿路梗阻引发的肾功能异常予以确诊并治疗。在 X 病情未见好转被收治入院至同年 7 月 31 日欲行手术之时,且此间 7 月 28 日 X 的 B 超检查又显示其已双肾有积液,该院还是未对此梗阻性肾病作出明确诊疗措施"。此外,"不仅使用了对老年人和肾功能不全之人应当慎用的庆大霉素,并且是多天数较大剂量地使用此庆大霉素氨基糖苷类抗生素药",判决"应当认定 Y 医院对 X 误诊、误治的医疗过失行为与 X 目前病情之间存有因果关系"。

也就是说,在本案中,如果 Y 能够倾听 X 对自觉症状的诉说,X 就能够回避损害,或即使错过了检查,但如果没有第二回的误诊,X 的损害扩大也能被防止,但是 Y 两次都对其误诊,漫不经心地"多天数较大剂量地使用此庆大霉素",二审判决认可其存在过失。在事例 b 中,判决认为"被告医院,……最迟在 4 月 9 日也能够对穿孔性、细菌性腹膜炎的发病进行合理怀疑但却忽视,存在尽可能迅速地实施或转院实施开腹手术的必要而疏忽大意,漫不经心地持续进行保守治疗至 26 日这一行为中存在过失"。即法院推断在 4 月 9 日这一时点,Y 能够合理地怀疑该件发病,若没有误诊或漫不经心地坚持保守治疗,则应当能够回避或减少 A 的损害,因此认定了 Y 的过失。在这一点上,可以说事例 10 的二审判决与事例 b 的判决的主旨是一致的。

事例 11 是患者健康的脏器被摘除的事件。不满 6 岁的幼女 X 的子宫被摘除,虽然没有生命危险,但作为女性失去了将来成为母亲以及生理的体验。虽然一审判决与二审判决在 X 的抚慰金数额上意见相左,但都认可了该医疗行为对 X 造成了巨大的痛苦。但是,在手术时,手术医生已经发现摘除的器官并非阑尾,被摘除的器官是否存在修复的可能,手术医生是否对此进行了尝试,在一审二审都未追究。此外,参考现有的再生医学的研究成果,也不能说 X 的生育能力完全不存在恢复可能性。因此,X 对 Y 提出的为了恢复 X 的生育能力,而请求的将来可能产生的治疗费用,二审判决对此不予支持的判断并不妥当。

在日本,也存在进行阑尾炎手术时误认为大肠壁的一部分为阑尾而被切除,术后因未采取有效的处理措施导致患者死亡,进而被追究刑事责任的事例(宫崎地裁延冈支部昭和 55 年 8 月 27 日)[1]。在该事例中,法官在手术后也对"存在数次能够认识到处理必要性的机会"这一问题严格追究,"考虑到被告人的态度给被害人的遗属带来的精神打击等问题,不得不说,这是作为医师应当被强烈责难之处",强烈批评了过度自信而错失了挽救 X 生命机会的被告人的态度。

该事例与中国的事例 11 相比,在医师错误摘除患者健康的器官这一问题上,可以看出即使是在实施了错误的手术之后,对怎样能够减少患者遭受的损害、是否有对

---

[1]　判夕 678 号 56 页。

此进行努力的懈怠,两判决展示出截然不同的态度。

第 2 项　用药中的过失

## 1. 判例

事例 12

**输液休克的事例Ⅰ(西宁市中级人民法院 1995 年 12 月 1 日判决)①**

**【事实概要】**

　　罹患心肌炎的 $X_1$(女,年龄不详),于 1991 年 9 月 6 日在 Y 医院接受诊察,当值医师对 $X_1$ 的母亲 $X_2$ 说"基本情况良好,保险起见请 8 天之后再来复查",并接受了 8 天之后的预约。同年 9 月 14 日 $X_2$ 如约带着女儿 $X_1$ 到医院复查,对 $X_1$ 进行检查的医师(与之前的医师是否同一医师不详)对其告知已经痊愈。此时,$X_2$ 对该医师描述了 $X_1$ 有类似感冒的症状,之后该医师对 $X_1$ 进行了听诊,并开出了口服药与静脉注射药的处方。收到该医师指示的护士当场对 $X_1$ 实施了静脉注射,约 10 分钟之后,$X_1$ 感到体寒,并在此后出现身体抽搐等症状,因此医务人员展开急救措施,虽然挽回了生命,但留下了重大后遗症(脑水肿)。对于该事件,青海省医疗事故鉴定委员会,于 1995 年 3 月 31 日出具了"患者 $X_1$ 在输液时,发现体寒、颤抖、高热等情况,我们认为其原因是输液休克所导致。(但是医方)在诊疗过程中,因诊断不明确,急救措施也不恰当,引起 $X_1$ 缺氧性脑病,导致痴呆,$X_1$ 已经完全丧失日常生活能力。因此,属于二级甲等医疗技术事故"这一鉴定结论。

　　一审判决(城西区人民法院 1995 年 8 月 30 日判决)认为,"被告 Y 在对原告 $X_1$ 进行诊疗时,因治疗及急救措施不当,引起医疗技术事故。因此,被告 Y 应当承担其责任。然而虽然支持原告的合理要求,但对不合理的部分不予支持。即原告未经医务处的同意,随意前往其他地区接受治疗产生的费用,无需进行赔偿",判令 Y 赔偿七万八千余元。

　　双方当事人都无法接受一审判决,向西宁市中级人民法院提起上诉。

**【判决要旨】**

　　"Y 医院在对 $X_1$ 进行诊疗时,因诊断不明确,急救措施也不适当,发生医疗技术事故,引起 $X_1$ 缺氧性脑病,导致痴呆,$X_1$ 已经完全丧失日常生活能力。因此,Y 医院对此应当承担民事赔偿责任。对于 Y 医院主张补偿一节(法律适用错误,并非赔偿而是补偿的主张),因补偿只具有抚慰的性质,因医疗事故增加的医疗费、监护人因看

---

　　① 洪朱丹,前揭书,第 170 - 173 页。

护需要休假等产生的损失也应包括。此外,对于 X₁ 今后的医疗费及生活辅助费,原审判决并无不当,应予维持",驳回了上诉。

事例 c

## 输液休克的事例Ⅱ(日本横浜地裁昭 60·5·20 第一民事部判决)①

### 【事实概要】

X 于昭和 53 年 1 月 15 日产生性器出血症状,因出血一直持续,同年 2 月 2 日正午 12 时 15 分,Y 医师指示 A 护士对 X 实施 5 万单位的屈来密多(一般药物名为抑肽酶)的静脉注射。同护士在实施了静脉注射后不久,X 出现恶心、胸闷、呕吐、分泌物流出的症状,在诊断室的病床上躺倒之后陷入分泌物增加、昏迷、呼吸停止的休克状态,虽然挽回了生命,但留下重度的脑后遗症。此后,X 对 Y 提起了损害赔偿的请求。

### 【判决要旨】

对于本案,法官认为,鉴于屈来密多的说明书上记载的"一般性注意",以及发生过敏性(Anaphylaxie)休克时应进行紧急处理,"被告 Y 为了对原告 X 进行止血选择注射屈来密多的处理本身,不能断定其存在过失。然而,关于上述投药方法,本案过敏性休克在发作时症状相对较轻,被告如果为了可能出现的紧急状况预先准备,并指示护士实施点滴注射,若能确保安静的同时注射屈来密多,休克不会发生或即使发生,但从时间上看,可以说是在点滴开始后不久,投入量较少的情况下发生的,并且因为该情况下血管得到了确保,直接对其准确、迅速地投入药剂,在早期且症状较轻时具有很大恢复可能性;但被告为了快速处理,未对可能出现的紧急状况进行准备,随意地指示护士 A 实施静脉注射,因该护士也未确保患者的安静,搁置了——就像无休克发作的危险时的投药——采用同样的方法进行的注射,促使休克发作,而在发作后症状较轻的时间内未能进行准确、迅速的投药,导致症状加重,并且在此后,因护士的生疏甚至连点滴的准备都未能进行,此外,因人手与急救工具的准备不足,也未能进行恰当且迅速的急救措施,不得不推断以上为原告 X 因本案事故而致残的发生原因。因此,被告 Y 对于原告 X 在注射屈来密多时欠缺作为医师的注意义务。"

---

① 判夕 562 号 154 頁。

事例 13

## 654-2 中毒量误饮的事例(伊犁哈萨克自治州分院 1997 年 3 月 26 日判决)①

**【事实概要】**

出生后 3 个月的 X(男),因为咳嗽于 1993 年 2 月 19 日在 Y 医院的门诊接受诊察,被诊断为支气管炎,并接受了注射与口服药的处方。但 Y 医院的药剂师,将处方中注明的 654-2 的十分之一的剂量错写为一粒的剂量,并交给了 X 的母亲 A。回到家中之后,A 按照药袋上写的药量给 X 服用了该药,不久 X 自面部到全身的皮肤开始变红,并产生高热、呼吸困难、痉挛等症状。A 惊慌失措再次携 X 至 Y 医院请医师检查,被诊断为 654-2 中毒。经过紧急救治的结果,虽然挽回了生命,但留下脑萎缩的严重后遗症。X 即将 2 岁,但头颈不能伸直,也无法坐和站立。此外也未见语言能力及正常的情感反应。

一审(奎屯市人民法院 1995 年 11 月 16 日判决)认为,"被告 Y 医院的司药员在工作中玩忽职守,错填用药剂量,致使 X 误服过量的 654-2,出现严重中毒症状,产生脑萎缩后遗症,造成精神发育重度迟滞的严重后果,给原告及其亲属身心及精神带来极度痛苦,对此被告应该承担侵权损害的赔偿责任",判令 Y 向 X 支付 11 万 2 千余元的损害赔偿金。

Y 医院提出上诉。

**【判决要旨】**

二审认为,"上诉人 Y 医院的工作人员不负责任,错填用药剂量,致使被上诉人 X 过量服药而严重中毒,造成其留下严重后遗症,上诉人应该承担民事责任。原审法院委托两级法院的法医作出的鉴定结论客观、真实,符合《中华人民共和国民事诉讼法》有关的规定,具有证据效力,应予认定。伊犁哈萨克自治州医疗事故技术鉴定委员会在对被上诉人 X 的症状进行鉴定活动中,有上诉人 Y 医院的医务人员参加,违反了国务院《医疗事故处理办法》第十五条关于'鉴定成员中是医疗事故或事件的当事人或者与医疗事故或事件有利害关系的,应当回避'的规定,故该鉴定结论应确认无效。上诉人 Y 医院的上诉理由不能成立,予以驳回",并驳回了上诉。

### 2. 探讨

事例 12 与事例 c 同为输液休克的事例,焦点也基本相同。发生输液休克的情形下,如何准确且迅速地采取紧急处理,不同的处理会在预后产生差别。通常,无论是

---

① 祝铭山主编,前揭《医疗损害赔偿纠纷》,第 66 页。

日本还是中国,各类药品的功效书中记载的"注意事项"里写有针对该药品副作用的对策,对于输液休克的紧急处理,作为医学的基础教育医师或护士都应学习掌握。此处列举的两件,对于发生的输液休克,如果"直接对此进行准确、迅速地用药","在早期且症状较轻时具有很大恢复可能性"(事例 c),或"因治疗及急救措施不当,引起医疗技术事故"(事例 12 一审),法官据此认定未能实施迅速且适当的急救措施与残障之间的因果关系,判令医方支付损害赔偿金。

从这些案例中,显示出即使中日两国在社会与法律制度上有所不同,但对于以西医为基础产生的问题,两国具有共通认识,或类似的法律上的处理方法是可能的。

此外,在投药产生的医疗事故中,经常可见医药品内在的副作用引起的事故。对于药品的副作用,通常分为,如果适当使用则可能回避的副作用,与即使适当使用也无法回避的副作用。前者的情况,要求医师尽到谨慎的注意,遵守使用方法,如有疏忽则将被追究医师的责任。后者的情况,患者在知晓其风险的基础上,为了疾病的治疗特意选择该药品时,假使患者遭受损害,通常也不成为民事赔偿的对象。

事例 10 与事例 13 的情形,如果适当地用药则能够回避因副作用产生的损害,但因医师未遵守使用方法,给各自的患者带来严重的后遗症。在事例 10 的判决中,对于肾功能衰退的老年人,为回避副作用而应慎重使用的庆大霉素,对诉说"频尿"的 X 连续数日且较大剂量地使用存在过失的 Y,判定其承担损害赔偿的责任。事例 13 的判决也依同样的原理,因药物剂量的错误书写,使 X 服用了过量的药剂引起严重的后遗症,判定 Y 对此应承担民事责任,支付损害赔偿金。

因治疗的原因进行输液时,在医疗现场经常见到由于患者的特殊体质而引起的输液休克,但因其对治疗的速效性,仍然被频繁使用。为了将患者的损害控制在最小范围内,各医院都备有输液休克处理的手册。类似这样的手册非常有效,按照手册一旦发现输液休克便采取迅速的紧急处理,除了特殊情况,不留后遗症解决的情况也不在少数。鉴于这样的医疗状况,事例 12 的判决,并未将输液行为本身视作问题,而是将发现输液休克之后医方的应对视为问题,认定了在发现输液休克时,因医方的紧急处理并不适当,引发患者 $X_1$ 的缺氧性脑病,导致痴呆,并判令医方支付相应的损害赔偿金。

第 3 项　输血中的过失

## 1. 判例

事例 14

### 因输血感染 HIV 的事例 I（林元县人民法院判决）[①]

【事实概要】

1994 年 6 月 19 日，$X_1$（男、6 岁）因受伤被送至 $Y_1$ 医院，接受紧急处理。当时，$Y_1$ 使用了血站 $Y_2$ 提供的血液 400 毫升给 $X_1$ 输血（$Y_2$ 称该血液是从三名献血者身上采取）。此后，由于在 $Y_1$ 不见显著治疗效果，$X_1$ 便转向其他医院治疗，同年 7 月 12 日出院，在该医院未接受过输血。同月 28 日，因"发热 5 天，皮肤黄疸 3 天"，$X_1$ 再次进入 $Y_1$ 医院小儿科接受住院治疗。此次被诊断为黄疸性肝炎，自父亲 $X_2$ 提供血液共计 200 毫升分两次进行了输血，同月 31 日，转入 A 医院的传染病房。同年 8 月 2 日，在 A 医院接受血液检查时，HIV 反应呈阳性，被诊断为艾滋病。翌日，在 A 医院 $X_1$ 的父母均接受了血液检查，但二人均为阴性。

同年 11 月 24 日，$X_2$ 对 $Y_1$ 及林元县卫生局，请求因 $X_1$ 感染艾滋病产生的损害赔偿，提起了本案诉讼。

【判决要旨】

受理本诉的林元县人民法院，首先提出艾滋病的感染途径有性接触感染、母婴感染、血液感染三种，只有 6 岁的 $X_1$ 可以排除第一种途径和第二种途径，但无法排除第三种途径，并判决认为，"由于 $Y_1$ 是医疗机构，而非血液产品的制造者，因此不具备对血液产品的品质进行调查的条件，并且依据（血液检查）相关规定，$Y_1$ 也不存在检查的义务。此种（$Y_1$）机构的主要职责是确认血液的有效期间和规格，以及血液是否存在凝集或溶血等现象。在本案中，根据 $Y_1$ 医院护士的证言，该医院尽到了确认的义务，因此不存在过错，不应承担民事责任。"

"$Y_2$ 在本案纠纷处理过程中，再次向升平市卫生防疫中心提供了 $X_1$ 使用的三名献血者的血液进行了检查。结果是 HIV 反应为阴性，因此 $Y_2$ 血站向 $Y_1$ 医院提供的血液品质为合格。但是，林元县卫生局并未提供三名供血者的供血履历（包括供血者的供血证书、身份证明、照片、健康诊断书）。因此，在采血时，是否确认过三名供血者的身份和照片，是否健康诊断书为本人的，都难以证明，无法保证采取的血液与三名供血者的一致。（中间省略）只能说 $Y_2$ 血站提供的血液难以认定为合格的血液。

---

① 陈晓军主编，前揭书，第 76 - 81 页。

因此，Y₂应承担因提供不合格血液产生的侵权责任，赔偿 X₁ 的医疗费及抚慰金。此外，Y₂ 是许可设立的独立法人，营业执照也被吊销。因此，Y₂ 应以现有全部财产进行赔偿。林元县卫生局作为 Y₂ 的上级主管部门，虽然对于 Y₂ 的设立及撤销并无过错，但作为其财产的主管部门，应承担相应责任。"

一审判决之后 X₁X₂ 向升平市中级人民法院提出上诉，但在法院的调解下，与 Y₁Y₂ 及林元县卫生局达成了和解。

事例15

## 因输血感染 HIV 的事例 II（河南省渑池县人民法院判决）①

【事实概要】

1996 年 4 月 5 日，X 的子女 A（未成年）因弥漫性腹膜炎进入 Y 医院住院治疗。翌日，被诊断为坏死性盲肠炎，回盲部粘连，接受了盲肠切除手术，同月 9 日办理了出院手续。但是，从 2002 年 9 月 18 日起 A 开始感觉身体疲倦，以及发热，去往 B 医院接受诊察时，被告知 HIV 呈阳性。同年 12 月 17 日，A 去往艾滋病预防治疗研究中心，再次接受 HIV 检查，被诊断为艾滋病。此后，一直接受艾滋病的治疗，但还是在 2003 年 1 月 5 日死亡。

X 主张 A 在 Y 医院治疗中感染了 HIV 病毒，提起了要求 Y 进行损害赔偿的诉讼。

【判决要旨】

受理本案的河南省渑池县人民法院认为，"根据《最高人民法院关于民事诉讼证据的若干规定》第四条第 1 款第（八）项之规定，该案适用举证责任倒置原则，即被告 Y 医院就其单位的医疗行为与损害结果之间不存在因果关系及不存在医疗过错承担举证责任，但原告仍应对其子在该院处输血的事实负举证责任。现被告对 A 在其医院输血的事实提出异议，原告亦未能提供 A 在该院输血的有效证据。由于原告举不出有效证据来证实自己诉讼请求的合理性，其诉讼请求不予支持"。

事例16

## 因输血罹患肝炎的事例 I（郑州市中级人民法院 2002 年 8 月 12 日判决）②

【事实概要】

左脚麻木伴随腰痛（18 年病史）的 X，于 1991 年 4 月 22 日，在 Y 医院被诊断为

① 赵明、贺妍：《艾滋死亡告医院　举证不能被驳回》，中国法院网，2004 年 5 月 26 日。http://old.chinacourt.org/html/article/200405/26/117336.shtml.

② 祝铭山主编，前揭《医疗损害赔偿纠纷》，第 13 页。

腰椎上部狭窄症、蛛网膜粘连,因治疗的需要进入 Y 医院住院。同年 5 月 3 日,Y 对 X 实施了"椎间板切除手术及蛛网膜松解术",当时 X 接受了 B 型血 300 毫升的输血,同月 23 日办理了出院手续。1998 年 12 月 11 日,X 感觉身体的异样,进入 A 医院接受诊察,被诊断为 C 型病毒性肝炎引起的肝硬化。1999 年 7 月,X 在电视上看到因输血感染 C 型肝炎的报道,回想起自己也有可能是因为输血感染,而唯一接受过输血的是 Y 医院,于是以在 Y 医院被感染为理由,向法院提起要求 Y 医院进行损害赔偿的诉讼。诉讼中,2001 年 12 月 16 日,X 因肝脏大出血死亡,其遗属继续对 Y 提出赔偿请求。

一审判决(中原区人民法院 2002 年 3 月 1 日判决)认为,"X 于 1991 年 4 月在 Y 处因手术需要接受了 300 毫升的输血,1998 年 12 月在 A 医院被诊断为 C 型病毒性肝炎。对此事实,经过确认,X、Y 双方均无异议。此外,对于被告 Y 自己采取的血液,因该血液源的献血者的身份记录及献血记录未保存,Y 带来的 B 是否为当时的献血者也无法确认,没有再次检查向 X 提供血液的献血者血液的方法。此外,被告 Y 不能证明 X 感染 C 型病毒性肝炎与其输血之间没有关系。被告 Y 主张,观察 X 输血前的检查记录,不能完全排除输血前 X 未感染 C 型病毒性肝炎。但是,不能说因此在输血前 X 已经感染了 C 型病毒性肝炎。依照法律的规定,诉讼时效自知道或应当知道侵害时开始计算。X 自 1998 年 12 月 11 日知道自己感染了 C 型肝炎,但 1999 年 7 月在观看电视节目之后,最终知晓 C 型病毒性肝炎的主要感染途径为输血。因此,该诉讼请求未超过诉讼时效",认可了 Y 的损害赔偿责任。

Y 不服一审判决,提起上诉。

## 【判决要旨】

二审判决(郑州市中级人民法院 2002 年 8 月 12 日判决)认为,"一审法院作出的 X 的诉请没有超过诉讼时效的判断是合适的。但是,对于 X 在 1991 年因患病在上诉人处接受输血,1998 年末被诊断为 C 型肝炎,C 型肝炎的传染路径有输血、注射、性行为、亲密的接触等,输血只是其中之一。并且,因输血感染 C 型病毒性肝炎的情形,潜伏期平均为 60 天,最长也只有 180 天,对于已经 7 年的本案,断定 X 感染 C 型肝炎是因上诉人实施的输血造成较为困难。参照卫生部卫医发〔1993〕第 2 号及河南省卫生厅豫卫医〔1993〕37 号通知,X 在 1991 年住院当时,上诉人为了患者的输血也可以自行采取血液,并且在输血之前对供血者的血型、梅毒、肝功能等可以自行检查。此外,医学也存在界限,当时医学界虽然已经发现了该病毒,但并未命名为 C 型肝炎病毒,采血时也没有检查项目的规定。当时也没有该病毒的检查方法。因此,上诉人对于为了向 X 输血而进行血液采集,以及 X 接受输血直到 1998 年 12 月被诊断为 C 型肝炎这一过程中也不存在过错,没有承担责任的必要。一审法院以上诉人不能举证 X 的 C 型肝炎与输血之间无关系为理由,推定上诉人具有责任明显欠妥。此外,献血者是否感染了 C 型肝炎的结论,对于采血时的献血者是否为 C 型肝炎病毒的携带者的认定也无任何价值。因此,在本案诉讼中,献血者的血液检查并非必要。一审法院以当时没有献血者的身份记录,也无法找到该献血者,因此不能对献血者再行检查为理由,认定上诉人应当对 X 因 C 型肝炎死亡的事实承担赔偿责任,这一观点不当,应予以纠正。"与一审判决截然相反,驳回了 X 遗属的请求。

事例 17

## 因输血罹患肝炎的事例Ⅱ(武昌县人民法院 1995 年 8 月 31 日判决)①

### 【事实概要】

X 因胃出血,于 1994 年 4 月 5 日进入 Y 医院住院接受治疗。同月 11 日,Y 在对 X 实施胃部切除手术时,向 X 输血 1000 毫升。该血液是从 Y 医院献血队队员 A 采取的。通常在采血之前必须进行献血者的血液检查,但 Y 医院的采血负责人并未检查,只是查看了 A 持有的同年 4 月 7 日在其他医院的血液检查书,就进行了采血。X 于同年 4 月 25 日出院,因出院后不久即感到身体不适,时常伴有呕吐的症状,同年 6 月 2 日前往湖北医科大学附属医院接受诊察,被诊断为 C 型肝炎。

1995 年 3 月 23 日,X 以感染 C 型肝炎与 Y 医院的输血之间有关为由,向 Y 医院提出损害赔偿请求的诉讼。

受理本案的武昌县人民法院委托武汉市中级人民法院与湖北医科大学法医学医师进行鉴定,1995 年 6 月 24 日,作出本案鉴定书。得出了"手术前 X 的肝功能并无异常。……X 因输血感染 C 型肝炎的概率为 80%"的鉴定结论。

### 【判决要旨】

一审判决(武昌县人民法院 1995 年 8 月 31 日判决)认为,"Y 医院在对 X 进行手术时,违反了国家卫生部发布的针对血液检查的项目中包括 C 型肝炎,医院在采血前必须对供血者进行各项血液检查等规定,因未对供血者按照检查项目进行检查,导致 X 因接受输血罹患 C 型肝炎这一重大不良结果。因此,Y 应当依法承担民事赔偿责任。"

X 对一审判决确定的赔偿数额不能接受提起上诉,但在 1995 年 11 月二审(武汉市中级人民法院)与被上诉人和解。

---

① 祝铭山主编,前揭《医疗损害赔偿纠纷》,第 60 页。

事例 d

**东大输血梅毒的事例(日本最高裁昭和 36 年 2 月 16 日第一小法廷判决)**[①]

**【事实概要】**

X 曾经教授裁剪、插花、茶道,昭和 23 年 2 月 5 日因子宫肌瘤进入东京大学医学部附属医院住院治疗,手术前后接受了 A 医师作为补充体力的输血。在输血中,2 月 27 日输血的血液是 A 医师自职业供血者 B 采集而来,因 B 感染了梅毒,也导致 X 因输血感染梅毒。X 因此留下步行障碍、视力减退的后遗症,各种授课的收入减少,并与丈夫离婚。在此,X 将雇用 A 医师的 Y(国家)作为相对人追究其用人者责任,请求治疗费、所失利益、抚慰金等损害赔偿。

本案中,采血、输血时 A 医师是否具有过失成为了最大的争议点,一审(东京地判昭和 30 年 4 月 22 日下民集 6 卷 4 号 784 页)认为,"17 日的输血是为了原告补充体力进行的,并非争分夺秒的紧急情况在当事人之间不存在争议,因此通过问诊,对获知有无梅毒感染风险的事项进行确认,在时间上十分充裕。(中间省略)不得不说如果 A 医师当时能够进行充分的问诊,则应当能够认识到原告在输入 B 的血液的过程中有可能罹患梅毒",从而认定 A 医师的过失,以及 Y 的用人者责任。

原审(东京高判昭和 31 年 9 月 17 日判时 88 号 3 页)对于这一点,认为自推定 B 感染梅毒的日期至采血、输血有 12 天到 13 天,且血清反应呈阳性,并未到达发现供血者外在症状的时期,即使实施血检及视诊、触诊、听诊也无法得知罹患梅毒的事实,因此不能认定 A 医师的责任。但是,即使 B 当时持有向接受健康诊断的人交付的血液检查证明这一足以使人信赖的某血液检查所颁发的血液检查证明,对于职业供血者 B,仅询问其"身体没有问题吧"是不充分的,"作为医师进行了必要的问诊,但因被问诊者的不诚实等无法归责于医师的事由,导致未能预见结果,如果存在这样的情况则另当别论,在能够认定若当时充分问诊则存在预见结果发生可能性的本案中,应当说作为医师无法免除其过失责任",与一审同样,认定了 A 医师的过失,肯定了 Y 的用人者责任。

Y 向最高法院提出上告,上告理由为①根据惯例,信赖 B 所持的血液检查证明省略问诊的 A 医师不存在过失,②即使存在问诊义务,但也不能期待 B 对于"是否跟妓女接触过"给出肯定的回答,主张本案事故无法回避,指责原审判决对医师课以过度的注意义务。

---

① 判时 251 号 7 页。

**【判决要旨】**

最高法院对于上告理由,判决认为医师自接受直接诊察的人的身体能够辨别的症状之外的、其他应当成为判断资料的事项,从其正确性而言,对于血清反应检查、视诊、触诊、听诊等即便是从属性的,因存在除问诊之外别无他途的情况,……即使是供血者带来足以使人信赖的血清反应阴性的检查证明,持有健康诊断以及证明经过血液检查的血液中介所的会员证,但据此无法直接迅速判断不存在因输血产生的梅毒感染的危险。此外,对于阴性或潜伏期中的梅毒,目前尚不存在足以作出确定性诊断的利用可能的科学方法,即便为从属性的,但对于有无梅毒感染的危险最为知晓的供血者自身而言,对其问诊足以推知有无梅毒感染危险的事项,确认其危险的基础上,在情况允许时(本案中并不存在迫切需要争分夺秒的紧急情况)应寻找不存在此种危险的供血者进行输血。……上告人主张,长期以来在医师之间存在供血者持有上述证明、会员证时便省略问诊的惯例,因此即使 A 医师按照此惯例省略问诊也不存在注意义务懈怠的责任,但注意义务是否存在,原本是应当依法律判断而决定的事项,即使存在上述惯例,也仅是对判定过失的轻重及其程度而言应当参考斟酌的事项,并不能以此直接否定其注意义务。

……本案的供血者 B,虽然是职业的供血者,……但当时不存在必须通过供血来获得生活资金的特殊情况,此外对于有无梅毒感染的危险,只是因并未被问及而未回答,如果 A 医师能够诚恳地引导 B 使其作出真实的回答,并进行具体详细的问诊,则不能断言无法得出应当可以推知 B 的血液存在梅毒感染的危险这一结果。

……既然是从事应当管理人的生命及健康之业务(医疗事业),对照该业务的性质,以防止危险为目的,要求尽到在实际经验上被认为必要的最大注意义务,应当说也是合乎情理。

然而在本案中,A 医师……在推测若进行充分的问诊则应当能够预见结果的发生这一情况下,并未如此行事,只在询问"身体没有问题吧"之后直接进行输血,导致引起本案中的事态发生,原审判决对照作为医师的业务,认定因违反注意义务存在过失责任的结论并无不当。

## 2. 探讨

日本与中国相同,过去曾经在各医院存在过从职业的供血者采集血液输血给患者的情况。对于医院从职业供血者采血时的问题,事例 d 与事例 17 的判决中,供血者都具有"使人信赖的血清反应阴性的检查证明,持有健康诊断以及证明经过血液检查的血液中介所的会员证"(事例 d),或者持有"同年 4 月 7 日检查之后其他医院的血液检查书"(事例 17)的情形,即便如此,"医院必须对献血者在献血前进行各种项目的的血液检查"(事例17)。此外,判决"对供血者自身,对其问诊足以推知有无梅毒感染危险的事项,确认其危险的基础上,在情况允许时(本案中并不存在迫切需要争分夺秒的紧急情况)应寻找不存在此种危险的供血者进行输血"(事例d),认定了医方存在过失。

　　作为与输血相关的医疗问题,中国主要在血型不合适的输血、输血时的过错,其中特别是因输血产生的感染事故方面较为引人注目。所谓因宗教理由的拒绝输血这样的事例在中国并未出现。感染事故中,类似事例15这样接受输血的少年感染艾滋病这一具有冲击性的事件引起了巨大的话题。

　　如前所述,中国与日本相同,过去曾在各医院从职业供血者采集血液给患者输血。但是,各医院的检查程度乃至检查设备情况不一,不具备为了防止输血感染事故充分准备检查设备的医院也不在少数。为了确保输血的安全性,中国卫生部于1993年3月20日发布了《采供血机构和血液管理办法》。5年后,为了强化血站的管理,废止了前办法,公布了新的《血站管理办法》(1998年9月21日)。该条例的施行,使输血事故变化成为一种药害事故。

　　事例14的判决,认定了血液提供者Y₂的过错,但并未认定不具有采血权限只能实施输血的Y₁存在过错,明确地区分了实施输血方的责任与提供血液方的责任。但是,民营化的血站中多数为小型血站,欠缺债务偿还能力,如本案中,因承担赔偿责任无法支付债务只能破产。本案判决为了救济被害人,使颁发给Y₂营业许可的林元县卫生局承担了连带责任。在日本如果没有特殊的情况,以由国民的税金成立的行政机关作出营业许可为理由,对无法承担赔偿责任的破产企业的债务承担连带责任是不可想象的,但是在中国民营化的过程中,官民之间的财产关系未明确分离且清理的问题至今仍有遗存。本案判决可以说从某个角度揭示了这一问题的存在。

　　因输血感染HIV的情形,既有立刻发病的情况,也有如事例14那样经过数年后发病的情况。支付输血的费用,有领取发票的患者存在的同时,也有不领取的患者。对于此类患者,以证据不充分为理由,使遭受损害的患者吃闭门羹的事例15中的法院判决,笔者对其作为法院应有的姿态表示怀疑。根据《医疗机关管理条例实施细则》第53条,医疗机关必须对该机关的住院患者的病历资料保管30年。因此,在事例15中在Y医院住院的A的病历资料,Y医院应当还在保存。尽管如此,法院却只听取Y的一面之词,也不进行调查,对X提起的诉讼,以证据不充分为理由驳回了其请求。

### 第 4 项 预防接种中的过失

#### 1. 判例

事例 18

**疫苗接种后遗障碍的事例（泸州市中级人民法院 1997 年 7 月 8 日判决）**[①]

【事实概要】

1994 年 8 月 20 日，卫生院 $Y_1$ 向赤脚医生 $Y_2$ 发放了预防接种儿童疫苗。同日 $Y_2$ 通知 $X_1$（男童）接受预防接种。翌日，$X_1$ 在父亲 $X_2$ 的陪伴下在 $Y_2$ 处接受了疫苗的接种。当时，$Y_2$ 用同一棉球消毒后，用同一针管在 $X_1$ 臂部和右臀部各注射一针疫苗针药。同年 10 月上旬，$X_2$ 发现被注射臀部部位有红肿硬块，直接将 $X_1$ 带至 $Y_2$ 处诊疗，并告知是预防接种后的反应。$Y_2$ 认为系一般反应，遂采用膏药为 $X_1$ 贴敷治疗。2 个月后，肿块未见消除，反而变大。之后，$X_1$ 花费了一年以上的时间，辗转于 $Y_1$、$Y_3$、$Y_4$、$Y_5$、$Y_6$ 五家医疗机构反复住院治疗。按照时间顺序整理如下：

1994 年 12 月末至 1995 年 2 月，在卫生院 $Y_1$ 为进行排脓的治疗，接受了臀部肿块切开的处理，未进行血液等检查。

经过两个月之后 $X_1$ 未见好转，$X_2$ 遂将其转至个体乡村医生 $Y_3$ 处接受治疗，一个月后也未能治愈。

同年 4 月 $X_1$ 再次于 $Y_1$ 处接受治疗，经过两个多月的治疗未见好转，于是建议转入中心卫生院 $Y_4$ 接受治疗。

同年 6 月 11 日，$Y_4$ 对 $X_1$ 实施了"右侧臀部脓肿慢性窦道切除术"，术后住院 12 天，切口基本愈合出院。

同年 9 月开始，$X_1$ 开始出现间隙性发热，进入 10 月后出现下午高热，体温高达 40 度不退，并伴有右腿疼痛。

10 月 17 日，$X_1$ 到泸州医学院附属医院 $Y_5$ 就诊，门诊以"败血症"收入医院儿科住院治疗。住院过程中，从儿科转至骨科，后又转至儿外科，但一直未见治愈。

1996 年 1 月 4 日，$X_2$ 未经 $Y_5$ 同意，自行将 $X_1$ 转至泸县人民医院 $Y_6$ 的外科接受治疗。$Y_6$ 最初按照脓毒败血症进行治疗，但未见好转的迹象，经二次会诊后决定进行剖腹探查。发现后腹膜粟粒样结节，并发现长期不愈的瘘口深达右脊柱旁经骶前达盆腔即骶骨前，经抗结核治疗，同年 5 月 7 日切口愈合后出院。$Y_6$ 最终诊断为右髂窝及盆腔 TB（结核）性脓肿。

--------

[①] 洪朱丹，前揭书，第 174 - 182 页。

对于本案,泸州市中级人民法院进行了法医鉴定,1996 年 11 月 15 日鉴定结论认为,"$X_1$ 患盆腹腔结核病的诊断成立,$X_1$ 腹腔的粟粒样结核为继发性结核;系打预防接种针时消毒不严,引起注射处感染化脓,身体抵抗力免疫力降低,继发结核产生发展变化以致恶变。"

一审(泸县人民法院)判决认为,原告 $X_1$ 按计划免疫要求,到被告 $Y_2$ 处接受注射儿童疫苗药物不为过,其右髂窝及盆腔 TB 结核性脓肿造成的人身损害,与 $X_1$ 自身带有结核菌以及 $X_1$ 的法定监护人未及时采取治疗措施有关,$X_1$ 的法定监护人应承担一定责任。被告 $Y_2$ 作为个体乡村医生行医,应对其医疗行为承担责任。$Y_2$ 在为 $X_1$ 打预防接种针时,违反医院感染管理有关规定,消毒不严,引起注射部位感染、化脓,继发 $X_1$ 的结核发展变化;治疗阶段,采取错误的医治措施,至 $X_1$ 病情恶化,是为过错,应对 $X_1$ 的医疗损害赔偿承担一定责任。

被告 $Y_1$ 在为 $X_1$ 治疗注射部位感染化脓时,未查清病因即行切脓引流手术,属错误诊治,造成 $X_1$ 身体抵抗力和免疫力降低,继发结核产生恶变,是为过错,应承担一定责任;同时,$Y_1$ 招聘 $Y_2$ 为乡村卫生防疫医生,应对 $Y_2$ 预防接种和医疗损害行为后果承担相应的法律责任,判令 $Y_1$、$Y_2$ 各自赔偿 9800 余元。

$Y_1$ 不服一审判决,向泸州市中级人民法院提起上诉,主张"$X_1$ 患右髂窝及盆腔(TB)结核性脓肿与打接种预防针无关。TB(结核)是 $X_1$ 自身存在,自身引起病变,打不打预防接种针都要治疗,都会引起病变,所以不能与打预防接种针联系在一起。泸州市中级人民法院鉴定结论认为 $X_1$ 所患结核病与 $Y_2$ 打预防接种针具有因果关系,是不科学的,不能用作定案证据。$Y_2$ 当乡村医生,是玉伏村推荐,得胜镇人民政府批准,泸县卫生局认可的,与上诉人无关。"

**【判决要旨】**

二审泸州市中级人民法院认为,"$Y_2$ 作为个体乡村医生,负责本村居民预防接种工作,应对其预防接种事故和医疗行为后果承担责任。$Y_2$ 在为 $X_1$ 预防接种时,违反'一人一针一管'的操作规定,未向 $X_1$ 告知预防接种后的注意事项,引起 $X_1$ 注射部位感染化脓,系预防接种后的异常反应;事后不报告上级医疗单位,擅自采取错误诊疗措施,致反应加重,给 $X_1$ 造成医疗损害。$Y_2$ 的行为违反了卫生部 1982 年 11 月 29 日颁布的《全国计划免疫工作条例》第十六条、第二十一条的规定,是为过错,应承担相应的民事赔偿责任。$Y_1$ 明知 $X_1$ 右臀部脓肿与预防接种异常反应有关,未慎重诊断和报上级卫生防疫部门处理,擅自采用错误诊疗措施,致 $X_1$ 预防接种异常反应继续加重,扩大了医疗损害,违反了卫生部 1980 年 1 月颁布施行的《预防接种后异常反应的诊断及处理细则》的规定,有过错,应承担相应的赔偿责任;同时,应对招聘人员 $Y_2$ 违规操作引起的预防接种异常反应承担相应的民事责任。$Y_4$、$Y_5$、$Y_6$ 均明知

$X_1$ 所患疾病与预防接种有关,违反《全国计划免疫工作条例》和卫生部 1980 年 1 月 22 日颁布施行的《预防接种后异常反应和事故的处理试行办法》第二条的规定,采取错误诊疗措施,导致 $X_1$ 患右髂窝及盆腔 TB(结核)性脓肿,加重 $X_1$ 医疗损害,应分别承担相应的民事法律责任。$X_1$ 腹腔的粟粒样结核为继发性结核,$X_1$ 自身无过错,不应承担医疗损害赔偿责任。$X_1$ 的法定代理人与 $Y_1$、$Y_2$、$Y_4$、$Y_5$、$Y_6$ 之间达成的医疗损害赔偿协议,是真实意思表示,符合有关法律规定,应当确认。上诉人 $Y_1$ 撤回上诉的书面申请,符合有关法律规定,应当准许"。

事例 19

### 预防接种后死亡的事例(邯郸市中级人民法院)①

【事实概要】

2002 年 4 月 16 日,出生后 6 个月的 A(女婴)在河北省 Y 市卫生防疫站接受百白破和乙肝疫苗的接种,翌日早晨 7 时左右,突然发生呕吐。A 的母亲 X 先后将 A 送至妇幼保健门诊及 B 医院接受治疗,当日下午 17 时左右转院至 C 医院,同月 18 日 11 时 A 死亡(病名与死因不明)。

X 以 Y 市卫生防疫站在实施疫苗接种的过程中存在过错,未尽到结果避免义务为理由,于 2003 年 4 月 16 日提起本案诉讼。

一审(武安市人民法院)认为,"武安市计划免疫异常反应小组会诊意见书,邯郸市计划免疫异常反应诊断小组会诊意见书等证据均不能证明原告之女 A 的死亡与被告 Y 卫生防疫站的接种行为有直接的因果关系。原告起诉要求被告赔偿的证据不足,故判决驳回原告李某的诉讼请求"。

X 不服一审判决,向邯郸市中级人民法院提出上诉。

【判决要旨】

邯郸市中级人民法院经审理认为,"上诉人 X 以其女儿的死亡系被上诉人 Y 卫生防疫站的接种行为所致为理由,要求被上诉人赔偿损失。但被上诉人接种百白破疫苗的行为是按照《全国计划免疫条例》的规定所进行的一种计划免疫工作,系依法律法规授权履行职责,由此而产生的争议及问题,应由有关卫生行政部门进行处理,不属于人民法院的民事案件受理范围。因此,依法撤销一审判决,裁定驳回 X 的上诉请求"。

① 张永伟:《是民事之诉还是行政之争》,《中国卫生法制》2006 年第 3 期,第 46 - 47 页。

事例 e

## 接种后遗障碍的事例（日本最高裁平成 3 年 4 月 19 日第二小法廷判决）[①]

**【事实概要】**

昭和 43 年 4 月 8 日，X（出生后六个月的男婴）在 $Y_1$ 市保健所接受了由 $Y_2$（保健所所长）依照预防接种法（依昭和 51 年法律第 69 号改正前的法律）第 5 条、第 10 条第 1 项第 1 号规定的定期的天花疫苗的预防接种（$Y_3$ 公司制造的药品）。之后，X 于同月 17 日开始 3 日内出现近 40 度的高热，并呈现下肢异常运动、颈部强直等症状，同月 20 日进入市立医院 $Y_4$ 住院治疗，同年 5 月 9 日出院。后于 $Y_5$ 设置的大学医院接受住院治疗，出院后接受了诉外医院的治疗，但留下了因下肢麻痹导致的运动障碍及智力障碍的后遗症。

X 在本案接种的 5 日前，即同年同月 3 日因出现 38.8 度的发热，及咽喉红肿接受了诉外一时的诊疗，诊断为感冒。4 日、5 日注射了退烧药安乃近，至 7 日接受了包括退烧药的用药。X 的体温在 4 日为 38.5 度，5 日为 37.3 度，6、7 日降到 37 度以下，在本案接种当日没有发热。

X 一方主张，本案后遗障碍系本案预防接种导致，基于国家损害赔偿法第 1 条及同法第 3 条的规定，对预防接种实施主体的国家、作为委托事项指示该实施方案的地方公共团体 $Y_5$、具体实施的 $Y_1$，以及基于民法第 709 条的规定，对 $Y_2 \sim Y_4$ 提起了本案诉讼。

一审（札幌地判昭和 57.10.26 判时 1060 号 22 页）认定了本案预防接种与后遗障碍之间的因果关系，并认为实施医师，在承认了问诊及视诊中的异常，或认为必要时，对接种对象的监护人"仅仅概括地、抽象地询问接种对象在接种前身体的健康状态有无异常是不够的，其存在询问足以判断禁忌证的具体问题，即具体地对有无实施规则第 4 条规定的状况、疾病、体质性因素，且使被询问者尽可能准确回答的适当的问题之义务"，认可了国家及 $Y_1$ 的责任。

二审（札幌高判昭和 61.7.31 判时 1208 号 49 页）认可了国家及 $Y_1$ 的控诉，通过"本案接种当日，X 属于一时性咽喉炎已经治愈的状态，不符合预防接种法第 5 条所指的禁忌证者"的事实认定，否定了与本案接种之间的因果关系，全面驳回了 X 方的上诉请求。

**【判决要旨】**

最高法院认为，"作为预防接种导致的严重后遗障碍的发生原因，通常考虑被接

---

[①] 判时 1386 号 35 页、判夕 758 号 118 页。

种者当时符合禁忌证者的特征或具有容易发生后遗障碍的个人因素,作为禁忌证者被列举的事由是通常一般人能够得病的状态、比较常见的疾患或过敏性体质等,应当说某人符合禁忌证者的可能性要远大于具有个体性因素的可能性,在因预防接种发生上述后遗障碍时,是能够考虑该被接种者符合禁忌者的情况导致上述后遗障碍发生,具有高度的盖然性。因此,预防接种导致上述后遗障碍发生时,除非存在以下特殊情形,即已尽到为判断禁忌证者而必要的预诊但仍未能发现被认为符合禁忌证者的事由、被接种者具有上述个体性因素等,推定被接种者符合禁忌证者的情况是适当的",对 X 的个体性因素未做讨论,实施当日认定咽喉炎已治愈的二审的判断是不妥当的,并以未审理是否尽到了必要的问诊存在审理未尽为理由,撤销原判发回重审。

### 2. 探讨

首先,对于共同侵权行为中参与侵权行为的主体之间是否以主观关联性为必要这一问题,见解具有分歧。以其为必要的学说更细分为意思联络说、共同过错说与共同行为说。①意思联络说认为,共同加害人之间首先具有意思的联络进而构成共同侵权行为。① ②共同过错说认为,数人的行为人对于损害结果以共同的故意或共同的过失为内容具有共同过错是共同侵权行为的本质。② 采该说立场的学者,进一步主张共同侵权行为的共同过错并非单指共同故意,也包括共同过失。本意的共同侵权行为中的共同故意,即指共同意思的联络,也被称为共谋。但是在大陆法系,从扩大责任范围,迅速填补损害的角度出发,近数十年来司法实务也承认了具有共同过失的共同侵权行为。③ ③共同行为说认为,共同行为才能成为共同加害人应当承担连带责任的基础,共同加害结果的发生通常与共同加害行为紧密相连,不可分割。④

对此,共同关联说认为,共同侵权行为正是由各侵权行为引起的结果,在各侵权行为之间具有客观的关联共同性已足,各行为者之间具有意思的联络并非必要。虽然数人实施侵权行为的时间或地点可以不具有统一性,但损害必须是不可分的。并认为这时第一次成立关联共同性。⑤ 该说与日本的客观关联共同说近似。

2003 年 12 月 26 日,最高人民法院从共同关联说的立场出发,推出了关于共同侵权行为的司法解释。即"二人以上共同故意或者共同过失致人损害,或者虽无共

---

① 伍再阳:《意思联络是共同侵权行为人的必备要件》,《法学季刊》1984 年第 2 期,第 29 页。
② 王利明、杨立新:《侵权行为法》,法律出版社,1996 年,第 354 页;杨立新:《侵权损害赔偿》,吉林人民出版社,1990 年,第 135 - 137 页。
③ 杨立新,前揭《中国民法の理论と实际》,第 244 页。
④ 邓大榜:《共同侵权行为人的民事责任初探》,《法学季刊》1982 年第 3 期,第 41 页。
⑤ 欧阳经宇:《民法债编通则实用》,汉林出版社,1997 年,第 78 页。

同故意、共同过失,但其侵害行为直接结合发生同一损害后果的,构成共同侵权,应当依照民法通则第一百三十条规定承担连带责任。二人以上没有共同故意或者共同过失,但其分别实施的数个行为间接结合发生同一损害后果的,应当根据过失大小或者原因力比例各自承担相应的赔偿责任。"

此外,对于"直接结合"与"间接结合"的意义,也分为两种不同的见解。第一说主张,直接结合是数个行为的结合程度非常强,从加害结果来看,各自的原因力与加害部分处于无法区分的状态。诚然此种结合之中具有偶然的要素,但因其较强的结合,复数的行为形成一个共同加害行为,共同导致被害者的损害,此种观点也被称为结合程度说。[①]

第二说从时间和空间的统一性区别直接结合与间接结合。也就是说,如果数个对他人致害的行为在时间和空间上一致的话,构成直接结合;如果该数个行为在时间和空间上不一致,则构成间接结合。该观点也被称为时空一致说。

无论是结合程度说还是时空一致说都支持最高人民法院的前述司法解释的立场。对此,也存在如下批判,即"最高人民法院的解释,将部分无意思联络的数人侵权行为纳入到狭义的共同侵权行为的范围,从某种意义上混淆了二者的区别"[②]。

事例 18 的判决中,法院认为 $Y_1$、$Y_2$、$Y_4$、$Y_5$ 及 $Y_6$ 之间并无意思的联络,但致同一人 $X_1$ 产生损害,或使该损害扩大,"各当事人(具有客观的关联共同性)各自应承担相应的民事责任",肯定了共同侵权行为责任,采纳了共同关联说的立场。

其次,预防接种分为自主的预防接种与强制的预防接种。

根据中国的《疫苗流通和预防接种管理条例》[③](以下简称"接种")的第二条,疫苗分为两类。第一类是国家免费向公民提供,公民按照政府的规定受种的疫苗。第二类是指由公民自费并且自愿受种的其他疫苗。相对于前者具有强制的性质,后者能够基于自由意志决定是否进行接种。对前者的接种产生的异常反应导致的损害补偿,由各地方政府的预防接种的经费进行支出。因后者的接种产生的异常反应导致的损害补偿,则由生产该疫苗的企业支付("接种"第 46 条第 2 款)。因预防接种异常

---

①　黄松有主编:《最高人民法院人身损害赔偿司法解释的理解与适用》,人民法院出版社,2004 年,第 63 页。

②　程啸:《无意思联络的数人侵权》,王利明主编:《人身损害赔偿疑难问题——最高法院人身损害赔偿司法解释之评论与展望》,中国社会科学出版社,2004 年,第 188 - 189 页;王利明,前揭《侵权行为法研究》,第 689 页。

③　2005 年 3 月 24 日通过国务院令第 434 号发布,同年 6 月 1 日起施行;根据国务院令第 668 号《国务院关于修改〈疫苗流通和预防接种管理条例〉的决定》于 2016 年 4 月 23 日进行了修订。本文中所引用的条文为修订之前的条文。(译者注)

反应产生的损害,其补偿的具体内容由各省、自治区、直辖市的人民政府进行制定("接种"第46条第3款)。

此处所称预防接种异常反应,是指合格的疫苗在实施规范接种过程中或者实施规范接种后造成受种者机体组织器官、功能损害,相关各方均无过错的(情况下),(原则上)因药品本身产生的不良反应("接种"第40条)。因疫苗质量不合格给受种者造成损害的,依照药品管理法的有关规定处理;因接种单位违反预防接种工作规范、免疫程序、疫苗使用指导原则、接种方案给受种者造成损害的,依照《医疗事故处理条例》的有关规定处理("接种"第47条)。

在日本,进行预防接种的疾病分为"一类疾病"和"二类疾病"(日本预防接种法第2条)。预防接种法明确规定,对接受了一类疾病的定期预防接种或临时的预防接种,或二类疾病的紧急预防接种(强制性预防接种)而产生的疾病、残障或死亡,其补偿,例如医疗费及医疗补助、残障儿抚育金、残障辅助金、死亡赔偿金、丧葬费等,由国家支付(日本预防接种法第16条)。与此相对,中国的规定仅停留在"补偿的具体内容由各省、自治区、直辖市人民政府制定"。也就是说,意味着完全相同的事件在不同地区支付的补偿金数额可能会存在差异。

此处列举的事例e以及事例18与事例19,都是关于具有强制性质的预防接种的事例。

首先,事例e中,一审认为实施预防接种的当事人"具有具体地询问有无实施规则第4条所规定的状况、疾病、体质性因素,且使被询问者尽可能准确回答的适当的问题之义务",认可了国家以及实施预防接种的市保健所的责任。对此,二审认为X"不符合预防接种法第5条所指的禁忌证者",对X方的请求全面驳回。最高法院对二审的判断作出"不妥当"的评价,以未审理是否尽到了必要的问诊存在审理未尽为由,撤销了原审判决,发回重审。

两判决都明确判示了,因公权力而强制实施的预防接种产生的损害,其责任由国家承担。

在事例18中,一审认为"$Y_2$在为$X_1$打预防接种针时,违反医院感染管理有关规定,消毒不严,引起注射部位感染、化脓,继发$X_1$的结核发展变化······应对$X_1$的医疗损害赔偿承担一定责任"的同时,也认定了招聘$Y_2$的得胜镇卫生院$Y_1$的用人者责任。二审在认定"$Y_2$在为$X_1$预防接种时,违反'一人一针一管'的操作规定,未向$X_1$告知预防接种后的注意事项"的基础上,认为上述事实引起了"预防注射后的异常反应",肯定了$Y_1Y_2$的责任。此外,认定涉及$X_1$治疗的"$Y_4$、$Y_5$、$Y_6$均明知$X_1$所患疾病与预防接种有关",违反与预防接种相关的规定,"采取错误诊疗措施,导致$X_1$患右髂窝及盆腔TB(结核)性脓肿,加重$X_1$医疗损害,应分别承担相应的民事法律责任"。但是,该一审、二审均未触及国家的责任。

事例19中,一审以"不能证明原告之女A的死亡与被告Y卫生防疫站的接种行为有直接的因果关系"为由,驳回了X方的损害赔偿请求。二审则认为,"被上诉人接种百白破疫苗的行为是按照《全国计划免疫条例》的规定所进行的一种计划免疫工作,系依法律法规授权履行职责,由此而产生的争议及问题,应由有关卫生行政部门进行处理",属于第一类的百白破疫苗的接种是具有行政强制性质的预防接种,由其产生的损害责任应由政府承担。

通常认为,在中国行政机构及其工作人员行使行政职权时,致公民身体伤害或死亡的情况,该被害人享有依国家赔偿法获得赔偿的权利(《国家赔偿法》第3条)。然而,对于因行政强制的预防接种产生的损害,如前所述,从各地方政府预防接种的经费中支出,补偿的金额也根据各地方政府各自的财政状况决定。

根据《国家赔偿法》(1994年版)第27条规定的赔偿的计算标准,公民死亡的情形,必须支付死亡赔偿金和丧葬费。其总额,按照国家前一年度的职工的年平均工资的二十倍计算。此外,如果死者生前存在被抚养者,也必须支付其生活费。事例19的所在地属于河北省管辖范围,因此必须依照河北省政府制定的标准。事件当时,根据河北省政府制定的《河北省儿童计划免疫条例实施细则(修正)》(1998年1月1日施行)第16条第2款第3项的规定,因预防接种的异常反应死亡的情形,一次性补偿金只有1000元至2000元。此种标准遑论国家赔偿,甚至要低于民事赔偿或医疗事故赔偿的标准。从此情况来看,事例19的当事人X,虽然请求更多的赔偿金而提起民事诉讼,但二审以"不属于民事案件的受理范围"为由,驳回了X的上诉。

如上所述,在日本对于依公权力强制性实施的预防接种产生的损害,明确规定其责任在政府,其赔偿不区分地域,所有均按照国家赔偿法给予足够的赔偿。与此相对,在中国对于第一类预防接种产生的损害责任承认在政府,但避免使用"国家"一词,也不适用国家赔偿法,其责任转嫁给各地方政府。因此,现实是地方政府的赔偿较所有赔偿都低,仅支付一次性补偿金。

## 第二节 应当考虑的要素

以上,对于医疗过失问题的情况,分为诊断处理、投药、输血以及预防接种四种情形进行了概观。在此,决定医师注意义务的标准时,对应当考虑何种要素尝试进行探讨。

## 第1款　医疗水准

### 第1项　学说

在日本,最高法院初次对医师的注意义务的标准进行明示,是在上一节介绍的围绕东大输血梅毒事件的判决中。该判决对于医疗惯例与医师的注意义务之间的关系,认为"注意义务是否存在,原本是应当依法律判断而决定的事项,即使存在上述惯例,也仅是对判定过失的轻重及其程度而言应当参考斟酌的事项,并不能以此直接否定其注意义务"。此外,对于足以推知梅毒感染危险的问诊是不可能的,这一医方的主张,认为"既然是从事应当管理人的生命及健康之业务(医疗事业),对照该业务的性质,以防止危险为目的,要求尽到在实际经验上所必要的最大的注意义务,应当说也是合乎情理",从而驳回了其主张。

然而,对于该"实际经验上所必要的最大的注意义务"的内容,最高法院并未明确提示,多数的学说将该判决理解为课以抽象的且无限定的注意义务。正因为如此,此后医师的注意义务成为争点的判决中,在被输血梅毒事件确立的法理拘束的同时,在适用上如何对其具体化,如何进行限制便成为判决主要的关心之处。此时,法院判决的主要思路,是通过"当时的医学知识""当时的医疗技术"等概念,对医师的注意义务进行限制。[1]

此后,通过一系列围绕早产儿视网膜症事件的诉讼,不仅限于法学界,医学界也被卷入医疗水准论引起的讨论之中。早产儿视网膜症诉讼中最初的判决是高山红十字医院事件的第一审判决。该事件中,于昭和44年12月22日出生体重仅1120克,接受了吸氧治疗的早产儿,在出生后第45天开始每隔一周进行眼底筛查,因发现本症,转入A医院,虽实施了光凝固手术,但已经失去手术最佳时期,最终患儿失明。因此,患儿及父母以高山红十字医院为相对人,向岐阜地方法院提起请求损害赔偿的诉讼。岐阜地方法院高山支部虽未认定院方在全身管理以及吸氧中的过失,但认定了眼底筛查的迟延及当时的误诊、类固醇荷尔蒙使用的迟延、说明指导义务(作为负责的眼科医师,自身应积极地对视网膜症发生的事实、发展状况、治疗过程、今后的预判、治疗方法等有所认识,应对自己掌握的一切资料进行披露与说明,对疗养方法等方面进行指导的义务)的违反、以光凝固法为目的的转院的迟延,并肯定了院方的责任。对该判决,院方进行了猛烈的反击。

在此,精通医学与法学的松仓丰治博士,提出了医疗水准论,对于医师应尽的注

---

① 山口齐昭:《〈医療水準論〉の形成過程とその未来》,《早稲田法学会誌》第47卷(1997年),第367頁。

意义务的标准,主张区分"作为学问的医学水准"与"作为实践的医疗水准"。前者是"在将来应当以一般化为目标,现阶段逐步积累的基本研究水准",后者是"作为现阶段业已一般化的医疗的临床实施目标",医师在法律上的注意义务的标准应为后者。也就是说,"医疗水准以技术或疗法现已一般化、普遍化并固定下来为前提,其内容应在一般临床医师之间已作为充分的知识经验得到普及",因此"作为医疗水准论的判断要素,事实上不考虑医疗机构的特性"①,持绝对说的立场。该说对当时的裁判产生了巨大影响。

例如,在昭和47年发生的早产儿视网膜症的事件中,一审判决认为"医师,从事以人的生命、身体的管理为目的的医疗行为这一特殊的重要且困难的业务,毋庸多言作为医疗的专家,通过消化吸收日新月异的医学业绩,对某种疾病,应当在自己所处的状况之下,具有正确把握何种(医疗行为)才是当时能够采取的最适当的医疗行为的基础上决定治疗行为之注意义务。并且,应当以做出治疗行为当时的医疗水准作为基准,判断该注意义务的程度或有无过失,此处的医疗水准是经过学界及研究室作为实践的临床医学中的水准(医疗水准),在过失的认定过程中,首先应重视该治疗行为的实践程度,在此基础上必须对该医师的专业领域及其邻接领域中相应水准的知识,该医师所处的社会、经济、地理的各类环境(诊疗机构是否为学术性中心附近的大学附属医院、国公立的综合医院、普通医院、个人执业医师的诊所等)进行相关的考虑,越是在上述诸环境中具有优势地位的医师,越应被要求高度的注意义务"。对此,二审认为,"应成为医疗从业者注意义务标准的是,诊疗当时所谓的临床医学实践中的医疗水准"。"新的治疗方法并不因论文发表而直接作为新疗法成为'临床医学的实践中的医疗水准'"。"对于作为新疗法而被发表的情况,在进行过多次追试、长期随访结果的检讨、与自然病程的比较、治疗效果与副作用的确认,被学界承认为正当的疗法之后,再经过教育、普及,在临床专科医师层面作为治疗方法基本固定下来,才能开始作为'临床医学的实践中的医疗水准'被确立",对于本症中过失认定的标准,认为"直至昭和50年,厚生省研究班报告'关于早产儿视网膜症的诊断及治疗标准的研究'发表以来,通过本症的诊断、治疗的大致标准的提示,终于能够承认在临床专科医师层面作为治疗方法开始固定下来",在此,确立了所谓"昭和50年划线论"。

此外,本案的最高法院以"从事管理人的生命及健康业务者,依其业务性质,要求其负有实践上所必要的最大的注意义务,应成为该注意义务标准的是,诊疗当时的所谓临床医学的实践中的医疗水准"这一认定为基础,判示"上告人X出生的昭和47

---

① 松倉豊治:《未熟児網膜症による失明事件といわゆる現代医学の水準》,判夕311号,第64頁。

年,实施当时作为早产儿视网膜症的治疗法的光凝固法,不能说已经达到了所谓临床医学的实践中的医疗水准,这一原审的认定,依照原审判决所示的证据关系,应予支持",绝对的医疗水准论得以确立。

然而,在该最高法院判决中,伊藤正已法官作出了如下补充意见,"从事应当管理人的生命及健康业务的医师,依其业务性质,要求其负有实践上所必要的最大的注意义务,为了实现该义务,应认为其负有不断钻研、对新的治疗方法努力获取其知识的义务。固然,医师并无亲自实施所有诊疗的必要,但在自己无法提供合适的诊疗时,对患者说明并劝告其应当转移至适当的诊疗机构足以,负担此种义务的情形也在考虑之内。医疗水准是医师的注意义务的标准,因此其不同于平均的医师现在实施的医疗惯例,而必须考虑应具有作为专家具备相应能力的医师应尽到钻研义务、转院劝告义务作为前提的情形下能够使其实现的水准。并且,此种医疗水准,被作为对特定疾病进行诊疗的医师的注意义务的标准,因此应当考虑该医师所处的各种条件,例如该医师的专业领域、该医师诊疗活动的场所是大学附属医院等研究、诊疗机关,还是综合性医院或专科医院或一般诊疗机构等该诊疗机构的性质,以及该诊疗机构所处地域的医疗地域性特征等因素,在此之上作出判断"。因此,"医疗水准,不应当作为全国一律的绝对的标准,而应作为对应上述各种条件的相对的标准来考虑"。

对于松仓博士提出的绝对说的医疗水准论,学界及实务界进行了各种各样的批判,并从此中产生了相对说(主观说)。伊藤正已法官的补充意见,其实也与医疗水准论的相对化有关联。

医疗水准论的相对说,主张"医疗水准并非现在正在实施的临床医疗,应作为规范判断所要求的水准来把握,对该医师或医疗机构所处的具体情况在考虑斟酌之后作出决定"[①],从正面与绝对说产生了对立。

绝对说与相对说之间的争论的状态得到解决的,是早产儿视网膜症姬路红十字医院事件的最高法院判决(最判平成 7.6.9 民集 49 卷 6 号 1499 页)。该判决认为,"以存在某种新疗法为前提,判定检查、诊断、治疗是否符合基于诊疗契约对医疗机构所要求的医疗水准,应当综合考虑该医疗机构的性质、所在地域的医疗环境的特性等诸多情况,而舍弃前述情况,要求所有的医疗机构按医疗契约达到一律相同的医疗水准是不妥当的",排除了被认为在早产儿视网膜症诉讼中事实上采用的"昭和 50 年划

---

① 　中谷瑾子:《日赤高山病院未熟児網膜症訴訟上告審判決》,判時 1055 号,第 191 页;野田寛:《昭和 46 年 2 月出生した極小未熟児の保育管理を担当した産婦人科医に光凝固法を実施することを前提とした眼底検査を依頼する義務がないとされた事例》,判時 1321 号,第 208 页等。

线论"，在判断医疗水准时，采取了考虑社会性、地域性、具体环境等诸多情况的相对说的立场。

此外，泼卡因（辛可卡因）S事件的最高法院判决（最判平成8.1.23民集50卷1号1页）认为，"医疗水准，构成了医师注意义务的标准（规范），因此并不一定与平均的医师现行的医疗惯例保持一致，医师依照医疗惯例实施医疗行为，并不能直接认为其依照医疗水准尽到了注意义务"。该判决明示了平均的医师现行的医疗惯例不等同于"医疗水准"，可以说是划时代的判决。

更值得注意的是，前述姬路红十字医院事件的发回重审判决（大阪高判平成9.12.4判时1637号34页）认为，在昭和49年，当时兵库县的医院中引入了6台光凝固装置，对早产儿的眼底检查已相当普及，"未设置光凝固装置的主要公立医院，在昭和49年当时大体上对本症疗法的光凝固疗法有所了解，认可其有效性、安全性，具备了作为治疗的前提对早产儿在出生后尽早实施多次眼底筛查，如结果必要则向更加专业的兵库县立儿童医院等转院的体制"，光凝固疗法的知识在主要公立医院相当普及，并以此作为本案医院的医疗水准，肯定了医师的义务违反。

由此，从限制医师的注意义务的观点衍生而来的绝对的医疗水准论，不久便转换为考虑医师或医疗机构所处的社会的、地理的环境等诸多具体情况的相对的医疗水准论。

日本的这一发展，特别是绝对说，在中国已被众多论文相继介绍[1]，并得到高度评价，"医疗水准说的产生为医疗行为确立了一项统一水准，为法律对医疗行为的统一规制，较公正地解决医患纠纷起到非常重要的作用"[2]。但是具有独自见解的观点仍不多见，医疗水准论的判例也为数不多，以下仅举一例。

第2项 判例

事例20

**右乳腺全部摘除的事例（南京市中级人民法院2001年1月13日判决）**[3]

**【事实概要】**

X因发现右乳房包块，于1997年9月18日在Y医院的外科接受诊察，因需要手术当日入住Y医院外科。同月23日，该医院外科的所有医师对X的手术方案进行

---

① 艾尔肯，前揭书，第108-110页；王敬毅，前揭文，第741-742页；关淑芳：《论医疗过错的认定》，《清华大学学报（哲学社会科学版）》，2002年第4期等。

② 艾尔肯，前揭书，第110页。

③ 陈晓军主编，前揭书，第132-143页；祝铭山主编，前揭《医疗损害赔偿纠纷》，第133页。

术前讨论,因不能排除包块有恶变的可能,故决定对 X 行"右乳包块切除术＋快速冰冻切片检查",如快速冰冻切片病理报告诊断包块为恶性肿瘤,则拟行"右乳癌改良根治术"。同日,Y 医院就该手术方案向 X 亲属予以告知,X 亲属表示同意并签字。9月25日,医院对 X 实施手术。术中,医院先将 X 右乳包块及周围乳腺组织切除并送病理室做快速冰冻切片诊断,此间将切口逐层缝合。约一个半小时后,快速冰冻切片病理诊断 X 右乳包块为恶性肿瘤,Y 医院当即将此结果告知 X 亲属,并说明需对 X 施行"右乳癌改良根治术",X 亲属对医院提出的此手术方案表示同意,并再次签字。医院当即对 X 施行了根治术,将 X 的右乳及周围相关组织全部割除,并将根除组织的标本送院病理科检验,整个手术过程顺利。X 恢复正常,于10月6日出院。术后,鼓楼医院病理科对 X 的右乳改良根治标本又进行了免疫组化病理检验,结论为 X 的右乳包块为侵袭性颗粒肌母细胞瘤,根据免疫组化的结果可排除乳腺癌。后医院结合快速冰冻切片病理诊断结果及免疫组化病理检验结果,出具了对 X 右乳包块的病理报告书,报告书认为:X 右乳包块为侵袭性颗粒肌母细胞瘤,属低度恶性或境界恶性,手术切除后不必做其他治疗,但须紧密随访。

　　X 在得知了免疫组化的病理结论后,将其所获的病理切片送交多家医院检验,数家医院的病理报告均诊断 X 的右乳包块非恶性肿瘤。据此,X 认为:鼓楼医院的快速冰冻切片病理诊断失误,导致其右乳组织被全部割除,医院的治疗行为存在重大过失。为此,X 向南京市鼓楼区医疗事故鉴定委员会申请医疗事故鉴定。该委鉴定认为:本病例为右乳腺颗粒(肌母)细胞瘤。颗粒细胞瘤是一种比较少见的软组织肿瘤,在乳腺组织上发生极少见,据省肿瘤医院、八一医院和鼓楼医院被切除乳腺瘤组织病理诊断回顾,以往没有遇过。此次又在快速冰冻切片情况下,病理组织类似乳腺癌的改变,确定颗粒细胞瘤诊断是有较大难度的。但鼓楼医院快速冰冻切片病理报告明确为乳腺癌是不谨慎的。侵袭性颗粒肌母细胞瘤有恶性倾向,原则上可以做根治术,但术前应征得患者或家属的同意。因根治术前不能确定侵袭性颗粒细胞瘤,未能如实征求患者及家属意见,行右乳房改良根治术,客观上违反了病人的意愿,手术扩大化,对病人造成了一定程度的损害。鉴定结论:本例不属于医疗事故范围。X 不服上述鉴定结论,向南京市医疗事故鉴定委员会申请重新鉴定。该委鉴定报告认为:本病例为右乳腺颗粒(肌母)细胞瘤;"颗粒细胞瘤"是罕见的软组织肿瘤,国外文献中报道的仅有数百例,其中的"恶性颗粒细胞瘤"更是极为罕见,截至1996年世界上仅报道了36例,且多为个例报导。国内外权威专家(EZENGER 和张仁元)论述其生物学行为属来源未确定,良恶性质难以准确界定的少数肿瘤之一,目前病理界命名各异,标准不一,恶性形态难以在显微镜水平认定。鼓楼医院①快速冰冻病理术中口头报告为"恶性肿瘤",10月6日书面报告再次诊断。其本身含义为:未肯定为乳腺腺癌;难以排除低度恶性的可能。但临床按常规理解为乳腺癌导致手术扩大，病理诊断者与术者均有欠完美之处；病理口头诊断可附带说明其形态的特殊不典型性；临床也应考虑患者年龄、婚姻状况及"恶性肿瘤"的含义的广泛性，适当选择手术范围。②颗粒（肌母）细胞瘤与侵袭性颗粒细胞瘤为术后诊断差异，未对手术方式的选择产生影响。综上，颗粒（肌母）细胞瘤是一种极为罕见的病例，目前在国内外学术领域对其生物学行为均未能完全界定，现在的病理诊断学认知水平难以对此病例予以精确认定，就世界上目前对此病变的研究发展，南京地区的诊疗水平以及快速冰冻切片检查的局限性等因素综合考虑，本病例虽有手术范围扩大的后果，但当事病理医师无过失行为。鉴定结论为本例不属于医疗事故。

X不服医疗事故鉴定结论，以Y的快速冷冻切片病理诊断为误诊为理由向南京市鼓楼区人民法院提起诉讼。

一审判决（南京市鼓楼区人民法院2000年10月2日判决）认为：

(1) 关于专家责任

本案原、被告间属医患关系，在此关系中，院方作为具有专门知识和技能的专家而赢得患者信赖，故院方在进行执业活动时，负有高度注意、救死扶伤及努力完成受委托工作的义务。这些义务有些是医疗服务合同所约定的，有些则是行业规范、法律、职业道德的要求。如在执业过程中，违反上述义务给他人造成了损害，则应承担专家责任。专家责任是一种过错责任，须符合侵权行为的构成要件，即要具备行为违法、患者有损害后果存在、违法行为与损害后果有因果关系、主观上有过错。但在具体认定行为的违法及主观上的过错时，必须将医疗行业习惯及惯例、现有医疗科学技术的实际发展状况作为重要的考量情节，以一个合格的医护工作者所应有的专业知识和技术水平来判断。

(2) 关于本案手术

首先因原告所患肿瘤的罕见及特殊，被告在术前不能排除肿瘤恶变的可能，故按行业习惯及惯例采用术中快速冰冻切片诊断，对此方案，被告术前进行了慎重讨论，尽到了应尽的注意义务，且向患者亲属予以了必要告知，亦尽到了告知义务。另被告对原告在术前进行了常规及必要的检查，术中的操作及术后护理亦按规程要求履行，无异常现象。据此，本院认定被告对原告实施的医疗行为在操作程序上符合规范及行业习惯。

(3) 关于医疗水准

其次，因我国目前对该肿瘤研究的技术水平尚不能对该肿瘤的良恶性有较明确的判断标准，且该肿瘤恶性表现形式复杂，故快速诊断难以达到精确程度。经过对双方提交的病理报告进行审查，本院认为，被告提交的病理报告在形式上更具科学性。

医学科学是极为复杂的学科,对同一病例,医师因学识、经验、认识差异而可得出不同的印象和判断,尤其对于一些罕见病例,则判断差异更为显著。因此,对本案的特殊罕见肿瘤的认定应以倾向性的诊断意见和该研究领域的权威意见相结合作为判断标准。本案涉及的这两类意见均共同认为该肿瘤细胞有符合恶性标准的形态存在,权威的意见则更为明确,认为该肿瘤为恶性肿瘤,故本院在综合各医生、专家的意见,并从科学性、严谨性、可信性几方面对双方提交的病理报告进行审查判断的基础上得出结论,认为原告右乳包块中的肿瘤至少应是具有恶变倾向的颗粒肌母细胞瘤,据此可认定被告出具的快速切片病理报告没有达到精确诊断的要求,但并不能视为误诊或错诊,在此诊断的基础上实施根治术亦符合行业惯例。被告的行为不存在违法,其主观亦无过错,且术后被告又对该病例进行了进一步的病理检测,并如实出具了详细报告,此亦体现了被告对该病例诊疗的科学态度,尽到了其应尽的合同义务和法定义务。

(4) 关于责任

但本案所涉及的整个治疗行为的不完美之处亦是客观存在的,具体在于因术中未能精确诊断为侵袭性颗粒肌母细胞瘤,故未能征求患者最客观的意愿,手术方案的选择亦不是在最真实的条件下进行,未能充分考虑患者是一未婚女性而行最恰当的手术,使患者及亲属在术后得知有关情况与术中了解的情况不完全相符后,即对术后的现实有无法接受的焦虑和痛苦,并为弄清真相而奔波,经济上亦承受了一定的负担。

对此,本院认为,此不完美非被告主观有过错或行为违法造成,而是目前医学科学对该肿瘤的诊疗水平及技术局限造成,若要求由被告承担此局限性的后果,势必不利于医学科学的发展,从社会公平的角度考虑亦显不妥。对原告而言,客观上其身体权遭到侵害,但在目前医疗水平不能同时对患者的生命健康权及身体权并重予以完美保护时,医者的职责及患者的根本利益均要求对生命健康权的保护是首要的、根本的,对患者身体权的保护须以不丧失生命健康权为成就条件,故原告虽然右乳缺如,但此并不能视为损害后果;原告因此治疗而承受的不利影响应是一种因病情诊断差异而产生的对术后现实不能接受的痛苦。对此虽然被告行为及主观无过错,但原告承受的此不利影响除与其自身的认识因素有关外,与被告的治疗行为亦有客观的因果关系,故被告可给予原告一定的经济和精神上的补偿。

法院以上述理由,认可了X方的部分请求,判令Y承担2万元的赔偿责任。

对一审判决,X与Y均不服,各自提出了上诉。

【判决要旨】

二审判决(南京市中级人民法院2001年1月13日判决)如下:

(1) 关于本案中的医疗水准

X 所患的右乳腺颗粒(肌母)细胞瘤,是一种极为罕见的病例,现在的病理诊断学认知水平难以对此病例作出准确认定,此前本市主要大医院的病理诊断史尚未遇过,故综合世界目前对此种病例的研究发展、南京地区的诊疗水平以及快速冰冻切片检查术的局限性等因素考虑,对鼓楼医院在快速冰冻切片检查术中未能明确本病例是颗粒细胞瘤不应过于苛求。

(2) 关于本案的诊断及手术的必要性

X 主张本病例为良性颗粒细胞瘤,鼓楼医院的病理诊断错误,提交了有关医院的病理诊断结论予以证实。鼓楼医院认为本病例属恶性颗粒细胞瘤,其快速冰冻切片检查诊断为恶性肿瘤是正确的,并提交了由该研究领域学术权威张仁元教授签发的病理诊断意见和上海数家医院的病理诊断意见予以印证。双方提供的证据均有一定的说服力。鉴于国内外权威专家论述颗粒细胞瘤属良恶性质难以准确界定的少数肿瘤之一,目前病理界命名各异,标准不一,且双方所持的病理切片组织状况好坏程度也存在差异,故不宜认定鼓楼医院的病理切片诊断错误,为此鼓楼医院选择根治术并无不可。

(3) 关于责任

因 X 所受损害与 Y 医院的医疗行为存在因果关系,而双方当事人又均无过错,从公平原则考虑,Y 医院可给予 X 一定的经济补偿。

第 3 项　探讨

在本案判决之前,关于医疗水准,多数判决采接近绝对水准论的立场。例如,在本章列举的判例中,事例 10 的二审判决的"使用了对老年人和肾功能不全之人应当慎用的庆大霉素",事例 11 的二审判决的"Y 医院违反手术的规程",事例 17 一审判决的"未对供血者按照(卫生部规定的)检查项目进行检查",以及事例 18 一审判决的"在实施预防注射时,违反医院感染管理有关规定,未严格消毒"等,此外事例 18 的二审判决,对于 $Y_2$ 的责任,认为"违反'一人一针一管'的操作规定,未向 $X_1$ 告知预防接种后的注意事项","$Y_2$ 的行为违反了卫生部 1982 年 11 月 29 日颁布的《全国计划免疫工作条例》第十六条、第二十一条的规定,是为过错";对于 $Y_1$ 的责任,认为"违反了卫生部 1980 年 1 月颁布施行的《预防接种后异常反应的诊断及处理细则》的规定,有过错"。对于 $Y_4$、$Y_5$、$Y_6$ 的责任,认为"违反《全国计划免疫工作条例》和卫生部 1980 年 1 月 22 日颁布施行的《预防接种后异常反应和事故的处理试行办法》第二条的规定",以上认定都采纳了绝对水准论的立场。

本案一审判决提出,"我国目前对该肿瘤研究的技术水平尚不能对该肿瘤的良恶性有较明确的判断标准,……医学科学是极为复杂的学科,对同一病例,医师因学识、经验、认识差异而可得出不同的印象和判断,尤其对于一些罕见病例,则判断差异更为显著。因此,对本案的特殊罕见肿瘤的认定应以倾向性的诊断意见和该研究领域的权威意见相结合作为判断标准"。也就是说,一审判决采纳了应以医疗惯例、倾向性及权威的意见作为医疗水准的绝对的医疗水准论的立场。

对此,二审判决认为,"X所患的右乳腺颗粒(肌母)细胞瘤,是一种极为罕见的病例,现在的病理诊断学认知水平难以对此病例作出准确认定,此前本市主要大医院的病理诊断史尚未遇过,故综合世界目前对此种病例的研究发展、南京地区的诊疗水平以及快速冰冻切片检查术的局限性等因素考虑,对鼓楼医院在快速冰冻切片检查术中未能明确本病例是颗粒细胞瘤不应过于苛求"。也即,二审判决对于医疗水准,在考虑了国外对该病例的研究、该地域的诊疗水平、检查手段的局限性等诸要素的基础上,应进行综合的判断,采纳了相对的医疗水准论的立场。

如上所述,对于医疗水准论,在理论界并不多见独到的见解,在实务上,可以确定的是,与日本同样,经历了从绝对的医疗水准论发展到相对的医疗水准论这一过程。

### 第2款　专业性

对于大学附属医院的医师与一般个人执业医师之间是否应当设定注意义务的程度之差,日本大部分的判例都持肯定意见。例如,名古屋大学附属医院的外科主任在实施肺部切除手术时,对发生胸廓成形后遗症等并发症的事故,法院认为"被告以肺结核治疗为目的实施肺部切除手术的时,……具有参照治疗目的、患者的体力、发生并发症的可能性等,应当采取更合适的切除及并发症防治措施的作为专业医师的高度注意义务"[1]。学说对此则分为肯定与否定两种观点[2]。

例如,有肯定说认为,"在将医疗水准这一标准作为过失判断的依据时,对于在大学附属医院及大医院工作的医师来说,一般被认为是在人和物的条件都较完备的医疗设施之下进行医疗活动,平素也常有研究的机会,相较于普通医院工作的医师,推定其具有高度的医疗水准。因此,对大学附属医院等大型医院课以较高的注意义务

---

①　此外,大阪高判昭和47.11.29判時697号55頁、仙台地判昭和52.11.7判時882号83頁、東京地判昭和53.5.29判時905号77頁、大阪地判昭和61.6.12判時1236号105頁、最判昭和63.1.19判時1265号75頁、東京高判昭和63.3.11判時1271号3頁也持相同观点。
②　肯定说参见岩垂正貴:《実務法律大系5》第93頁;滝井繁雄、藤井勲:《医療水準論の現状とその批判》,判タ629号,第14頁以下;否定说参见清水兼男:《仙台地判昭和52.11.7判批》,判評237号39頁。

是妥当的"①。

此外,对于医师在处理专业之外的患者时,与专科医师相比能否减轻注意义务的程度,判例学说都分为肯定与否定的观点。②

以专业之外的诊疗本身为过失的观点是不妥当的,如果处理合适,则对此不存在讨论侵权行为责任的余地。但是,对该医师来说,不能因为专业外的诊疗而减轻被要求的注意义务的程度。例如,内科医师在实施外科诊疗时,被要求与通常的外科医师相同的注意义务,是否存在过失以外科医师的标准进行判断。③ 之所以接受该诊疗,可以解释为是认为自己具备相应的能力。因此,可以说专业之外的患者,从诊疗能力及医疗设备的层面来看认为无法进行适当的处理,则具有应当劝说该患者接受其他专科医师诊疗的义务。

在中国,医师通常是在自己的专科病栋或专科诊所工作,不熟悉其专业之外的领域被认为是理所当然。因此在该种情况下,在不得不实施专业之外的医疗行为时,要求其与专科医师同样的注意义务并不妥当的观点较为普遍。但是另一方面,有学说认为"严格来说,医师不应从事自己专门领域之外的治疗业务,当病人前来求诊而其病症不属于医师专门业务范围之内时,医师应履行说明义务,请病人到专门医处治疗。医师如果没有履行该项说明义务而对自己业务范围之外的患者加以治疗时,法律上不考虑其业务范围,而以专门医师的注意程度来衡量他是否存在过失。只有在医师履行了上述说明义务以及依治疗当时的情形难以找到专门医师时,法律才考虑医师的具体情况,比照专门医师降低其注意义务的程度"④。

## 第 3 款　紧急性

患者的状态属必须紧急治疗、对其自身的确认也不可能的情况,或者人、物的条件不完备,非专业领域的医疗负责人为了患者的利益勉强实施医疗行为等情况下,对医疗负责人课以与通常情况下同样的注意义务不免苛刻。在以上情形下,日本的通

---

① 梶村太一:《注意義務の程度》,《裁判実務大系 17》,第 140 頁以下。

② 属于肯定说的,如東京高判昭和 41.5.27 医民集 158 頁、加藤一郎:《不法行為法の研究》,第 18 頁;唄孝一:《医事法学への歩み》,第 167 頁;属于否定说的,如大阪地判昭和 38.3.26 判時 343 号 17 頁、大阪高判昭和 61.3.27 判時 1220 号 80 頁。

③ 大阪地判昭和 38.3.26 判決认为,"即使医师对专业外的患者实施了医疗处理,但如果处理适当,对该处理行为本身不存在讨论其侵权责任的余地。虽然如此,但在该种情况下,若存在偏僻地区没有其他专科医师、属紧急情况等特殊情形时另当别论,该医师被要求的注意义务的程度,以作为专科医师一般应尽到的注意义务为标准的解释是适当的",判時 343 号 17 頁。

④ 艾尔肯,前揭书,第 113 頁。

说认为,虽然根据具体事案在程度上会有差异,但应当认可对医师注意义务的缓和。①

对此,中国也有较为相似的解释。如有学者认为,"由于医疗的判断时间紧促,对患者的病症无法作详细的检查和诊断,很难要求医师与平时的注意程度相同的情况"②。此处所指必要的紧急处理,可以理解为对生命存在危险的患者进行救命的处理。

## 第4款　地域性

### 第1项　二元构造的医疗保险制度

根据 2000 年的"第 5 次全国人口普查",中国的城市人口有 45844 万人,农村人口有 80739 万人。

众所周知,中国政府自 20 世纪 50 年代开始将国民区分为农业人口与非农业人口,采用区分"农村户籍"与"城市户籍"的二元户籍制度。并且基于该户籍制度,设置了二元的医疗保险制度。也就是说,在城市中设置了以国有企业和城市的部分集体所有制企业的从业人员,以及退休人员作为给付的对象,由企业承担"劳动医疗保险"的支出,以及政府机关的工作人员及其家属(半额免除),及退休人员、大学的在校生等作为给付对象,由国家预算支付的"公费医疗保险"两种制度,确保了城市中的居民的基本医疗。与此相对,在农村,为了解决缺医少药的问题,在各地区的人民公社和生产队成立了具有合作性质的卫生组织"卫生合作社",在高峰时期(20 世纪 70 年代)普及程度达到约 90% 的农村居民参加。然而,这类组织是合作性质的医疗保健机构,并非具有保险性质的医疗保险制度。举办"卫生合作社"的卫生所的核心主要是赤脚医生(当时被称为"赤脚医生",后改为"乡村医生")。赤脚医生没有接受过正规大学的医学教育,通常是在附近的医疗机构接受短期的(6～12 个月)初级训练,之后为了增强医术按顺序定期地接受训练,即所谓的"半农半医"的保健员,其报酬由人民公社支付。在以此种"保健员"为主的卫生所,只进行国家规定的预防医疗的实施、轻度的疾病、损伤等处理,而罹患中等程度或重度疾病的农村居民只能通过自费在县、市的医院接受诊疗。20 世纪 80 年代以降,人民公社的集团经济形态转变为农村家庭联产承包责任制即所谓家庭经济形态,人民公社在解体的同时,支撑"合作医疗"的集团出资也逐渐消失。此外,因为没有政府的补助金,进入到 80 年代后期,举办"合作医疗"的卫生所急剧消失。

---

① 岩垂,前揭《实务法律大系 5》,第 93 页。
② 艾尔肯,前揭书,第 116 页。

另一方面,城市的医疗制度也随着计划经济向市场经济的转变,带来了医疗费用的增长,企业和国家都已经对财政负担无力坚持,在维持现有医疗保障制度的过程中也产生了诸多问题,因此迫切需要进行医疗保险制度的改革。1998 年 12 月,随着《关于建立城镇职工基本医疗保险制度的决定》的公布,此前的公费医疗、劳动保险制度也同时被废止。此外,农村地区虽然略晚,但也在 2002 年由国务院发布了《关于加强农村卫生工作的决定》,“农村大病统筹”医疗保险开始起步。以上保险之间的差异在附表表 2 中进行了对比。

如上所述,随着社会的变化,虽然政府在城市与农村分别开展了新的医疗保险制度,但二元的社会构造,并未得到根本性的改变。

### 第 2 项  医疗资源分配的差别

如果无法避免尖端医疗体系以及综合医院等集中在城市,那么应当考虑在地方完善基本医疗,例如充实私人诊所。但是因为二元的社会构造,收入的差别、健康状况的差别、医疗保障的差别不断扩大,即使医学部毕业取得医师资格,能够在城市就业,就算转行也不去农村的医师不在少数。根据 2002 年国家统计局的统计,在城市的医疗技术人员有 441.6 万人,而农村只有 116.8 万人。此外,仅从医师来看,相较城市 131.2 万的医师人数,农村的医师只有 31.1 万人。也就是说,中国全国几乎 80% 的医疗技术人员集中在城市。考虑到农村的总人口大约是城市人口的两倍,按照人均的分配存在 8 倍的差别。此外,不只是城市与农村,地域与地域之间也存在巨大的差距(附表表 3)。

中国的医疗总费用以其由“政府出资”“民间出资”“个人负担”三部分财源构成为特征。观察自 2000 年至 2004 年的统计(表 4),可以发现政府投入小,民间投入中等,个人投入大的构成。如果是这样,可以预想差距会愈加明显。经济快速发展的地区或收入水准较高的地区的居民将能够享受良好的医疗服务,而经济发展缓慢、收入水准低的地区的居民则有可能会失去接受医疗服务的机会。实际上,观察城市与农村的人均的医疗费,2004 年的时点有 4.2 倍的差距,2000 年到 2004 年 5 年间的平均也有 3.9 倍(附表表 4)。

以上通过一部分的统计资料对中国的医疗资源存在的差距进行了概观。医疗资源的地域差距不断扩大的原因之一,被认为是历史的原因,而另一原因则被推测为是政府的政策。

在诊疗过程中,判断医师是否存在过失时,必须考量各种因素。医疗资源的地域差异也是其中之一。在上述差距已经显现的中国,在认定医师的过失时如何考虑地域差异将成为重要的课题。

### 第 5 款　拒绝解剖的效果

中国与日本相同,都受到佛教及儒家的生死观和人生观的强烈影响。"身体发肤,受之父母,不敢毁伤,孝之始也"这一孝经的名句,教示了伤害身体的行为是为不孝,而具有此种观念的人,甚至连整形都敬而远之。

在佛教中,没有生死、变化,时常存在的灵魂是不生不灭的,作为轮回的主体能够生而变化。信奉佛教者相信灵魂不灭与轮回转世(不生不灭,不垢不净,不增不减),以及死后的世界。此外,通过供养(日本也称追善供养)这一行为,相信可以将此世的思念寄托给另一个世界的信者也不在少数。

拒绝解剖这一行为,不仅是对死者的尊敬,也考虑到在来世或在另一个世界(死后的世界)相见,若五体不全或身体受到伤害则不免困惑,由此种不安而来。如果不这样考虑,则无法解释本人已经承诺将器官捐献而遗属对此拒绝的事例。

对照以上的情形,无论在日本还是中国,因拒绝解剖而使死因无法判明的情况下,一般不能再严格追究医方的责任。

日本存在以拒绝解剖为理由认定医方无责任的判决(東京地裁昭和 39 年 6 月 29 日判决),也存在仅减少抚慰金的判决(宫崎地裁昭和 47 年 12 月 18 日判决)。对此,米田泰邦教授对医方提出"一定要做到对强烈要求解剖但因患方的拒绝无法实现的情况进行记录,作为资料留存"[1]的建议,同时指出,如果存在妨碍患者要求解剖的情况,则该情况本身被作为对医方不利之处是理所应当的。[2]

在中国关于死者的解剖,前述医疗事故处理条例第 18 条作出了详细规定,"患者死亡,医患双方当事人不能确定死因或者对死因有异议的,应当在患者死亡后 48 小时内进行尸检;具备尸体冻存条件的,可以延长至 7 日。尸检应当经死者近亲属同意并签字。尸检应当由按照国家有关规定取得相应资格的机构和病理解剖专业技术人员进行。承担尸检任务的机构和病理解剖专业技术人员有进行尸检的义务。医疗事故争议双方当事人可以请法医病理学人员参加尸检,也可以委派代表观察尸检过程。拒绝或者拖延尸检,超过规定时间,影响对死因判定的,由拒绝或者拖延的一方承担责任。"在判例中也存在认定医方承担赔偿责任的同时,减轻其赔偿责任的判决。该判决的情况如下。

---

① 米田泰邦:《医事紛争と医療裁判》第二版,第 56 - 57 頁。
② 米田泰邦,前揭書,第 142 - 143 頁。

事例 21

## 江苏省如皋市人民法院 2005 年 12 月 7 日判决[①]

### 【事实概要】

原告 X 诉称,2005 年 2 月 5 日早上 6 点 30 分左右,其丈夫 A 因双下肢麻木到 Y 医院就诊。该院的诊断认为可能是低钾麻痹或心脏病或格淋巴利综合征,治疗措施为输液补钾治疗。同日上午 10 时,A 出现烦躁不安症状,医院仍补液、观察,未采取其他措施,11 时左右,A 突然出现心脏、呼吸停止,医院立即组织医生抢救,中午 12 时左右,A 因抢救无效死亡。A 死亡后,Y 提出为查明 A 的死因需要对其进行尸检,但 X 拒绝解剖。2005 年 3 月 28 日,南通市医学会作出医疗事故技术鉴定书,认为医方在诊治过程中存在不足。

### 【判决要旨】

江苏省如皋市人民法院认为,"公民、法人由于过错侵害国家的、集体的财产,侵害他人财产、人身的,应当承担民事责任。医院的陈述及相关证据证明,A 在医院接受诊治且最终在医院死亡的事实存在,即医院与 A 之间存在医疗关系,A 死亡的损害事实。根据南通市医学会医疗事故技术鉴定书的分析意见,被告镇医院在诊治过程中存在对患者疾病的严重性认识不足,体检不仔细、未行心电图检查、未复查血钾、病历书写不完整等不足。医院所举证据不能证明其医疗行为没有过错,不能足以证明其医疗行为与 A 的死亡之间没有因果关系,应承担一定的赔偿责任。因 A 的近亲属不同意尸体解剖而导致钱斌的死亡原因不明,妨碍了医院对因果关系的举证,应当减轻医院的赔偿责任"。

# 第三节　小　　结

以上,按照医疗过错中产生的问题的不同类别,选取相关事例进行了分析与探讨。以下将根据上述分析内容进行总结。

### 1. 诊断中的过失

在医疗纠纷的事例中,误诊这一类型认定医师过失的判决,无论在日本还是中国

---

[①] 薛专、秦昌东、商晶晶:《患者进院半天死亡　医院诊疗不足赔偿》,中国法院网 2005 年 12 月 8 日,http://www.chinacourt.org/article/detail/2005/12/id/189270.shtml.

都相对较少。这是因为,治疗过程本身具有反复试错的性质,此外对于迫切需要处理措施的情况,在有限的资料下作出判断,不得不承认当时的医疗水平的界限。多数判例并非直接追究误诊本身的责任,而是着眼于诊断前的问诊以及诊断后的处理是否尽到了相应的注意义务。

### 2. 用药中的过失

发生输液休克的情况下,如何准确且迅速地采取紧急处理,不同的处理会在预后产生差别。通常,无论是中国还是日本,各种药品的功效书中都记载着"一般注意事项",其中会注明该药物的副作用,关于输液休克的紧急处理,作为医疗的基础教育医师及护士都应当掌握。通过观察本章中选取的判例,可以看出,即使是在社会体制和法律构造相异的中日两国,也存在对于从西医这一相同基础产生的问题的共通认识,或类似的法律上的处理方式的可能性。

此外,因用药产生的事故中,医药品包含的副作用事故较为常见。对于药品的副作用,通常分为,如果使用适当可能回避的副作用,与即使使用适当也无法回避的副作用。前者的情形,要求医师尽到细心的注意遵守使用方法,若有疏忽大意则将被追究相应责任。后者的情形,通常认为,患方在了解该风险之后仍然选择治疗时,即使患者遭受损害也不能成为民事责任的对象。

### 3. 输血中的过失

关于输血的医疗问题,在中国主要是血型不符的输血及输血时的过错等,其中特别是因输血发生的感染事故引人注目。所谓因宗教理由的拒绝输血的事例在中国并未发现。感染事故中,类似事例 15 中接受输血的少年感染艾滋病这样触目惊心的事件也引起了巨大的话题。

中国也和过去的日本相同,在各医院曾经利用从职业献血者采集的血液向患者输血。但是,各医院的检查水准或检查设备也是参差不齐,并未充分设置防止输血感染事故设备的医院也不在少数。为了确保输血的安全性,中国卫生部于 1993 年 3 月 20 日发布了《采供血机构和血液管理办法》。而 5 年之后,为了强化血站的管理,废止了该办法,并发布了新的《血站管理办法》(1998 年 9 月 21 日)。通过该条例的施行,虽然滞后但也同日本一样,使输血事故变为一种药害事故。

### 4. 预防接种中的过失

预防接种在中国分为强制性的预防接种和自愿性的预防接种。强制性的预防接种,是指国家免费向公民提供,公民按照政府的规定必须接受的接种。自愿性的预防接种,是指公民自费选择的接种。相对于前者具有强制的性质,后者能够基于自由意志决定是否进行接种。并且,对于因接种产生的异常反应给被接种者带来损害时的救济,前者由各地方政府的预防接种的经费进行补偿,后者则由生产该疫苗的企业进行补偿。对于因预防接种异常反应产生的损害,其补偿的具体内容由各省、自治区、直辖市的人民政府制定。

在日本,进行预防接种的疾病分为"一类疾病"和"二类疾病"。预防接种法明确规定,对接受了一类疾病的定期预防接种或临时的预防接种,或二类疾病的紧急预防接种(强制性预防接种)而产生的疾病、残障或死亡,其补偿,例如医疗费及医疗补助、残障儿抚育金、残障辅助金、死亡赔偿金、丧葬费等,由国家支付。与此相对,中国的规定仅停留在"补偿的具体内容由各省、自治区、直辖市人民政府制定"。也就是说,意味着完全相同的事件在不同地区支付的补偿金数额可能会存在差异。

此外,在日本,对于依公权力强制性实施的预防接种产生的损害,明确规定其责任在政府,其赔偿不区分地域,所有均按照国家赔偿法给予足够的赔偿。与此相对,在中国对于第一类预防接种产生的损害责任承认在政府,但避免使用"国家"一词,也不适用国家赔偿法,其责任转嫁给各地方政府。因此,现实是地方政府的赔偿较所有赔偿都低,仅支付一次性赔偿金。

### 5. 应当考虑的要素

判断医师的注意义务的标准时,通常必须考虑医疗水准、医师的专业性、治疗的紧急性以及医疗现场的环境等因素。

对于医疗水准,在理论层面虽然几乎不见独到的见解,但在实务中,与日本相同从绝对的医疗水准理论展开至相对的医疗水准理论的发展过程是确实的。笔者认为,从日本引入医疗水准理论,运用在中国实践是非常有意义的。但是,对医师的专业性、地域性等的解释也从日本囫囵吞枣地引入,持怀疑态度。这是因为日本与中国在社会构造或法律构成中相异之处较为多见。

如前所述,为了防止居民从农村向城市迁移,设置了二元构造的户籍制度。此外,限于农村的工作,未接受过正规医学教育的乡村医生被给予"进行一般的医学处理"的权限。

与此相对,日本持有医师资格者需要修满6年医学的正规课程,或相同程度的医学课程。在此前提条件下,对于人和物的条件都不充分的偏僻地区,非专业领域的医疗负责人在患者需要紧急治疗时勉强实施医疗行为的情形,通说认为该医疗负责人的注意义务的标准应被缓和。

然而,以相同解释嵌入到中国的实践时,存在着中国农村居民的医疗问题将更加扩大的担忧。未进行过正规医学课程学习的乡村医生在发生医疗过错时,重要的并非是考虑其专业性或其所处的医疗环境,而是对其医疗行为进行许可的医疗卫生行政部门应当以何种形式对被害人进行救济。

# 终　　编

　　本书首先从中国的医疗制度的变迁与现状出发,在该医疗制度这一大的框架中,通过两个视角,即契约法的视角与侵权行为法的视角,对医师被追究的民事责任,与日本法比较的同时,通过两编共七章对个别问题进行了分析检讨。在本章中,第一节、第二节将对前述内容进行总结,在第三节提出本书大致的结论,第四节将在本书研究得出的见解的基础上尝试对立法提出若干建议。

## 一、医疗法律构成的特征

　　与日本相比,中国关于医疗的法律构成,可以列出如下特征。

### 第1款　实体法

第1项　关于医师资格

　　中国现在的医生,根据资格等级,分为执业医师、执业助理医师以及乡村医师三类。执业医师相当于日本的医师,而执业助理医师和乡村医师在日本并不存在。

　　执业助理医师应当在执业医师的指导下,在医疗、预防、保健机构中按照其执业类别执业,不能独自执业或开设诊所。但是,在乡、民族乡、镇的医疗、预防、保健机构中工作的执业助理医师,可以根据医疗诊治的情况和需要,在卫生院或卫生室能够独立从事一般的执业活动(执业医师法第30条)。

　　乡村医师,一般未接受过正规的医学教育,仅通过自己自荐或村民、政府相关人员的推荐接受过短期研修。乡村医师的医疗执业活动,限定于村的医疗卫生机构,但能够掌握预防(政府机构进行委托的预防接种等)、保健及一般医疗服务(乡村医生从业管理条例第2条第1款),活跃于中国基层的医疗现场。

　　此种医师资格制度,可以说是与形成于唐代,存续至清代的医师选拔制度近似的制度。譬如说,执业医师相当于"官医",执业助理医师相当于"官医"的助手,乡村医师则为邻居或相识推荐的"民医"。而此类"民医"多为无正规医学教育经历者。

第 2 项　关于医疗法人的性质

在日本,禁止以营利为目的的医疗业务(日本医疗法第 7 条第 6 项),非医师者原则上不能开设医院(日本医疗法第 7 条第 1 项)。此外,在医疗法人不得对盈余进行分配(日本医疗法第 54 条)。在日本,众所周知个人的收入与个人诊疗报酬的多少并不相关,尤其是工作在公立医疗机构的医师,其报酬是以国家或地方政府规定的标准为基础而确定的。

与此相对,中国承认营利目的的医疗业务,机关、企事业单位及个人可以设置医疗机构(医疗机构管理条例第 6 条、第 9 条)。开设个人诊所的情况下,应当由医师本人申请,法人或其他组织设置医疗机构,应当由其代表人申请(医疗机构管理条例实施细则第 14 条)。此外,医疗机构分为营利性医疗机构与非营利性医疗机构,营利性医疗机构按照一般企业的财务制度及会计制度开展经营,能够自己决定诊疗价格的标准(关于城镇医疗机构分类管理的实施意见)。非营利性医疗机构中医师个人的劳动报酬与该医师的诊疗报酬相关联,诊疗报酬少则直接影响着该医师的劳动报酬。也就是说,在中国形成了不问营利、非营利,或私立、公立,医疗报酬与个人收入相关联的体制,通过本文的研究使这一问题得以明确。

## 第 2 款　程序法

第 1 项　二审制度

在日本,司法权属于最高法院以及下级法院(高等法院、地方法院、家事法院、简易法庭),采用允许两次上诉的三审制度。当事人根据其参与的诉讼程序的种类被给予不同的称呼。第一审为原告与被告,第二审为控诉人与被控诉人,上告审(最高法院)为上告人与被上告人。采用该三审制度的目的,在于确保裁判的公正、力图使纠纷得到正确的解决,以及使法令的解释、适用得到统一。在法律层面,虽然对于同类案件最高法院的判决对下级法院的判决并无拘束力,但事实上,如果不存在特殊的情况,下级法院通常会依照最高法院的判断对同类案件作出判决,通过此种形式达到对法令解释、适用的统一。

与此相对,中国采用二审制度,对于不服只能提起一次上诉。① 当事人的称呼,第一审为原告与被告,第二审为上诉人与被上诉人。并且,最高法院的管辖仅限于"①在全国有重大影响的案件,②认为应当由本院审理的案件",因此关于医疗纠纷的最高法院判决并不多见。因为上述原因,本书的研究中并未对最高法院的案例进行

---

① 《民事诉讼法》第 175 条:第二审人民法院的判决、裁定,是终审的判决、裁定。

探讨。

中国的最高法院并未承担像日本最高法院对法令进行统一地解释、适用的任务，因此常见各下级法院判决之间的不统一。例如，对于医师的民事责任，既有采过错责任立场的判决，也有采无过错责任立场的判决。此外，对于赔偿额的计算标准，不同法院或不同案件之间存在差异的情况也较为多见。

对于此种欠缺统一性的判决状况，当事人也怨声载道。

第 2 项　鉴定制度

对于医学鉴定，在日本法院一般通过大学的事务局委托其推荐鉴定人，被推荐的医学专家接受鉴定的委托，作为鉴定人进行鉴定。有时也会出现被推荐的医学专家不愿出席证人询问，从而拒绝鉴定委托的情况，法院也会陷入难以指定鉴定人的困扰。

而在中国，各地区存在着医疗事故技术鉴定委员会及司法鉴定的组织。

医疗事故技术鉴定委员会原属于医疗卫生行政的一部分，因其鉴定意见的中立性时常受到怀疑，自 2002 年起围绕医疗纠纷的鉴定，由民间组织的医学会承接。另一方面，过去曾经设置于各级院的司法鉴定，以远离卫生行政部门的立场在医学鉴定中发挥了重要作用。然而，司法鉴定的中立性也受到质疑，自 2005 年起司法鉴定从法院分离。通常，如果对司法鉴定的中立性产生怀疑的话，司法本身的中立性也应受到怀疑。为何不怀疑司法的中立性，仅对其中的鉴定产生怀疑。是因为为确保司法的中立性，确实必须使其独立于司法。

# 二、存在的问题

具有上述特征的医疗，其法律构成无论是在实体法上还是在解释论中都存在诸多问题。

## 第 1 款　实体法上的问题

第 1 项　医师执照制度

医师执照制度是由国家作出保障的制度，关系到医疗制度的根本。如果没有确立此制度，则医疗制度整体会存在扭曲的危险。并且，为了确立医师执照制度，实现医师培训体系的标准化、无资格执业的禁止等不可或缺，在中国首先要努力实现医师培训体系的标准化、乡村医生制度的废止，以及根除非法行医。只有实现前述内容，才能真正确立医师执照制度。

### 1. 关于医师执照的规定

中国的医师培训体系,因 2003 年的医学教育改革废止了医学专科教育,规定了本科医学教育的正规期间最低 5 年,此前包括各种情况的医师培训年限大致得到统一。但是,从正规课程只有三年的医学专科学校毕业,在医疗、预防、保健机构工作满一定年限的所有助理医师,也有机会参加医师的国家考试,这一点不能说没有问题。这是因为,所有的医疗、预防、保健机构的教育环境很难说与大学的医学院具有相同水准,尤其是中国各地区经济发展的不均衡,大都市与偏远地区的医疗资源明显存在巨大差异。

此外,培训中医医师的师承制度虽然是传统的制度,但中医界秘密主义的观点根深蒂固,其真实情况并不明确。考虑到不透明的师承关系会成为滋生不正当的温床,以及中医的特殊性,对于师承的经验是否应包含在考试资格要件中,有必要进一步探讨。而作为改善方法,例如对于此类未修医学正规课程者,可以考虑进行类似日本的医师国家考试的预备考试。

作为考试资格要件的医师培训年限不仅与习得相应医术相关联,也关系到是否平等地进行考试。毋庸置疑,所有的考试在对人的能力进行正确评价时都具有局限性,因此考试资格的平等性时常受到重视。尤其是考虑到医学的特殊性,对于掌握充分的医学知识和技术,医师的培训年限及培训环境是极为重要的。

通过实现医师的培训体系与认证体系两大支柱的合理化、标准化,才能使医师的国家考试成为平等、公正,且具有高度信赖性的考试。

### 2. 乡村医生条例

现在,中国各地区基层医疗现场(农村)活跃着许多乡村医生。根据卫生部的统计,截止到 2001 年年末,相对于全国医师 163.7 万人,助理医师 46.2 万人的数量,乡村医生人数达到了 102.2 万人。如前所述,虽然成为乡村医生的途径在中国不同的地区有所差别,基本上根据本人自荐、村民推荐,或政府相关人员推荐,获得乡政府的许可,参加省级医疗行政部门组织的乡村医生进修后取得合格证书,在县级医疗行政部门申请乡村医生执业登记,即可成为乡村医生。大多数的乡村医生都未接受过正规医学教育,其中既有高中毕业者,也有初中毕业者。

根据《乡村医生从业管理条例》的规定,"乡村医生在执业活动中享有以下权利:进行一般医学处置,出具相应的医学证明",但对于该"一般医学处置"的内容法规并未进一步明确。同条例第 28 条明确了乡村医生"不得进行实验性临床医疗活动",从这一规定来看,若在"实验性临床医疗活动"之外,则可以认为在该医生能力范围之内由其进行判断。

此外,乡村医生与医疗相关的执业活动,在法律上(乡村医生条例第2条第1款、第17条)限于村的医疗卫生机构(诊所等)。这些条文不得不说是建立在差别性政策上的规定。

原本乡村医生多处于"缺医少药"的农村,是基于国家提供最小限度的医疗这一考虑而生的医师,其前身为众所周知的"赤脚医生"。

以上的政策,如果是作为暂时的措施还可以被接受,但长此以往,对此类医师医疗活动的许可是否合适不免产生疑问。从生命的尊严、生命价值的平等观念来看,应当认识到承认连医师或医生助理的资格都未取得的乡村医师的医疗行为本身就具有一定的危险,有可能成为非法行医的温床。因此,应当逐步废止乡村医生制度,将其统一到执业医师制度之中。

### 3. 关于非法行医的规定

因为在中国医疗现场工作的医师并不一定都出身自正规医学教育机构,没有资格的人容易伪装成医师实施医疗行为,也就是所谓的"非法行医"。非法行医者不仅是在农村地区,也大量存在于城市中。对于非法行医的多发,虽然存在着历史的原因,但主要是因为对应的现行法的规定过于宽松。在发现非法行医的情况下,日本将直接由警察对非法行医者进行逮捕,并根据情况处以3年以下的有期徒刑或100万日元以下的罚金。通过此种方法,将非法行医的发生率控制在较低的范围。与此相对,在中国由地方卫生行政部门进行取缔,仅"没收其违法所得及其药品、器械,并处十万元以下的罚款"(执业医师法第39条),处罚措施并不严格,在取缔时逃跑的例子也不在少数。此外,即使处以罚金,再次发生率也较高。

非法行医不仅妨碍正规的医疗活动,而且也为假冒伪劣药品提供了市场。因此,为了维护健全的医疗,应当严格取缔非法行医的行为。

第2项　医疗法人的营利企业化的弊害

为了将医疗机构分为非营利性医疗机构与营利性医疗机构,即为了认可营利性医疗机构而制定的《关于城镇医疗机构分类管理的实施意见》自2000年9月1日起施行之后,到2005年仅仅5年的时间,就暴露了本文之前提示的各种问题。

伴随着营利性医疗机构的出现,不仅是营利性医疗机构,在非营利性医疗机构中也形成了医师个人的工资报酬与该医师的诊疗报酬相关联的体制,诊疗报酬少则直接影响该医师的工资报酬。例如,医院的负责人将每月需要完成的营业额作为任务分摊到各科室,如果该科室的诊疗报酬未达到目标营业额,则该科室的医务人员将无法领取当月的奖金(笔者将其称为"配额制")。此外,涉及患者初诊的医师,如果出现患者逃避支付医疗费的情形,由该医师承担催缴的责任,而未尽此责任时则从该医师的奖金中扣除,即实施所谓"首诊负责制"的医院在各地区开始出现。道德立场被绑架的医师们为了追求诊疗报酬进行过度医疗,甚至出现了将无望支付医疗费的患者抛弃至郊外的事件。

如上所述,一方面伴随着医疗机构的营利化,医疗机构为了追求更多的诊疗报酬,虚报药价,进行不必要的检查,要求患者支付高昂的医疗费的事例不在少数。另一方面,医疗机构不加掩饰地追求利益的姿态使患者产生不安,患者对医师的暴力、对医疗业务的妨害多有发生,甚至为了获取高额的赔偿金,形成了"医闹""医霸"等社会人员组织。医师与患者之间的信赖关系已然丧失,对立关系不断加剧。

医疗机构的营利化,将导致医疗业务的商业化。想要恢复医师与患者之间的信任关系,笔者认为首先应当要对医疗业务并非商业这一问题重新认识。

## 第 2 款　解释论中的问题点

本书的第二编,专门从两个视角对围绕医师民事责任的各种见解进行了探讨。以下,为了更加明确地提示前述问题,将进一步展开探讨并进行总结。

### 第 1 项　契约理论

在中国考虑医疗合同时,有必要将日本不存在的情况也纳入考量。

原本在日本,为了对处于弱势地位的被害人(患者一方)进行救济,违约责任理论得到了发展。如果将医疗理解为以医疗契约为基础,则能够主张举证责任的转换(由原告方转移至债务不履行方)、长期时效的援用(日本民法第 170 条规定的 3 年侵权行为责任时效到 167 条规定的 10 年债务不履行时效)这样的优点。

但是,在中国,对于时效分为普通时效、特别短期时效、最长时效三种。普通时效为两年,适用于一般的违约诉讼与侵权诉讼(民法通则第 135 条)。[①] 特别短期时效为一年,适用于某些特殊的民事法律关系。如医疗损害赔偿,属于民法通则第 136 条第 1 项"身体受到伤害要求赔偿"的特殊情况,适用特别短期时效。普通时效与特别短期时效都是从当事人知道或者应当知道权利受到侵害之日起计算(民法通则第

---

① 2017 年 10 月 1 日起施行的《民法总则》第 188 条第 1 款将《民法通则》规定的 2 年普通诉讼时效期间延长至 3 年。此外,《民法总则》并未设置短期诉讼时效的规定。(译者注)

137 条)①，而最长时效则从权利受到侵害之日起计算，期间为 20 年，如有特殊情况的可以延长，但最长时效不适用诉讼时效中断、中止的规定。也就是说，中国关于时效的问题，无论是违约诉讼还是侵权诉讼，与日本并不存在巨大差异。

此外，关于举证责任，因 2002 年 4 月 1 日《最高人民法院关于民事诉讼证据的若干规定》的施行，被害人一方得以从举证责任中解放出来。如前所述，与日本在法律构成上具有差异的中国，今后医疗契约论如何发展将成为课题。

第 2 项　侵权行为理论

## 1. 一般侵权行为的成立要件

对于一般侵权行为的成立要件，学说分为三要件说、四要件说、五要件说的①说和②说，以及七要件说。

三要件说、四要件说及五要件说的①说的共通之处在于，均未触及行为人的能力问题。与三要件说相比，四要件说增加了违法性，五要件说的①说增加了侵权行为的要件。然而，若为侵权行为，该行为具有违法性是理所当然，反之亦然。从这一点上可认为五要件说的①说与四要件说并无实质差异。

作为笔者个人的见解，认为一般侵权行为的成立由以下五要件构成：①具有责任能力者，②因故意或过错（过失），③违法侵害他人的权益（加害行为的违法性），④因该行为（加害行为与损害之间存在因果关系），⑤发生损害时（损害），成立侵权行为。

关于各要件的解释，如下所述：

（1）过错

对于过错的含义，一般解释为侵权行为的过错包括故意和过失。该解释源于苏联法这一点已在上文中得到明确。

而笔者个人观点，基于下述理由，不支持过错说。

第一，苏联法中不区分故意与过失的 Вина 的存在理由，大概是与其植根于苏联的社会文化，或者习惯存在很大关联，而在自古严格区分故意与过失的中国社会，对此概念进行移植，则会产生不协调感。

第二，在以 20 世纪 50 年代的苏联民法为基础的中国，自 80 年代起，大量输入德国、日本以及中国台湾地区等大陆法系的民法理论。然而，这些大陆法系的民法，与苏联民法有着根本的相异之处。因此，在不同国家的理论之间会产生矛盾，而结果，

①　关于普通诉讼时效的起算点，《民法总则》第 188 条第 2 款将《民法通则》规定的"知道或者应当知道权利被侵害时起"，调整为"知道或者应当知道权利受到损害以及义务人之日起"。（译者注）

是理论在不明确中艰难前行,与实践也产生乖离。对此现象不能选择无视。

为了避免不必要的误解或混乱,严格运用术语,笔者不采"过错包含故意与过失"的立场,而将过错这一用语作为过失的同义语来理解。

(2)损害

对于损害,笔者认为第二说的观点是妥当的。在此,为了使讨论更加深入,不仅要区分损害与损失,而且要以日本法为参考,有必要区分财产性损害与非财产性损害,精神损害、积极损害与消极损害。

(3)因果关系

对于因果关系的原因进行介绍的三个学说中,首先,过错原因说主张"过错之外都不能成为侵权行为法中因果关系的原因"。但是,根据民法通则第106条第3款的规定,"没有过错,但法律规定应当承担民事责任的,应当承担民事责任"。也即,承认无过失责任。因此,该说忽略了无过错责任。

其次,违法行为原因说通常在侵权行为中的因果关系以加害行为作为原因。这是因为引起损害的加害行为并不一定存在违法性。例如,正当防卫、紧急避难等情形,违法性被阻却,不成立侵权行为。但是,即使不成立侵权行为,也不意味着否定存在因果关系的事实。民法通则第128条(正当防卫)、第129条(紧急避险),也承认违法性的阻却。因此,该说并不妥当。

最后,行为原因说更加准确地把握了因果关系认定的目的,认为成为因果关系原因的是引起损害的行为(不问是否存在违法性),这一点可以说是恰当的。

(4)违法性

围绕违法性的认定的解释,可以列举两种学说。第一说认为,成为违法性标准的法之中,包括所有的法律、法规、规章(行政条例、指南等)以及最高人民法院的司法解释。对此,第二说认为,"侵权行为法不能像刑法那样采罪刑法定主义,即使对各种侵权行为集中地设置列举性规定,因侵权行为关乎社会生活的方方面面,法律不可能网罗所有的侵权行为"。虽然这一指摘是恰当的,但对于"过错本身能够吸收违法的概念"的观点不能苟同。笔者认为在违法性的认定上,应参考日本的相关关系说。即,只有对加害行为的形态与被害利益的种类进行相关地考察,并参照法律的理想来决定违法性的有无。[①]

(5)责任能力

围绕责任能力判断标准的见解,列举了 A、B 两种学说。A 说是基于 20 世纪 80年代以苏联民法为范式制定的民法通则展开的解释,而 B 说则是引入了先进国家的

---

① 我妻荣、有泉亨、川井健:《民法 2 债権法》,第 433 頁。

法解释论、面向民法典制定的新生代民法学派的观点。

## 2. 医疗事故赔偿责任的成立要件

关于医疗事故赔偿责任的成立要件的讨论，大致分为三种观点。即，主张医务人员的过失行为与患者遭受的损害，以及医务人员的过失行为与患者遭受的损害之间的因果关系的三要件说；以行为的违法性、损害、因果关系、加害人过失为要件的四要件说；以及主张行为主体为医疗从业人员、行为人具有过失、医疗行为、致患者发生损害、该医疗过失行为与患者的人身损害之间存在因果关系为要件的五要件说。

判例在认定医疗事故赔偿责任之际，一方面存在将①患者的损害，②因果关系，③过错，④医疗从业者这四项要件作为必需要件的判决，同时也可见适用公平责任原则，采用无过错责任立场的判决。

如上所述，对于医疗事故赔偿责任的成立要件，众说纷纭。作为个人观点，医疗事故赔偿责任的成立要件，应由①因医疗行为引起，②医疗行为人存在过失，③致患者损害，④过失与损害之间具有因果关系，⑤医疗行为存在违法性，这五项要件构成。

## 3. 注意义务中医疗过错的认定

通说认为，医师的民事责任无论是作为医师的侵权行为进行构成，还是以医疗机构违反诊疗合同，即债务不履行或不完全履行进行构成，医师的民事责任均为过失责任。本书按照不同问题引起的医疗过错进行分类，列举相关事例进行了探讨。

（1）关于诊断中的过失

在医疗纠纷的事例中，误诊这一类型认定医师过失的判决，无论在日本还是中国都相对较少。这是因为，治疗过程本身具有反复试错的性质，此外对于迫切需要处理措施的情况，在有限的资料下作出判断，不得不承认当时的医疗水平的界限。多数判例并非直接追究误诊本身的责任，而是着眼于诊断前的问诊以及诊断后的处理是否尽到了相应的注意义务。

（2）关于用药中的过失

发生输液休克的情况下，如何准确且迅速地采取紧急处理，不同的处理会在预后产生差别。通常，无论是中国还是日本，各种药品的功效书中都记载着"一般注意事项"，其中会注明该药物的副作用，关于输液休克的紧急处理，作为医疗的基础教育医师及护士都应当掌握。

通过观察选取的判例，可以看出，即使是在社会体制和法律构造相异的中日两国，也存在对于从西医这一相同基础产生的问题的共通认识，或类似的法律上的处理方式的可能性。

此外,因用药产生的事故中,医药品包含的副作用事故较为常见。对于药品的副作用,通常分为,如果使用适当可能回避的副作用,与即使使用适当也无法回避的副作用。前者的情形,要求医师尽到细心的注意遵守使用方法,若有疏忽大意则将被追究相应责任。后者的情形,通常认为,患方在了解该风险之后仍然选择治疗时,即使患者遭受损害也不能成为民事责任的对象。

(3) 关于输血中的过失

关于输血的医疗问题,在中国主要是血型不符的输血及输血时的过错等,其中特别是因输血发生的感染事故引人注目。所谓因宗教理由的拒绝输血的事例在中国并未发现。感染事故中,类似事例 15 中接受输血的少年感染艾滋病这样触目惊心的事件也引起了巨大的话题。

中国也和过去的日本相同,在各医院曾经利用从职业献血者采集的血液向患者输血。但是,各医院的检查水准或检查设备也是参差不齐,并未充分设置防止输血感染事故设备的医院也不在少数。为了确保输血的安全性,卫生部于 1993 年 3 月 20 日发布了《采供血机构和血液管理办法》。而 5 年之后,为了强化血站的管理,废止了该办法,并发布了新的《血站管理办法》(1998 年 9 月 21 日)。通过该条例的施行,虽然滞后但也同日本一样,使输血事故变为一种药害事故。

(4) 关于预防接种中的过失

预防接种在中国分为强制性的预防接种和自愿性的预防接种。强制性的预防接种,是指国家免费向公民提供,公民按照政府的规定必须接受的接种。自愿性的预防接种,是指由公民自费选择的接种。相对于前者具有强制的性质,后者能够基于自由意志决定是否进行接种。并且,对于因接种产生的异常反应给被接种者带来损害时的救济,前者由各地方政府的预防接种的经费进行补偿,后者则由生产该疫苗的企业进行补偿。对于因预防接种异常反应产生的损害,其补偿的具体内容由各省、自治区、直辖市的人民政府制定。

在日本,进行预防接种的疾病分为"一类疾病"和"二类疾病"。预防接种法明确规定,对接受了一类疾病的定期预防接种或临时的预防接种,或二类疾病的紧急预防接种(强制性预防接种)而产生的疾病、残障或死亡,其补偿,例如医疗费及医疗补助、残障儿抚育金、残障辅助金、死亡赔偿金、丧葬费等,由国家支付。与此相对,中国的规定仅停留在"补偿的具体内容由各省、自治区、直辖市人民政府制定"。也就是说,意味着完全相同的事件在不同地区支付的补偿金数额可能会存在差异。

此外,在日本,对于依公权力强制性实施的预防接种产生的损害,明确规定其责任在政府,其赔偿不区分地域,所有均按照国家赔偿法给予足够的赔偿。与此相对,在中国对于第一类预防接种产生的损害责任承认在政府,但避免使用"国家"一词,也不适用国家赔偿法,其责任转嫁给各地方政府。因此,现实是地方政府的赔偿较所有赔偿都低,仅支付一次性补偿金。

(5) 关于应当考虑的要素

判断医师的注意义务的标准时,通常必须考虑医疗水准、医师的专业性、治疗的紧急性以及医疗现场的环境等因素。

对于医疗水准,在理论层面虽然几乎不见独到的见解,但在实务中,与日本相同从绝对的医疗水准理论展开至相对的医疗水准理论的发展过程是确实的。笔者认为,从日本引入医疗水准理论,运用在中国实践是非常有意义的。但是,对医师的专业性、地域性等的解释也从日本囫囵吞枣地引入,持怀疑态度。这是因为日本与中国在社会构造或法律构成中相异之处较为多见。

如前所述,为了防止居民从农村向城市迁移,设置了二元构造的户籍制度。此外,限于农村的工作,未接受过正规医学教育的乡村医生被给予“进行一般的医学处理”的权限。

与此相对,日本持有医师资格者需要修满 6 年医学的正规课程,或相同程度的医学课程。在此前提条件下,对于人和物的条件都不充分的偏僻地区,非专业领域的医疗负责人在患者需要紧急治疗时勉强实施医疗行为的情形,通说认为该医疗负责人的注意义务的标准应被缓和。

然而,以相同解释嵌入到中国的实践时,存在着中国农村居民的医疗问题将更加扩大的担忧。未进行过正规医学课程学习的乡村医生在发生医疗过错时,重要的并非是考虑其专业性或其所处的医疗环境,而是对其医疗行为进行许可的卫生行政部门应当以何种形式对被害人进行救济。

### 4. 适用公平原则的恰当与否

一般认为中国的公平责任原则的根据存在于《民法通则》第 132 条。该 132 条的旨趣为,双方当事人均不存在过错的情形,为了对遭受损害的一方进行救济,参照双方当事人的情况,基于公平原则分担民事责任。也就是说,类似于日本的无过失责任理论中公平说的立场。

无过失责任理论,是对于使用过失责任理论无法完全救济的损害,例如,随着科学的发展生产手段也得到发展,在当时的发展阶段无法预想的损害(公害等),或一定程度上存在危险的生产设备或机械等,因不可避免的利用而产生的损害(交通事故、产品损害等),作为例外不问其是否存在过失,通常对加害人课以损害赔偿责任。然而,此种法理是否适用于医疗行为,需要进行充分的斟酌。

对于医疗侵害的救济,日本也在讨论无过失责任的适用。而且,最近在一部分的医疗领域,例如产科患者遭受损害,适用无过失责任,其赔偿责任由国家负担的议案,政府机关正在检讨。即使是其他国家,例如法国,对所有的医疗机构课以加入保险的义务,对国公立医院,满足一定条件也认可无过失责任,但是对于补偿或赔偿责任,不在医方,而是由国民互助的名下,国立医疗事故补偿公社(ONIAM)对被害人进行补偿,具有这样一种补偿机制。以上这些国家,具有以下认识,即如果对医疗侵害适用无过失责任,对受害人的补偿责任不在医方,而在国家。也就是说,无过失医疗产生的损害填补,国家负有补偿责任,或确立了由国家主导的补偿机制,才能够追究医方的无过失责任。

对此,中国几乎没有医疗机构加入保险,对于无过失医疗产生的损害填补,也没有确立由国家主导的补偿机制。在如此状况中追究医方的无过失责任,使其承担补偿或赔偿责任,无异于将医方赶入困境,也会产生使医疗事业破产的危险。

对于公平原则的适用,在国家主导的补偿体制还未确立的情况下,追究医疗一方的无过失责任,使其承担补偿或赔偿责任,并不妥当。最终可能导致的保守医疗或萎缩医疗,对于患者来说绝不是期望的医疗形态。

# 三、本书的结论

如上所述,中国与日本同样,在考虑医师民事责任的法律构成时,存在契约(合同)法与侵权行为法两个视角,但在具体内容上与日本民法相比中国法也存在不少差异。本节中将在考虑这些差异的同时,参照中国法的法律构成的特征,并立足于本书中提出的问题,对中国医师的民事责任的法律构成提出以下个人见解。

## 1. 从契约法的视角出发

首先,通常的契约,是基于双方当事人的自由意思,在充分考虑并理解契约内容的基础上达成的合意。与此相对,医疗契约其内容具有高度的专业性,例如手术风险、药物的副作用等,即使医师尽到了说明义务,但期待患方具有与医师相同程度的理解是非常困难的。

其次,在中国,由自由契约理论发展而来的患者的自主决定权已经被接受,承认了患者接受自己期望的治疗或不接受不想接受的治疗的权利。这一患者自主决定权,在日本被解释为一种幸福追求权,在中国也被解释为患者的基本人权。然而,作为医疗的特征,在提供医疗时,要求医师与患者之间共同的协作。在中国,患者对医疗的配合称为诊疗协力义务,被解释为不真正义务,因此患者在行使自主决定权拒绝医疗方提供的医疗处置时,具有被判断其债务不履行存在过失的可能性。也就是说,患者拒绝医师提出的医疗处置被解释为受领义务的懈怠(受害人的过失),医师的善管注意义务(加害人的责任)得到减轻(民法通则第 131 条)。另一方面,患者在行使自主决定权同意医疗方提供的医疗处置时,患者应甘愿接受手术风险、药物的副作用等情况发生,由此通过对患者过度课以内包在自主决定权的自己责任原则,使患者的保护出现倒退的现象。

从 20 世纪 90 年代后半开始,在中国的医疗现场作为医疗纠纷的对策,医方在向患者提供医疗之前,引入了对于治疗方法以记载过于强调其风险为内容,相当于医疗合同的同意书,对此风险表示同意的患者才对其进行治疗,这一倾向在各医院被确立下来。在现在的中国,过于强调契约构成,将导致医方使患方承担所有治疗风险的结果,对迫切寻求治疗的患者来说将被置于极为不利的境地。

### 2. 从侵权法的视角出发

另一方面,侵权行为法是在一定的条件(例如行为的违法性、过失等)之下,以将被害人产生的损害,使引起其原因者承担损害赔偿责任为目的之制度,该制度,在医疗过失中也发挥着对加害人的制裁、对被害人受侵害利益的填补、社会秩序的恢复以及反社会行为的预防等极为重要的作用。在中国传统上也通过侵权责任追究医师的民事责任,至今也积蓄了一定的经验。然而,通常在侵权法中遭受损害的受害人,不得不对损害发生原因的行为,即加害人存在归责事由或者说存在过失进行举证,对具有高度专业性的医疗过错进行举证,对于不具有专业知识的患方来说是极为困难的。因此,在日本,通过举证责任归属于加害人,消灭时效较侵权责任更长的债务不履行责任,追究医师过失责任的医疗契约论也被提倡至今。

与此相对,中国在 2001 年 12 月 21 日发布了《最高人民法院关于民事诉讼证据的若干规定》,根据该规定,对于因医疗行为引起的纠纷,医疗机构不能就其医疗行为与损害结果之间不存在因果关系及不存在医疗过错承担举证责任,则无法免除其责任。这也意味着将患方从医疗过错的举证责任中解放了出来。

此外,对于债务的消灭时效,中国分为普通时效、特殊短期时效、最长时效三种。普通时效为两年,同样适用于一般的违约诉讼与侵权行为诉讼(民法通则第 135 条)。也就是说,中国的时效制度无论是违约诉讼还是侵权诉讼,不存在类似日本两者的差别。

2002 年颁布的《医疗事故处理条例》《医疗事故技术鉴定暂行办法》及《医疗事故分级标准》,围绕医疗纠纷的法律上的处理进行了详细地规定,一般认为以上条例均将其基础置于侵权行为构成的处理上。

如上所述,在中国,相较于合同法,基于侵权法追究医师民事责任的法律环境更为完备。

鉴于上述各论点,笔者个人认为,在医师的医疗过失认定时,应明确依法受到保护的利益内容,存在合同时,合同内容依社会一般观念被判断为有效的情况下按照合同责任;不存在合同时,追究侵权责任,以此作为原则,允许依原告方的判断选择其一的构成是适当的。这是因为既可以尊重成为合同内容的患者的意思,也能够防止过度依赖医疗合同。

### 3. 公平原则的适用

在中国通说的观点认为,无论是依债务不履行责任还是依侵权责任,医师的责任都为过错责任。但是,在中国的实践中也能看到适用公平责任由当事人分担损害的判例。

考虑到医疗行为的侵袭性、高度的专业性以及福利性等特点,医疗过失的认定,与交通事故、公害或产品责任等不同,在保护患者法益的同时,对高度专业的医师的裁量也必须充分给予考虑。因此,笔者认为在国家主导的补偿体制还未确立的情况下,追究医疗一方的无过错责任,使其承担补偿或赔偿责任的做法并不妥当。对医师责任进行严格化,最终可能导致保守医疗或萎缩医疗,对于患者来说只能是有害无利。

# 四、立法建议

正确判定医疗过错,承认与此相应的赔偿责任,医师的资格、医疗机构的要件、处理医疗事故的机构及程序等都需要完备。如上文所见,中国正在逐步完善上述要件,特别是在医疗事故处理方面,相关条例的制定已经向前推进了一步。但是,医疗供给体制还称不上充分,使患者能够接受一定水准以上的医疗的体制还需要完善。在此,最后作为妥当处理医疗过错的前提,笔者将尝试提出完善医疗供给体制层面的立法建议,作为本书的结束。

### 建议①　关于《执业医师法》

助理医师应从该法的调整对象中排除,首先必须设置医师国家考试的预备考试制度。不能履修正规的医学课程者,在参加医师国家考试之前,一律须参加其预备考试。因此,第 2 条"依法取得执业医师资格或者执业助理医师资格,经注册在医疗、预防、保健机构中执业的专业医务人员,适用本法"应修改为"医师资格考试成绩合格,取得执业医师资格",第 9 条第 2 项、第 10 条及第 11 条应当删除。

### 建议②　关于《乡村医生从业管理条例》

未接受正规医学教育者,不给予其诊疗、预防的许可。为了将"乡村医生"或"赤脚医生"的名称从社会上永远抹去,应当将《乡村医生从业管理条例》废除。

### 建议③　关于医疗机构的相关法规

现在,中国关于医疗机构的性质、开设及管理的规定,主要散见于《关于城镇医疗机构分类管理的实施意见》《医疗机构管理条例》《医疗机构基本标准(试行)》《综合医院分级管理标准(试行)》《中外合资、合作医疗机构管理条例》《医疗事故处理条例》《中医医疗机构管理办法(试行)》等法规之中。这些法规之间不乏条文的重复或相互矛盾之处。

作为笔者个人观点,建议对医疗机构相关法规进行统一,制定相当于日本医疗法的法律。通过统一现有法规,可以实现以下利点:①条文的统一性、严密性、合理性,②实务中条文的适用更加便利,③更容易维持法的权威性。

### 建议④　关于公平原则的适用

笔者认为,在国家主导的补偿体制还未确立的情况下,追究医疗一方的无过错责任,使其承担补偿或赔偿责任的做法并不妥当。如果将公平原则适用于医疗过错,建议设立类似法国的国民连带名义下的公立医疗事故补偿机构。

# 附　表

### 表 1　医疗事故等级

（根据 2002 年 7 月 19 日卫生部发布的《医疗事故分级标准（试行）》）

| | 一级 | 二级 | 三级 | 四级 |
|---|---|---|---|---|
| 甲等 | 死亡 | 1.双眼球摘除或双眼经客观检查证实无光感；<br>2.小肠缺失 90％以上，功能完全丧失；<br>3.双侧有功能肾脏缺失或孤立有功能肾缺失，用透析替代治疗；<br>4.四肢肌力Ⅱ级（二级）以下（含Ⅱ级），临床判定不能恢复；<br>5.上肢一侧腕上缺失或一侧手功能完全丧失，不能装配假肢，伴下肢双膝以上缺失。 | 1.不完全失语并伴有失用、失写、失读、失认之一者，同时有神经系统客观检查阳性所见；<br>2.不能修补的脑脊液瘘；<br>3.尿崩，有严重离子紊乱，需要长期依赖药物治疗；<br>4.面部轻度毁容；<br>5.面颊部洞穿性缺损大于 20cm²；<br>6.单侧眼球摘除或客观检查无光感，另眼球结构损伤，闪光视觉诱发电位（VEP）＞150ms（毫秒），矫正视力 0.05—0.1，视野半径＜15°；<br>7.双耳经客观检查证实听力在原有基础上损失大于 81dBHL（分贝）；<br>8.鼻缺损 1/3 以上；<br>9.上唇或下唇缺损大于 1/2；<br>10.一侧上颌骨缺损 1/4 或下颌骨缺损长 4cm 以上区段，伴口腔、颜面软组织缺损大于 10cm²；<br>11.肺功能中度持续损伤；<br>12.胃缺损 3/4；<br>13.肝缺损 1/2 伴较重功能障碍；<br>14.慢性中毒性肝病伴较重功能障碍；<br>15.脾缺失；<br>16.胰缺损 2/3 造成内、外分泌腺功能障碍；<br>17.小肠缺损 2/3，保留回盲部；<br>18.尿道狭窄，需定期行尿道扩张术；<br>19.直肠、肛门、结肠部分缺损，结肠造瘘；<br>20.肛门损伤致排便障碍；<br>21.一侧肾缺失或输尿管狭窄，肾功能不全代偿；<br>22.不能修复的尿道瘘；<br>23.膀胱大部分缺损； | 1.双侧轻度不完全性面瘫，无功能障碍；<br>2.面部轻度色素沉着或脱失；<br>3.一侧眼睑有明显缺损或外翻；<br>4.拔除健康恒牙；<br>5.器械或异物误入呼吸道或消化道，需全麻后内窥镜下取出；<br>6.口周及颜面软组织轻度损伤；<br>7.非解剖变异等因素，拔除上颌后牙时牙根或异物进入上颌窦需手术取出；<br>8.组织、器官轻度损伤，行修补术后无功能障碍；<br>9.一拇指末节1/2缺损；<br>10.一手除拇指、食指外，有两指近侧指间关节无功能；<br>11.一足拇趾末节缺失；<br>12.软组织内异物滞留； |

续表 1

| | 一级 | 二级 | 三级 | 四级 |
|---|---|---|---|---|
| 甲等 | 死亡 | — | 24.双侧输卵管缺失；<br>25.阴道闭锁丧失性功能；<br>26.不能修复的Ⅲ度(三度)会阴裂伤；<br>27.四肢瘫,肌力Ⅳ级(四级),临床判定不能恢复；<br>28.单肢瘫,肌力Ⅲ级(三级),临床判定不能恢复；<br>29.肩、肘、腕关节之一功能完全丧失；<br>30.利手全肌瘫,肌力Ⅲ级(三级),临床判定不能恢复；<br>31.一手拇指缺失,另一手拇指功能丧失50%以上；<br>32.一手拇指缺失或无功能,另一手除拇指外三指缺失或无功能,不能手术重建功能；<br>33.双下肢肌力Ⅲ级(三级)以下,临床判定不能恢复,大、小便失禁；<br>34.下肢双膝以上缺失伴一侧腕上缺失或手功能部分丧失,能装配假肢；<br>35.一髋或一膝关节功能完全丧失,不能手术重建功能；<br>36.双足全肌瘫,肌力Ⅲ级(三级),临床判定不能恢复；<br>37.双前足缺失；<br>38.慢性再生障碍性贫血。 | 13.体腔遗留异物已包裹,无需手术取出,无功能障碍；<br>14.局部注射造成组织坏死,成人大于体表面积2%,儿童大于体表面积5%；<br>15.剖宫产术引起胎儿损伤；<br>16.产后胎盘残留引起大出血,无其他并发症。 |
| 乙等 | 1.植物人状态；<br>2.极重度智能障碍；<br>3.临床判定不能恢复的昏迷；<br>4.临床判定自主呼吸功能完全丧失,不能恢复,靠呼吸机维持； | 1.重度智能障碍；<br>2.单眼球摘除或经客观检查证实无光感,另眼球结构损伤,闪光视觉诱发电位(VEP)P100波潜时延长＞160ms(毫秒),矫正视力＜0.02,视野半径＜5°；<br>3.双侧上颌骨或双侧下颌骨完全缺失；<br>4.一侧上颌骨及对侧下颌骨完全缺失,并伴有颜面软组织缺损大于30cm²；<br>5.一侧全肺缺失并需胸改术；<br>6.肺功能持续重度损害； | 1.轻度智能减退；<br>2.癫痫中度；<br>3.不完全性失语,伴有神经系统客观检查阳性所见；<br>4.头皮、眉毛完全缺损；<br>5.一侧完全性面瘫,对侧不完全性面瘫；<br>6.面部重度异常色素沉着或全身瘢痕面积达60%—69%；<br>7.面部软组织缺损大于20cm²；<br>8.双眼球结构损伤,较好眼闪光视觉诱发电位(VEP)＞150ms(毫秒),矫正视力0.05—0.1,视野半径＜15°；<br>9.双耳经客观检查证实听力损失大于71dBHL(分贝)；<br>10.双侧前庭功能丧失,睁眼行走困难,不能并足站立；<br>11.甲状腺功能严重损害,依赖药物治疗；<br>12.不能控制的严重器质性心律失常；<br>13.胃缺损2/3伴轻度功能障碍；<br>14.肝缺损1/3伴轻度功能障碍；<br>15.胆道损伤伴轻度肝功能障碍； | — |

**续表 1**

|  | 一级 | 二级 | 三级 | 四级 |
|---|---|---|---|---|
| 乙等 | 5.四肢瘫,肌力0级,临床判定不能恢复。 | 7.持续性心功能不全,心功能四级;<br>8.持续性心功能不全,心功能三级伴有不能控制的严重心律失常;<br>9.食管闭锁,摄食依赖造瘘;<br>10.肝缺损3/4,并有肝功能重度损害;<br>11.胆道损伤致肝功能重度损害;<br>12.全胰缺失;<br>13.小肠缺损大于3/4,普通膳食不能维持营养;<br>14.肾功能部分损害不全失代偿;<br>15.两侧睾丸、副睾丸缺损;<br>16.阴茎缺损或性功能严重障碍;<br>17.双侧卵巢缺失;<br>18.未育妇女子宫全部缺失或大部分缺损;<br>19.四肢瘫,肌力Ⅲ级(三级)或截瘫、偏瘫,肌力Ⅲ级以下,临床判定不能恢复;<br>20.双上肢腕关节以上缺失、双侧前臂缺失或双手功能完全丧失,不能装配假肢;<br>21.肩、肘、髋、膝关节中有四个以上(含四个)关节功能完全丧失;<br>22.重型再生障碍性贫血(Ⅰ型)。 | 16.胰缺损1/2;<br>17.小肠缺损1/2(包括回盲部);<br>18.腹壁缺损大于腹壁1/4;<br>19.肾上腺皮质功能轻度减退;<br>20.双侧睾丸萎缩,血清睾丸酮水平低于正常范围;<br>21.非利手全肌瘫,肌力Ⅳ级(四级),临床判定不能恢复,不能手术重建功能;<br>22.一拇指完全缺失;<br>23.双下肢肌力Ⅳ级(四级),临床判定不能恢复,大、小便失禁;<br>24.一髋或一膝关节功能不全;<br>25.一侧踝以下缺失或一侧踝关节畸形,功能完全丧失,不能手术重建功能;<br>26.双足部分肌瘫,肌力Ⅳ级(四级),临床判定不能恢复,不能手术重建功能;<br>27.单足全肌瘫,肌力Ⅳ级(四级),临床判定不能恢复,不能手术重建功能。 | — |

续表 1

| | 一级 | 二级 | 三级 | 四级 |
|---|---|---|---|---|
| 丙等 | 一 | 1.面部重度毁容；<br>2.单眼球摘除或客观检查无光感，另眼球结构损伤，闪光视觉诱发电位（VEP）＞155ms（毫秒），矫正视力＜0.05，视野半径＜10°；<br>3.一侧上颌骨或下颌骨完全缺失，伴颜面部软组织缺损大于30cm²；<br>4.同侧上下颌骨完全性缺失；<br>5.双侧甲状腺或孤立甲状腺全缺失；<br>6.双侧甲状旁腺全缺失；<br>7.持续性心功能不全，心功能三级；<br>8.持续性心功能不全，心功能二级伴有不能控制的严重心律失常；<br>9.全胃缺失；<br>10.肝缺损2/3，并肝功能重度损害；<br>11.一侧有功能肾缺失或肾功能完全丧失，对侧肾功能不全代偿；<br>12.永久性输尿管腹壁造瘘；<br>13.膀胱全缺失；<br>14.两侧输精管缺损不能修复；<br>15.双上肢肌力Ⅳ级（四级），双下肢肌力0级，临床判定不能恢复；<br>16.单肢两个大关节（肩、肘、腕、髋、膝、踝）功能完全丧失，不能行关节置换；<br>17.一侧上肢肘上缺失或肘、腕、手功能完全丧失，不能手术重建功能或装配假肢； | 1.不完全性失用、失写、失读、失认之一者，伴有神经系统客观检查阳性所见；<br>2.全身瘢痕面积50%—59%；<br>3.双侧中度周围性面瘫，临床判定不能恢复；<br>4.双眼球结构损伤，较好眼闪光视觉诱发电位（VEP）＞140ms（毫秒），矫正视力0.1—0.3，视野半径＜20°；<br>5.双耳经客观检查证实听力损失大于56dBHL（分贝）；<br>6.喉保护功能丧失，饮食时呛咳并易发生误吸，临床判定不能恢复；<br>7.颈颏粘连，影响部分活动；<br>8.肺叶缺失伴轻度功能障碍；<br>9.持续性心功能不全，心功能二级；<br>10.胃缺损1/2伴轻度功能障碍；<br>11.肝缺损1/4伴轻度功能障碍；<br>12.慢性轻度中毒性肝病伴轻度功能障碍；<br>13.胆道损伤，需行胆肠吻合术；<br>14.胰缺损1/3伴轻度功能障碍；<br>15.小肠缺损1/2伴轻度功能障碍；<br>16.结肠大部分缺损；<br>17.永久性膀胱造瘘；<br>18.未育妇女单侧乳腺缺失；<br>19.未育妇女单侧卵巢缺失；<br>20.育龄已育妇女双侧输卵管缺失；<br>21.育龄已育妇女子宫缺失或部分缺损；<br>22.阴道狭窄不能通过二横指；<br>23.颈部或腰部活动度丧失50%以上；<br>24.腕、肘、肩、踝、膝、髋关节之一丧失功能50%以上；<br>25.截瘫或偏瘫，肌力Ⅳ级（四级），临床判定不能恢复；<br>26.单肢两个大关节（肩、肘、腕、髋、膝、踝）功能部分丧失，能行关节置换；<br>27.一侧肘上缺失或肘、腕、手功能部分丧失，可以手术重建功能或装配假肢；<br>28.一手缺失或功能部分丧失，另一手功能丧失50%以上，可以手术重建功能或装配假肢；<br>29.一手腕上缺失，另一手拇指缺失，可以手术重建功能或装配假肢；<br>30.利手全肌瘫，肌力Ⅳ级（四级），临床判定不能恢复；<br>31.单手部分肌瘫，肌力Ⅲ级（三级），临床判定不能恢复； | 一 |

续表1

| | 一级 | 二级 | 三级 | 四级 |
|---|---|---|---|---|
| 丙等 | — | 18.一手缺失或功能完全丧失,另一手功能丧失50%以上,不能手术重建功能或装配假肢;<br>19.一手腕上缺失,另一手拇指缺失,不能手术重建功能或装配假肢;<br>20.双手拇、食指均缺失或功能完全丧失无法矫正;<br>21.双侧膝关节或者髋关节功能完全丧失,不能行关节置换;<br>22.一下肢膝上缺失,无法装配假肢;<br>23.重型再生障碍性贫血(Ⅱ型)。 | 32.除拇指外3指缺失或功能完全丧失;<br>33.双下肢长度相差4cm以上;<br>34.双侧膝关节或者髋关节功能部分丧失,可以行关节置换;<br>35.单侧下肢膝上缺失,可以装配假肢;<br>36.双足部分肌瘫,肌力Ⅲ级(三级),临床判定不能恢复;<br>37.单足全肌瘫,肌力Ⅲ级(三级),临床判定不能恢复。 | — |
| 丁等 | — | 1.中度智能障碍;<br>2.难治性癫痫;<br>3.完全性失语,伴有神经系统客观检查阳性所见;<br>4.双侧重度周围性面瘫;<br>5.面部中度毁容或全身瘢痕面积大于70%;<br>6.双眼球结构损伤,较好眼闪光视觉诱发电位(VEP)>155ms(毫秒),矫正视力<0.05,视野半径<10°;<br>7.双耳经客观检查证实听力在原有基础上损失大于91dBHL(分贝);<br>8.舌缺损大于全舌2/3;<br>9.一侧上颌骨缺损1/2,颜面部软组织缺损大于20cm²;<br>10.下颌骨缺损长6cm以上的区段,口腔、颜面软组织缺损大于20cm²; | 1.边缘智能;<br>2.发声及言语困难;<br>3.双眼结构损伤,较好眼闪光视觉诱发电位(VEP)>130ms(毫秒),矫正视力0.3—0.5,视野半径<30°;<br>4.双耳经客观检查证实听力损失大于41dBHL(分贝)或单耳大于91dBHL(分贝);<br>5.耳郭缺损2/3以上;<br>6.器械或异物误入呼吸道需行肺段切除术;<br>7.甲状旁腺功能轻度损害;<br>8.肺段缺损,轻度持续肺功能障碍;<br>9.腹壁缺损小于1/4;<br>10.一侧肾上腺缺失伴轻度功能障碍;<br>11.一侧睾丸、附睾缺失伴轻度功能障碍;<br>12.一侧输精管缺损,不能修复;<br>13.一侧卵巢缺失,一侧输卵管缺失;<br>14.一手缺失或功能完全丧失,另一手功能正常,可以手术重建功能及装配假肢;<br>15.双大腿肌力近Ⅴ级(五级),双小腿肌力Ⅲ级(三级)以下,临床判定不能恢复,大、小便轻度失禁;<br>16.双膝以下缺失或无功能,可以手术重建功能或装配假肢;<br>17.单侧下肢膝上缺失,可以手术重建功能或装配假肢; | — |

续表1

| | 一级 | 二级 | 三级 | 四级 |
|---|---|---|---|---|
| 丁等 | 一 | 11.甲状旁腺功能重度损害；<br>12.食管狭窄只能进流食；<br>13.吞咽功能严重损伤，依赖鼻饲管进食；<br>14.肝缺损2/3,功能中度损害；<br>15.肝缺损1/2伴有胆道损伤致严重肝功能损害；<br>16.胰缺损，胰岛素依赖；<br>17.小肠缺损2/3,包括回盲部缺损；<br>18.全结肠、直肠、肛门缺失,回肠造瘘；<br>19.肾上腺功能明显减退；<br>20.大、小便失禁,临床判定不能恢复；<br>21.女性双侧乳腺缺失；<br>22.单肢肌力Ⅱ级(二级),临床判定不能恢复；<br>23.双前臂缺失；<br>24.双下肢瘫；<br>25.一手缺失或功能完全丧失,另一手功能正常,不能手术重建功能或装配假肢；<br>26.双拇指完全缺失或无功能；<br>27.双膝以下缺失或无功能,不能手术重建功能或装配假肢；<br>28.一侧下肢膝上缺失,不能手术重建功能或装配假肢；<br>29.一侧膝以下缺失,另一侧前足缺失,不能手术重建功能或装配假肢；<br>30.双足全肌瘫,肌力Ⅱ级(二级),临床判定不能恢复。 | 18.一侧膝以下缺失,另一侧前足缺失,可以手术重建功能或装配假肢。 | |

续表 1

| | 一级 | 二级 | 三级 | 四级 |
|---|---|---|---|---|
| 戊等 | — | — | 1.脑叶缺失后轻度智力障碍;<br>2.发声或言语不畅;<br>3.双眼结构损伤,较好眼闪光视觉诱发电位(VEP)＞120ms(毫秒),矫正视力＜0.6,视野半径＜50°;<br>4.泪器损伤,手术无法改进溢泪;<br>5.双耳经客观检查证实听力在原有基础上损失大于 31dBHL(分贝)或一耳听力在原有基础上损失大于 71dBHL(分贝);<br>6.耳郭缺损大于 1/3 而小于 2/3;<br>7.甲状腺功能低下;<br>8.支气管损伤需行手术治疗;<br>9.器械或异物误入消化道,需开腹取出;<br>10.一拇指指关节功能不全;<br>11.双小腿肌力Ⅳ级(四级),临床判定不能恢复,大、小便轻度失禁;<br>12.手术后当时引起脊柱侧弯 30 度以上;<br>13.手术后当时引起脊柱后凸成角(胸段大于 60 度,胸腰段大于 30 度,腰段大于 20 度以上);<br>14.原有脊柱、躯干或肢体畸形又严重加重;<br>15.损伤重要脏器,修补后功能有轻微障碍。 | — |

**表 2　城市职工与农村居民医疗保险制度的比较**

| | 城市职工的医疗保险 | 农村的大病统筹医疗保险 |
|---|---|---|
| 法律依据 | 《国务院关于建立城镇职工基本医疗保险制度的决定》(1998 年) | 《中共中央、国务院关于进一步加强农村卫生工作的决定》(2002 年) |
| 财源 | 国家财政或企业负担四分之三,职工个人负担四分之一 | 各级政府负担三分之二,农民个人负担三分之一 |
| 管理及实施机关 | 劳动社会保障部负责 | |
| 设置各级管理及实施机关 | 卫生行政部门负责 | |
| 在省市设置管理机构,在县设置专门的实施机关 | | |
| 补偿范围 | 住院以及门诊的补偿 | 只限大病(住院及高额治疗的情况) |
| 是否强制 | 强制性 | 非强制性 |

　　参考程晓明等:"上海市农村合作医疗保险与企业职工医疗保险比较",《卫生经济研究》2001年第 1 期。

表3 各地区的医疗资源（2004年）

| 地域 | 人口（万人） | 医院（个） | 病床数（张） | 医师（人） | 护士（人） | （每千人） | | |
|---|---|---|---|---|---|---|---|---|
| | | | | | | 病床（张） | 医师（人） | 护士（人） |
| 北京 | 1493 | 503 | 69850 | 45722 | 41557 | 4.68 | 3.06 | 2.78 |
| 天津 | 1024 | 278 | 36645 | 22298 | 19585 | 3.58 | 2.18 | 1.91 |
| 河北 | 6809 | 818 | 114373 | 77417 | 53573 | 1.68 | 1.14 | 0.79 |
| 山西 | 3335 | 877 | 79721 | 56088 | 40962 | 2.39 | 1.68 | 1.23 |
| 内蒙古 | 2384 | 472 | 48074 | 41252 | 26517 | 2.02 | 1.73 | 1.11 |
| 辽宁 | 4217 | 913 | 139635 | 78566 | 72751 | 3.31 | 1.86 | 1.73 |
| 吉林 | 2709 | 594 | 69039 | 48927 | 39546 | 2.55 | 1.81 | 1.46 |
| 黑龙江 | 3817 | 867 | 98975 | 52513 | 44768 | 2.59 | 1.38 | 1.17 |
| 上海 | 1742 | 238 | 65114 | 39784 | 38112 | 3.74 | 2.28 | 2.19 |
| 江苏 | 7433 | 994 | 122787 | 89492 | 76975 | 1.65 | 1.20 | 1.04 |
| 浙江 | 4720 | 519 | 102295 | 65213 | 54874 | 2.17 | 1.38 | 1.16 |
| 安徽 | 646 | 660 | 77773 | 50266 | 45048 | 1.2 | 0.78 | 0.70 |
| 福建 | 3511 | 349 | 54975 | 35312 | 32687 | 1.57 | 1.01 | 0.93 |
| 江西 | 4284 | 508 | 58750 | 39992 | 35429 | 1.37 | 0.93 | 0.83 |
| 山东 | 9180 | 1073 | 163876 | 11127 | 96114 | 1.79 | 1.21 | 1.05 |
| 河南 | 9717 | 1123 | 145870 | 83954 | 74739 | 1.50 | 0.86 | 0.77 |
| 湖北 | 6016 | 566 | 95186 | 71470 | 66214 | 1.58 | 1.19 | 1.10 |
| 湖南 | 6698 | 762 | 100167 | 64090 | 57820 | 1.50 | 0.96 | 0.86 |
| 广东 | 8304 | 904 | 144416 | 87805 | 92287 | 1.74 | 1.06 | 1.11 |
| 广西 | 4889 | 449 | 64466 | 42541 | 43286 | 1.32 | 0.87 | 0.89 |
| 海南 | 818 | 193 | 13251 | 9299 | 10511 | 1.32 | 1.14 | 1.29 |
| 重庆 | 3122 | 364 | 43784 | 26598 | 20249 | 1.40 | 0.85 | 0.65 |
| 四川 | 8725 | 1144 | 123995 | 84815 | 60871 | 1.42 | 0.97 | 0.69 |
| 贵州 | 3904 | 391 | 43835 | 28781 | 21602 | 1.12 | 0.74 | 0.55 |
| 云南 | 4415 | 594 | 71170 | 42290 | 36540 | 1.61 | 0.96 | 0.83 |
| 西藏 | 274 | 97 | 4238 | 3447 | 1849 | 1.55 | 1.26 | 0.68 |
| 陕西 | 3705 | 823 | 77798 | 46322 | 37476 | 2.10 | 1.25 | 1.01 |
| 甘肃 | 2619 | 376 | 45123 | 26929 | 22283 | 1.72 | 1.03 | 0.85 |
| 青海 | 539 | 130 | 13004 | 6884 | 6200 | 2.41 | 1.28 | 1.15 |
| 宁夏 | 588 | 132 | 14087 | 9188 | 7100 | 2.40 | 1.56 | 1.21 |
| 新疆 | 1963 | 682 | 61192 | 33792 | 30908 | 3.12 | 1.72 | 1.58 |

注：根据卫生部统计局的"各地区人口数（2004）""2004年各地区卫生机构数""2004年各地区卫生机构床位数""2004年各地区卫生人员数"做成。

表 4　医疗费的财源与支出（城市与农村的比较）

| | 2000 | 2001 | 2002 | 2003 | 2004 |
|---|---|---|---|---|---|
| 医疗总费用（亿元） | 4586.6 | 5025.9 | 5790 | 6584.1 | 7590.3 |
| 其中:政府出资 | 709.5 | 800.6 | 908.5 | 1116.9 | 1293.6 |
| 民间出资 | 1171.9 | 1211.4 | 1539.4 | 1788.5 | 2225.4 |
| 个人负担 | 2705.2 | 3013.9 | 3342.1 | 3678.7 | 4071.4 |
| 医疗总费用构成（%） | 100 | 100 | 100 | 100 | 100 |
| 其中:政府出资 | 15.5 | 15.9 | 15.7 | 17.0 | 17.0 |
| 民间出资 | 25.6 | 24.1 | 26.6 | 27.2 | 29.3 |
| 个人负担 | 59 | 60 | 57.7 | 55.9 | 53.6 |
| 医疗总费用的 GDP（%） | 5.13 | 5.16 | 5.51 | 5.62 | 5.55 |
| 医疗费支出（亿元） | | | | | |
| 其中:城市 | 2621.7 | 2793 | 3448.2 | 4150.3 | 4939.2 |
| 农村 | 1964.9 | 2233 | 2341.8 | 2433.8 | 2651.1 |
| 医疗费支出比例（%） | 100 | 100 | 100 | 100 | 100 |
| 其中:城市 | 57.2 | 55.6 | 59.6 | 63.0 | 65.1 |
| 农村 | 42.8 | 44.4 | 40.4 | 37.0 | 34.9 |
| 人均医疗费（元） | 361.9 | 393.9 | 450.7 | 509.5 | 583.9 |
| 其中:城市 | 812.9 | 841.2 | 987.1 | 1108.9 | 1261.9 |
| 农村 | 214.9 | 244.8 | 259.3 | 274.7 | 301.6 |
| 城市、农村（倍） | 3.8 | 3.4 | 3.8 | 4.0 | 4.2 |

注:根据卫生部统计局的"全国卫生总费用测算数（当年价格）"做成。

# 参 考 文 献

## 一、中文

### 1. 法律·法规

《中华人民共和国民法通则》(1986.4.12)

《中华人民共和国执业医师法》(1998.6.26)

《中华人民共和国立法法》(2000.7.1)

国务院《医疗事故处理办法》(1987.6.29)

国务院《医疗事故处理条例》(2002.4.4)

政务院《关于全国各级人民政府、党派、团体及所属事业单位的国家工作人员实行公费医疗预防的指示》(1952.6)

卫生部《国家工作人员公费医疗预防实施办法》(1952.8.30)

卫生部《关于〈医疗事故处理办法〉若干问题的说明》(1988.5.10)

卫生部《外国医师来华短期行医暂行管理办法》(1992.10.7)

卫生部、国家体改委、财政部、劳动部《关于职工医疗制度改革的试点意见》(1994.4)

卫生部《传统医学师承和确有专长人员医师资格考核考试暂行办法》第 6 号(1999.7.23)

卫生部《关于下发医师资格考试违纪处理暂行规定的通知》(1999.7.19)

卫生部《关于重申严谨国家医师资格考试命审题专业委员会委员参加有关医师资格考试社会活动的紧急通知》(1999.8.4)

卫生部《关于对硕士、博士研究生以及 7 年制硕士生、8 年制毕业生等参加 1999 年医师资格考试有关意见的通知》(1999.9.16)

卫生部《〈中华人民共和国执业医师法〉有关要求》(1999.10.22)

卫生部、国家中医药管理局、财政部、国家计委《关于城镇医疗机构分类管理的实施意见》(卫医发〔2000〕233 号)(2000.9.1)

卫生部、国家中医药管理局《关于实行病人选择医生促进医疗机构内部改革的意

见》(卫医发〔2000〕234 号)(2000.7.18)

卫生部、国家中医药管理局、外交部、公安部《关于取得中国医学专业学历的外籍人员申请参加中华人民共和国医师资格考试有关问题的通知》(2001.9.3)

卫生部、国家中医药管理局、公安部、国务院台办、国务院港澳办《关于取得内地医学专业学历的台湾、香港、澳门居民申请参加中华人民共和国医师资格考试有关问题的通知》(2001.9.3)

卫生部《医疗事故分级标准(试行)》(2002.7.19)

卫生部《医疗事故技术鉴定暂行办法》(2002.7.19)

卫生部《重大医疗过失行为和医疗事故报告制度的规定》(2002.8)

卫生部《医疗机构病历管理规定》(2002.8.2)

卫生部《医疗事故争议中尸检机构及专业技术人员资格认定办法》(2002.8.2)

卫生部《关于做好实施〈医疗事故处理条例〉有关工作的通知》(2002.8.2)

卫生部《医疗机构基本标准(试行)》(1994.9)

卫生部《关于对医师资格考试报名资格暂行规定的补充规定的通知》(2002.4.25)

卫生部、教育部《关于举办高等医学教育的若干意见(教高〔2002〕10 号)》(2002.8.2)

卫生部《关于做好新型农村合作医疗试点工作的通知》(卫办基妇发〔2003〕47号)(2003.3.24)

江西省卫生厅《卫生部关于职业助理医师能否设置个体诊所问题的批复》(2001.9.24)

**2. 著作**

胡长清:《中国民法债编总论》,商务印书馆,1946 年

Г.К.МАТВЕЕВ 著,彭望雍等译:《苏维埃民法中的过错》,法律出版社,1958 年

中央政法干部学校民法教研室编:《中华人民共和国民法基本问题》,法律出版社,1958 年

列宁:《列宁全集》(第 36 卷),人民出版社,1959 年

佟柔主编:《民法原理》,法律出版社,1982 年

佟柔、赵中孚、郑立主编:《民法概论》,中国人民大学出版社,1982 年

张友渔等编:《中国大百科全书·法学卷》,中国大百科全书出版社,1984 年

佟柔主编:《中华人民共和国民法通则简论》,中国政法大学出版社,1987 年

王明锁等:《〈中华人民共和国民法通则〉条文释义》,河南大学出版社,1987 年

李由义主编:《民法学》,北京大学出版社,1988 年

梁慧星:《民法》,四川人民出版社,1989 年

佟柔主编:《中国民法》,法律出版社,1990 年

杨立新:《侵权损害赔偿》,吉林人民出版社,1990 年

王家福主编:《中国民法学·民法债权》,法律出版社,1991 年

张俊浩主编:《民法学原理》,中国政法大学出版社,1991 年

《中国大百科全书·法学卷》,中国大百科全书出版社,1993 年

梁慧星:《民法学说判例与立法研究》,中国政法大学出版社,1993 年

郭明瑞等:《中国损害赔偿全书》,中国检察出版社,1995 年

王利明、杨立新主编:《人格权与新闻侵权》,中国方正出版社,1995 年

王利明、杨立新:《侵权行为法》,法律出版社,1996 年

李仁玉:《比较侵权法》,北京大学出版社,1996 年

刘心稳主编:《中国民法学研究述评》,中国政法大学出版社,1996 年

梁慧星:《民法总论》,法律出版社,1996 年

梁华仁:《医疗事故的认定与法律处理》,法律出版社,1998 年

刘士国:《现代侵权损害赔偿研究》,法律出版社,1998 年

于敏:《日本侵权行为法》,法律出版社,1998 年

梁慧星主编:《民商法论丛》第 9 卷,法律出版社,1998 年

吴崇其、达庆东主编:《卫生法学》,法律出版社,1999 年

王珊珊、王俊、刘击希:《中国民法的理论与实践》,法律出版社,1999 年

王卫国:《过错责任原则:第三次勃兴》,中国法制出版社,2000 年

何家弘主编:《司法鉴定导论》,法律出版社,2000 年

屈茂辉、王喜军编著:《医疗事故处理办法实例说》,湖南人民出版社,2001 年

刘敏:《当代中国的民事司法改革》,中国法制出版社,2001 年

伍天章、黄飞:《卫生法学》,广东人民出版社,2001 年

梁慧星:《民法总论》,法律出版社,2001 年

龚赛红:《医疗损害赔偿立法研究》,法律出版社,2001 年

黄立:《民法债编总论》,中国政法大学出版社,2002 年

杨立新:《侵权法论》,人民法院出版社,2003 年

章武生等:《司法现代化与民事诉讼制度的建构》,法律出版社,2003 年

黄松有主编:《最高人民法院人身损害赔偿司法解释的理解与适用》,人民法院出版社,2004 年

纪春雷主编:《医疗事故赔偿计算标准》,中国法制出版社,2004 年

胡雪梅:《"过错"的死亡》,中国政法大学出版社,2004 年

张新宝:《中国侵权行为法》,中国社会科学出版社,2004 年

王利明:《侵权行为法研究》(上册),中国人民大学出版社,2004 年

祝铭山主编:《医疗卫生行政诉讼》,中国法制出版社,2004 年

陈晓军主编:《医疗损害赔偿》,中国法制出版社,2004 年

王岳主编:《医疗纠纷法律问题新解》,中国检察出版社,2004 年

王利明等:《中国民法典学者建议稿及立法理由·侵权行为编》,法律出版社,2005 年

侯雪梅:《患者的权利:理论探微与实务指南》,知识产权出版社,2005 年

杨立新主编:《侵权司法对策》第 1、2 辑合辑,人民法院出版社,2005 年

艾尔肯:《医疗损害赔偿研究》,中国法制出版社,2005 年

洪朱丹:《医疗事故如何赔》,中国法制出版社,2005 年

王东红等:《医患关系与权利维护》,中国民主法制出版社,2005 年

刘振华等主编:《医患纠纷预防处理学》,人民法院出版社,2005 年

刘新社主编:《正确处理医疗事故与纠纷:写给病人》,第 2 版,人民卫生出版社,2006 年

### 3. 论文

程啸:《无意思联络的数人侵权》,载王利明主编:《人身损害赔偿疑难问题——最高法院人身损害赔偿司法解释之评论与展望》,中国社会科学出版社,2004 年

高立万、陶皓:《违约责任与侵权责任竞合探析》,载万鄂湘主编:《债法理论与适用.Ⅱ,侵权之债》,人民法院出版社,2005 年

谢桂生:《从一件医疗事故案件的处理看审判思想》,《法学》1958 年第 9 期

邓大榜:《共同侵权行为人的民事责任初探》,《法学季刊》1982 年第 3 期

王卫国:《试论民事责任的过错推定》,《法学研究》1982 年第 5 期

邱聪智:《医疗过失与侵权行为》,载郑玉波主编:《民法债编论文选辑》(中册),五南图书公司,1984 年

伍再阳:《意思联络是共同侵权行为人的必备要件》,《法学季刊》1984 年第 2 期

张佩霖:《民事损害赔偿中的因果关系探疑》,《政法论坛》1986 年第 2 期

江平:《民法通则的适用范围及其效力》,《法学研究》1986 年第 3 期

宋章:《谈谈〈民法通则〉中侵权损害三个责任原则的规定》,《北京律师》1987 年第 1 期

魏振瀛:《论构成民事责任条件的因果关系》,《北京大学学报(哲学社会科学版)》1987 年第 3 期

房绍坤、武利中:《公平责任原则质疑》,《西北政法学院学报》1988 年第 1 期

梁慧星:《雇主承包厂房拆除工程违章施工致雇工受伤感染死亡案评释》,《法学研究》1989 年第 4 期

蒋颂平:《"公平责任"原则应是独立的归责原则》,《人民司法》1989 年第 7 期

孔祥俊、杨丽:《侵权责任要件研究(上)》,《政法论坛》1993 年第 1 期

孔祥俊、杨丽:《侵权责任要件研究(下)》,《政法论坛》1993 年第 2 期

王晨光、刘升平:《论公、私法的划分及其意义》,《中国法学》1993 年第 5 期

邱本、崔建远:《论私法制度与社会发展》,《天津社会科学》1995 年第 3 期

李茂管:《法学界关于公法与私法划分问题的争论》,《求是》1995 年第 22 期

程信和:《公法、私法和经济法》,《中外法学》1997 年第 1 期

喻敏:《对侵权行为法中过错问题的再思考》,《现代法学》1998 年第 4 期

王旸:《侵权行为法上因果关系理论研究》,《民商法论丛》第 11 卷,1999 年

李新:《卫生部认为医疗纠纷不应纳入"3·15"》,《生活时报》2000 年 3 月 11 日

程啸:《论医疗损害民事纠纷中医疗者的义务》,《民商法论丛》第 21 卷,2001 年

刘保玉、秦伟:《论自然人的民事责任能力》,《法学研究》2001 年第 2 期

张赞宁:《论医患关系的法律属性》,《医学与哲学》2001 年第 4 期

江亭:《医患关系到底是什么法律关系》,《上海人大月刊》2002 年第 6 期

关淑芳:《论医疗过错的认定》,《清华大学学报(哲学社会科学版)》2002 年第 5 期

王晓路、李卫:《医疗损害的司法认定》,《人民司法》2002 年第 9 期

江苏省高级人民法院民一庭:《关于医疗损害赔偿纠纷案件的调查报告》,《人民司法》2002 年第 10 期

蒋德海:《关于〈医疗事故处理条例〉的实践思考》,《法律适用》2002 年第 11 期

姜明安:《论公法与政治文明》,《法商研究》2003 年第 3 期

易继明:《离天堂最近的人——〈私法〉编辑前后》,《私法》2003 年第 1 期

赵明、谢维雁:《公、私法的划分与宪政》,《天府新论》2003 年第 1 期

杨凯:《医疗损害赔偿的民事责任与法律适用》,《法律适用》2004 年第 1 期

刘心稳:《医疗事故纠纷案件中医疗机构过失的认定》,《法律适用》2004 年第 1 期

沈健、韩波:《论医疗事故鉴定结论在民事诉讼中的应用》,《法学评论》2004 年第 2 期

徐晓溪、王伟:《十年铸一剑　医保谱新篇》,《中国劳动保障报》2004 年 9 月 24 日

张永伟:《是民事之诉还是行政之争》,《中国卫生法制》2006 年第 3 期

周凯:《卫生部原副部长殷大奎:不少医务人员很压抑》,《中国青年报》2006 年 9 月 17 日

雷万来:《侵权行为论(一) 比较过失责任主义之形成及发展》,《中兴法学》第 18 期

王汉斌:《关于〈中华人民共和国民法通则(草案)的说明〉》,1986 年 4 月 2 日,全国人大网,http://www.npc.gov.cn/npc/lfzt/rlys/2014-10/24/content_1882694.htm

李申:《〈周易〉与中医》,http://tao56.51.net/ac/ac087.htm

陆肇基:《古代医事制度》,http://www.chinabaike.com/article/1/78/423/2007/20070516112211.html

臧文丽:《我国现有乡村医生过百万人》,www.people.com.cn/GB/shizheng/1027/2020820.html

马涛:《伪医生自揭医疗黑幕:兽医治性病护士做手术》,http://cn.news.yahoo.com/051021/1072/2fnnx.html

张思杰、杨益各:《未履行告知义务也得赔》,《法制日报》2001 年 9 月 12 日,http://old.civillaw.com.cn/article/default.asp?id=13377

新华网:《医患纠纷致暴力事件频发 医生不能承受之重》,2006 年 1 月 20 日,http://news.xinhuanet.com/legal/2006-01/20/content_4075559.htm

《医患关系调查报告——我们之间不得不说的那档子事》,http://images.39.net

《云南日报》:《昆明又发生患者家属殴打医生事件》,1999 年 11 月 2 日,http://news.sina.com.cn/society/1999-11-12/31001.html

《羊城晚报》:《中山某医院发生惊人一幕:殴打医生哄抢尸体》,2000 年 6 月 3 日,http://news.sina.com.cn/society/2000-06-03/94754.html

新华网:《侵权患方致歉 医院弃诉讨回清白》,2005 年 9 月 14 日,http://www.xinhuanet.com/chinanews/2005-09/14/content_5121211.htm

新华网:《衡阳"5·11"医生受辱案背后:生命不能承受之重》,2002 年 6 月 10 日,http://news.xinhuanet.com/newscenter/2002-06/10/content_432661.htm

新浪网:《震惊全国的衡阳"5·11"恶性辱医案为何又掀波澜》,2003 年 6 月 21 日,http://news.sina.com.cn/c/2003-06-21/11171200433.shtml

南方网:《衡阳"辱医案"深度内幕》,2002 年 6 月 20 日,http://www.southcn.com/weekend/top/200206200094.htm;

《南京晨报》:《南京 18 家医院联名倡议立法应对"讨钱帮"引争议》,2005 年 10 月 26 日

新华网:《面对医患纠纷和体制问题 医生也有话要说》,2006 年 2 月 28 日,

http：//news.xinhuanet.com/focus/2006-02/28/content_4215760_3.htm

《国务院医改发展报告　卫生系统染上"美国病"》,2005 年 9 月 11 日,http：//www.100md.com

《新京报》:《医院抛弃无钱病人致其死亡　众责任人被判缓刑》,网易新闻,2005年 7 月 1 日,http：//news.163.com/05/0701/05/1NI5P3BB0001122B.html

新华网:《药价是多方合力推上去的——几位医药代表的"实话实说"》,2006 年 3月 23 日,http：//news.xinhuanet.com/health/2006-03/23/content_4334340.htm

《中国青年报》:《医药代表自爆回扣内幕:药品进院费院长得大头》,新浪网,2006年 2 月 24 日,http：//news.sina.com.cn/c/2006-02-24/04148287494s.shtml

《第一财经日报》:《业内揭露　人工关节手术主治医师每日回扣达两万》,新浪网,2006 年 1 月 17 日,http：//finance.sina.com.cn/g/20060117/02522280470.shtml

《北京青年报》:《举报医生收红包最高奖 5 万》,搜狐新闻,2005 年 11 月 11 日,http：//news.sohu.com/20051111/n227463587.shtml

新华网:《医患关系紧张的病根出在哪?》,2006 年 4 月 13 日,http：//news.xin-huanet.com/forum/2006-04/13/content_4419291.htm

《中国青年报》:《国务院医改发展报告:"中国医改基本上不成功"》,搜狐新闻,2005 年 7 月 30 日,http：//news.sohu.com/20050730/n226500104.shtml

《第一财经日报》:《公安部介入调查 550 万医药费事件　医院账户被封》,人民网,2005 年 12 月 1 日,http：//politics.people.com.cn/GB/1027/3904919.html

中新网:《卫生部等:公立医院若严重乱收费　院长一律先免职》,人民网,2006年 4 月 29 日,http：//politics.people.com.cn/GB/1027/4343608.html

新华网:《国务院官员谈制定〈医疗事故处理条例〉的重要性》,2002 年 4 月 14日,http：//news.xinhuanet.com/newscenter/2002-04/14/content_357431.htm

徐忠诚:《医疗纠纷若干疑难问题的思考》,法律图书馆,http：//www.law-lib.com/lw/lw_view.asp? no＝1090

章永乐:《法律分类学? 制度理性?》,北大法律网,http：//article.chinalawinfo.com/articlehtml/article_1696.shtml

张丽芹:《民事审判中适用〈医疗事故处理条例〉的几个问题》,中国法院网,2002年 9 月 10 日,http：//www.chinacourt.org/article/detail/2002/09/id/11817.shtml

王明新:《医患关系的性质及特点》,中国法院网,2003 年 2 月 25 日。http：//www.chinacourt.org/article/detail/2003/02/id/40023.shtml

王召忠、柏岩:《医用缺陷产品致损的法律探析》,中国法院网,2003 年 7 月 10日,http：//old.chinacourt.org/public/detail.php? id＝67699

许先明、黄金波：《略论〈医疗事故处理条例〉的缺陷》，中国法院网，2003 年 11 月 15 日，http：//www.chinacourt.org/article/detail/2003/11/id/91576.shtml

赵学刚：《医疗中患者隐私保护与医学发展研究》，中国民商法律网，2003 年 11 月 12 日，http：//old.civillaw.com.cn/article/default.asp？ id＝13377

宁红丽：《大陆法系国家的医疗合同立法及其对中国大陆的借鉴意义》，中国民商法律网，2004 年 10 月 25 日，http：// old. civillaw. com. cn/article/default. asp？ id＝18724

林琳、赵芳：《医疗过失侵权责任的法律构成探析》，中国法院网，2004 年 11 月 29 日，http：//old.chinacourt.org/public/detail.php？ id＝140665

梁慧星：《医疗损害赔偿纠纷案件的法律适用问题——在审理医疗纠纷案件法律适用问题研讨会上的发言》，中国法学网，http：// www. iolaw. org. cn/showarticle. asp？ id＝1486

戴继舫、卢祖洵：《从医患法律属性看医疗纠纷》，《健康报》2005 年 4 月 1 日，http：// www.qblaw.cn/showart2.asp？ art_id74&cat_id＝21

黄振辉、谢斐：《论过错相抵规则》，http：// www. zfwlxt. com/html/2007-3/ 20073251020591.htm

徐永红：《医疗损害赔偿责任的过错分析》，http：// www. m-lawyers.net/Article_Show.asp？ ArticleID＝21133

## 二、日文

### 1. 著书

加藤一郎：《不法行為法の研究》，有斐閣，1961 年

加藤一郎編：《注釈民法（19）》，有斐閣，1969 年

平井宜雄：《損害賠償法の理論》，東京大学出版会，1971 年

田中二郎：《新版行政法上巻》，弘文堂，1974 年

唄孝一：《医事法学への歩み》，岩波書店，1975 年

加藤一郎、鈴木潔監修：《医療過誤紛争をめぐる諸問題》，法曹会，1976 年

石橋信：《医療過誤の裁判》，新日本法規出版，1977 年

高橋正春：《医療行為と法律》，医歯薬出版，1980 年

高仲東麿：《医事法概説》，啓正社，1981 年

野田寛：《医療事故と法》，新有堂，1982 年

四宮和夫：《事務管理・不当利得・不法行為》，青林書院，1983 年

野村好弘、浅野直人編著：《中国民法の研究》，学陽書房，1987 年

中川淳、大野真義編：《医療関係者法学》,世界思想社,1989 年

根本久編：《医療過誤訴訟法》,青林書院,1990 年

牛山積：《現代の公害法》(第二版),勁草書房,1991 年

野田寛：《医事法》(上巻),青林書院,1992 年

米田泰邦：《医事紛争と医療裁判》,兵庫県医師会,1993 年

野田寛：《医事法中巻》,青林書院,1994 年

芦部信喜：《憲法》,岩波書店,1995 年

莇立明、中井美雄：《医療過誤法》,青林書院,1996 年

大田幸夫編：《新・裁判実務大系第 1 巻医療過誤訴訟法》,青林書院,2000 年

前田和彦：《医事法講義(改訂第 5 版)》,信山社,2001 年

楊立新：《中国民法の理論と実際》,成文堂,2001 年

内山雄一(編集監事)：《資料集│生命倫理と法》,太陽出版,2002 年

夏芸：《医師の説明義務と患者の同意》,中国科学技術出版社,2003 年

菅野耕毅、高江洲義矩：《医事法学概論》,医歯薬出版,2004 年

我妻栄、有泉亨、川井健：《民法 2 債権法》,勁草書房,2004 年

**2. 論文**

小口彦太：《中国の罪刑法定原則についての一、二の考察》,早稲田法学第 82 巻第 3 号(2007)

森三樹雄：《中国の医療保険制度と臨床検査》,日中医学(2002)

拙稿,《中国の医療制度について(一)》,早稲田大学大学院法研論集第 111 号(2004)

城本るみ：《中国の医療制度改革》,弘前大学人文学部人文社会論叢(社会科学篇)第 4 号

岩志和一郎、川城憶紅：《中国の医療処理条例》,比較法学第 37 巻第 2 号

西井龍生：《医療契約と医療過誤訴訟》,遠藤浩、林良平、水本浩：《現代契約法大系(7)》,有斐閣,1984 年

清水兼男：《診療過誤と医師の民事責任》,民商 52 巻 6 号

西原道雄：《医療と民法》,大阪府医師会編,《医療と法律》

清水兼男：《診療過誤と医師の民事責任》,民商 52 巻 6 号

新美育文：《診療契約》,伊藤進編著：《契約法》,学陽書房,1984 年

山口斉昭：《フランスにおける医療契約と医療被害救済制度》,日本医事法学会編《年報医事法学 21》

松倉豊治：《未熟児網膜症による失明事件といわゆる現代医学の水準》,判夕

311 号

新美育文:《医療過誤—その現代的論点》,ジュリスト828 号(1985 年)

畔柳達雄:《未熟児網膜症裁判の現状》,判タ618 号(1986 年)

野田寛:《医療契約をめぐる諸問題》,《医事法の方法と課題》,信山社,2004 年

増田聖子:《医療契約総論》,《実務医事法講義》,民事研究会,2005 年

ジュリスト別冊 140 号:《医事判例百選(第二版)》,有斐閣,1996 年

ジュリスト別冊 183 号:《医事判例百選》,有斐閣,2006 年

# 参 考 资 料

## 中华人民共和国执业医师法

中华人民共和国主席令　第 5 号

《中华人民共和国执业医师法》已由中华人民共和国第九届全国人民代表大会常务委员会第三次会议于 1998 年 6 月 26 日通过,现予公布,自 1999 年 5 月 1 日起施行。

### 第一章 总 则

**第一条** 为了加强医师队伍的建设,提高医师的职业道德和业务素质,保障医师的合法权益,保护人民健康,制定本法。

**第二条** 依法取得执业医师资格或者执业助理医师资格,经注册在医疗、预防、保健机构中执业的专业医务人员,适用本法。

本法所称医师,包括执业医师和执业助理医师。

**第三条** 医师应当具备良好的职业道德和医疗执业水平,发扬人道主义精神,履行防病治病、救死扶伤、保护人民健康的神圣职责。

全社会应当尊重医师。医师依法履行职责,受法律保护。

**第四条** 国务院卫生行政部门主管全国的医师工作。

县级以上地方人民政府卫生行政部门负责管理本行政区域内的医师工作。

**第五条** 国家对在医疗、预防、保健工作中作出贡献的医师,给予奖励。

**第六条** 医师的医学专业技术职称和医学专业技术职务的评定、聘任,按照国家有关规定办理。

**第七条** 医师可以依法组织和参加医师协会。

## 第二章　考试和注册

**第八条**　国家实行医师资格考试制度。医师资格考试分为执业医师资格考试和执业助理医师资格考试。

医师资格考试的办法，由国务院卫生行政部门制定。医师资格考试由省级以上人民政府卫生行政部门组织实施。

**第九条**　具有下列条件之一的，可以参加执业医师资格考试：

（一）具有高等学校医学专业本科以上学历，在执业医师指导下，在医疗、预防、保健机构中试用期满一年的；

（二）取得执业助理医师执业证书后，具有高等学校医学专科学历，在医疗、预防、保健机构中工作满二年的；具有中等专业学校医学专业学历，在医疗、预防、保健机构中工作满五年的。

**第十条**　具有高等学校医学专科学历或者中等专业学校医学专科学历，在执业医师指导下，在医疗、预防、保健机构中试用期满一年的，可以参加执业助理医师资格考试。

**第十一条**　以师承方式学习传统医学满三年或者经多年实践医术确有专长的，经县级以上人民政府卫生行政部门确定的传统医学专业组织或者医疗、预防、保健机构考核合格并推荐，可以参加执业医师资格或者执业助理医师资格考试。考试的内容和办法由国务院卫生行政部门另行制定。

**第十二条**　医师资格考试成绩合格，取得执业医师资格或者执业助理医师资格。

**第十三条**　国家实行医师执业注册制度。

取得医师资格的，可以向所在地县级以上人民政府卫生行政部门申请注册。

除有本法第十五条规定的情形外，受理申请的卫生行政部门应当自收到申请之日起三十日内准予注册，并发给由国务院卫生行政部门统一印制的医师执业证书。

医疗、预防、保健机构可以为本机构中的医师集体办理注册手续。

**第十四条**　医师经注册后，可以在医疗、预防、保健机构中按照注册的执业地点、执业类别、执业范围执业，从事相应的医疗、预防、保健业务。

未经医师注册取得执业证书，不得从事医师执业活动。

**第十五条**　有下列情形之一的，不予注册：

（一）不具有完全民事行为能力的；

（二）因受刑事处罚，自刑罚执行完毕之日起至申请注册之日止不满二年的；

（三）受吊销医师执业证书行政处罚，自处罚决定之日起至申请注册之日止不满二年的；

（四）有国务院卫生行政部门规定不宜从事医疗、预防、保健业务的其他情形的。

受理申请的卫生行政部门对不符合条件不予注册的,应当自收到申请之日起三十日内书面通知申请人,并说明理由。申请人有异议的,可以自收到通知之日起十五日内,依法申请复议或者向人民法院提起诉讼。

**第十六条** 医师注册后有下列情形之一的,其所在的医疗、预防、保健机构应当在三十日内报告准予注册的卫生行政部门,卫生行政部门应当注销注册,收回医师执业证书:

（一）死亡或者被宣告失踪的;

（二）受刑事处罚的;

（三）受吊销医师执业证书行政处罚的;

（四）依照本法第三十一条规定暂停执业活动期满,再次考核仍不合格的;

（五）中止医师执业活动满二年的;

（六）有国务院卫生行政部门规定不宜从事医疗、预防、保健业务的其他情形的。

被注销注册的当事人有异议的,可以自收到注销注册通知之日起十五日内,依法申请复议或者向人民法院提起诉讼。

**第十七条** 医师变更执业地点、执业类别、执业范围等注册事项的,应当到准予注册的卫生行政部门依照本法第十三条的规定办理变更注册手续。

**第十八条** 中止医师执业活动二年以上以及有本法第十五条规定情形消失的,申请重新执业,应当由本法第三十一条规定的机构考核合格,并依照本法第十三条的规定重新注册。

**第十九条** 申请个体行医的执业医师,须经注册后在医疗、预防、保健机构中执业满五年,并按照国家有关规定办理审批手续;未经批准,不得行医。

县级以上地方人民政府卫生行政部门对个体行医的医师,应当按照国务院卫生行政部门的规定,经常监督检查,凡发现有本法第十六条规定的情形的,应当及时注销注册,收回医师执业证书。

**第二十条** 县级以上地方人民政府卫生行政部门应当将准予注册和注销注册的人员名单予以公告,并由省级人民政府卫生行政部门汇总,报国务院卫生行政部门备案。

## 第三章 执业规则

**第二十一条** 医师在执业活动中享有下列权利:

（一）在注册的执业范围内,进行医学诊查、疾病调查、医学处置、出具相应的医学证明文件,选择合理的医疗、预防、保健方案;

（二）按照国务院卫生行政部门规定的标准，获得与本人执业活动相当的医疗设备基本条件；

（三）从事医学研究、学术交流，参加专业学术团体；

（四）参加专业培训，接受继续医学教育；

（五）在执业活动中，人格尊严、人身安全不受侵犯；

（六）获取工资报酬和津贴，享受国家规定的福利待遇；

（七）对所在机构的医疗、预防、保健工作和卫生行政部门的工作提出意见和建议，依法参与所在机构的民主管理。

第二十二条　医师在执业活动中履行下列义务：

（一）遵守法律、法规，遵守技术操作规范；

（二）树立敬业精神，遵守职业道德，履行医师职责，尽职尽责为患者服务；

（三）关心、爱护、尊重患者，保护患者的隐私；

（四）努力钻研业务，更新知识，提高专业技术水平；

（五）宣传卫生保健知识，对患者进行健康教育。

第二十三条　医师实施医疗、预防、保健措施，签署有关医学证明文件，必须亲自诊查、调查，并按照规定及时填写医学文书，不得隐匿、伪造或者销毁医学文书及有关资料。

医师不得出具与自己执业范围无关或者与执业类别不相符的医学证明文件。

第二十四条　对急危患者，医师应当采取紧急措施及时进行诊治；不得拒绝急救处置。

第二十五条　医师应当使用经国家有关部门批准使用的药品、消毒药剂和医疗器械。

除正当治疗外，不得使用麻醉药品、医疗用毒性药品、精神药品和放射性药品。

第二十六条　医师应当如实向患者或者其家属介绍病情，但应注意避免对患者产生不利后果。

医师进行实验性临床医疗，应当经医院批准并征得患者本人或者其家属同意。

第二十七条　医师不得利用职务之便，索取、非法收受患者财物或者牟取其他不正当利益。

第二十八条　遇有自然灾害、传染病流行、突发重大伤亡事故及其他严重威胁人民生命健康的紧急情况时，医师应当服从县级以上人民政府卫生行政部门的调遣。

第二十九条　医师发生医疗事故或者发现传染病疫情时，应当依照有关规定及时向所在机构或者卫生行政部门报告。

医师发现患者涉嫌伤害事件或者非正常死亡时，应当按照有关规定向有关部门报告。

第三十条　执业助理医师应当在执业医师的指导下,在医疗、预防、保健机构中按照其执业类别执业。

在乡、民族乡、镇的医疗、预防、保健机构中工作的执业助理医师,可以根据医疗诊治的情况和需要,独立从事一般的执业活动。

## 第四章　考核和培训

第三十一条　受县级以上人民政府卫生行政部门委托的机构或者组织应当按照医师执业标准,对医师的业务水平、工作成绩和职业道德状况进行定期考核。

对医师的考核结果,考核机构应当报告准予注册的卫生行政部门备案。

对考核不合格的医师,县级以上人民政府卫生行政部门可以责令其暂停执业活动三个月至六个月,并接受培训和继续医学教育。暂停执业活动期满,再次进行考核,对考核合格的,允许其继续执业;对考核不合格的,由县级以上人民政府卫生行政部门注销注册,收回医师执业证书。

第三十二条　县级以上人民政府卫生行政部门负责指导、检查和监督医师考核工作。

第三十三条　医师有下列情形之一的,县级以上人民政府卫生行政部门应当给予表彰或者奖励:

(一)在执业活动中,医德高尚,事迹突出的;

(二)对医学专业技术有重大突破,作出显著贡献的;

(三)遇有自然灾害、传染病流行、突发重大伤亡事故及其他严重威胁人民生命健康的紧急情况时,救死扶伤、抢救诊疗表现突出的;

(四)长期在边远贫困地区、少数民族地区条件艰苦的基层单位努力工作的;

(五)国务院卫生行政部门规定应当予以表彰或者奖励的其他情形的。

第三十四条　县级以上人民政府卫生行政部门应当制定医师培训计划,对医师进行多种形式的培训,为医师接受继续医学教育提供条件。

县级以上人民政府卫生行政部门应当采取措施,对在农村和少数民族地区从事医疗、预防、保健业务的医务人员实施培训。

第三十五条　医疗、预防、保健机构应当依照规定和计划保证本机构医师的培训和继续医学教育。

县级以上人民政府卫生行政部门委托的承担医师考核任务的医疗卫生机构,应当为医师的培训和接受继续医学教育提供和创造条件。

# 第五章　法律责任

**第三十六条**　以不正当手段取得医师执业证书的,由发给证书的卫生行政部门予以吊销;对负有直接责任的主管人员和其他直接责任人员,依法给予行政处分。

**第三十七条**　医师在执业活动中,违反本法规定,有下列行为之一的,由县级以上人民政府卫生行政部门给予警告或者责令暂停六个月以上一年以下执业活动;情节严重的,吊销其医师执业证书;构成犯罪的,依法追究刑事责任:

(一) 违反卫生行政规章制度或者技术操作规范,造成严重后果的;

(二) 由于不负责任延误急危病重患者的抢救和诊治,造成严重后果的;

(三) 造成医疗责任事故的;

(四) 未经亲自诊查、调查,签署诊断、治疗、流行病学等证明文件或者有关出生、死亡等证明文件的;

(五) 隐匿、伪造或者擅自销毁医学文书及有关资料的;

(六) 使用未经批准使用的药品、消毒药剂和医疗器械的;

(七) 不按照规定使用麻醉药品、医疗用毒性药品、精神药品和放射性药品的;

(八) 未经患者或者其家属同意,对患者进行实验性临床医疗的;

(九) 泄露患者隐私,造成严重后果的;

(十) 利用职务之便,索取、非法收受患者财物或者牟取其他不正当利益的;

(十一) 发生自然灾害、传染病流行、突发重大伤亡事故以及其他严重威胁人民生命健康的紧急情况时,不服从卫生行政部门调遣的;

(十二) 发生医疗事故或者发现传染病疫情,患者涉嫌伤害事件或者非正常死亡,不按照规定报告的。

**第三十八条**　医师在医疗、预防、保健工作中造成事故的,依照法律或者国家有关规定处理。

**第三十九条**　未经批准擅自开办医疗机构行医或者非医师行医的,由县级以上人民政府卫生行政部门予以取缔,没收其违法所得及其药品、器械,并处十万元以下的罚款;对医师吊销其执业证书;给患者造成损害的,依法承担赔偿责任;构成犯罪的,依法追究刑事责任。

**第四十条**　阻碍医师依法执业,侮辱、诽谤、威胁、殴打医师或者侵犯医师人身自由、干扰医师正常工作、生活的,依照治安管理处罚条例的规定处罚;构成犯罪的,依法追究刑事责任。

**第四十一条**　医疗、预防、保健机构未依照本法第十六条的规定履行报告职责,导致严重后果的,由县级以上人民政府卫生行政部门给予警告;并对该机构的行政负责人依法给予行政处分。

**第四十二条** 卫生行政部门工作人员或者医疗、预防、保健机构工作人员违反本法有关规定，弄虚作假、玩忽职守、滥用职权、徇私舞弊，尚不构成犯罪的，依法给予行政处分；构成犯罪的，依法追究刑事责任。

## 第六章　附　　则

**第四十三条** 本法颁布之日前按照国家有关规定取得医学专业技术职称和医学专业技术职务的人员，由所在机构报请县级以上人民政府卫生行政部门认定，取得相应的医师资格。其中在医疗、预防、保健机构中从事医疗、预防、保健业务的医务人员，依照本法规定的条件，由所在机构集体核报县级以上人民政府卫生行政部门，予以注册并发给医师执业证书。具体办法由国务院卫生行政部门会同国务院人事行政部门制定。

**第四十四条** 计划生育技术服务机构中的医师，适用本法

**第四十五条** 在乡村医疗卫生机构中向村民提供预防、保健和一般医疗服务的乡村医生，符合本法有关规定的，可以依法取得执业医师资格或者执业助理医师资格；不具备本法规定的执业医师资格或者执业助理医师资格的乡村医生，由国务院另行制定管理办法。

**第四十六条** 军队医师执行本法的实施办法，由国务院、中央军事委员会依据本法的原则制定。

**第四十七条** 境外人员在中国境内申请医师考试、注册、执业或者从事临床示教、临床研究等活动的，按照国家有关规定办理。

**第四十八条** 本法自 1999 年 5 月 1 日起施行。

# 乡村医生从业管理条例

中华人民共和国国务院令　第 386 号

《乡村医生从业管理条例》已经 2003 年 7 月 30 日国务院第 16 次常务会议通过，现予公布，自 2004 年 1 月 1 日起施行。

## 第一章　总　　则

**第一条** 为了提高乡村医生的职业道德和业务素质，加强乡村医生从业管理，保

护乡村医生的合法权益,保障村民获得初级卫生保健服务,根据《中华人民共和国执业医师法》(以下称执业医师法)的规定,制定本条例。

第二条 本条例适用于尚未取得执业医师资格或者执业助理医师资格,经注册在村医疗卫生机构从事预防、保健和一般医疗服务的乡村医生。

村医疗卫生机构中的执业医师或者执业助理医师,依照执业医师法的规定管理,不适用本条例。

第三条 国务院卫生行政主管部门负责全国乡村医生的管理工作。

县级以上地方人民政府卫生行政主管部门负责本行政区域内乡村医生的管理工作。

第四条 国家对在农村预防、保健、医疗服务和突发事件应急处理工作中做出突出成绩的乡村医生,给予奖励。

第五条 地方各级人民政府应当加强乡村医生的培训工作,采取多种形式对乡村医生进行培训。

第六条 具有学历教育资格的医学教育机构,应当按照国家有关规定开展适应农村需要的医学学历教育,定向为农村培养适用的卫生人员。

国家鼓励乡村医生学习中医药基本知识,运用中医药技能防治疾病。

第七条 国家鼓励乡村医生通过医学教育取得医学专业学历;鼓励符合条件的乡村医生申请参加国家医师资格考试。

第八条 国家鼓励取得执业医师资格或者执业助理医师资格的人员,开办村医疗卫生机构,或者在村医疗卫生机构向村民提供预防、保健和医疗服务。

## 第二章 执业注册

第九条 国家实行乡村医生执业注册制度。

县级人民政府卫生行政主管部门负责乡村医生执业注册工作。

第十条 本条例公布前的乡村医生,取得县级以上地方人民政府卫生行政主管部门颁发的乡村医生证书,并符合下列条件之一的,可以向县级人民政府卫生行政主管部门申请乡村医生执业注册,取得乡村医生执业证书后,继续在村医疗卫生机构执业:

(一)已经取得中等以上医学专业学历的;

(二)在村医疗卫生机构连续工作20年以上的;

(三)按照省、自治区、直辖市人民政府卫生行政主管部门制定的培训规划,接受培训取得合格证书的。

第十一条 对具有县级以上地方人民政府卫生行政主管部门颁发的乡村医生证

书，但不符合本条例第十条规定条件的乡村医生，县级人民政府卫生行政主管部门应当进行有关预防、保健和一般医疗服务基本知识的培训，并根据省、自治区、直辖市人民政府卫生行政主管部门确定的考试内容、考试范围进行考试。

前款所指的乡村医生经培训并考试合格的，可以申请乡村医生执业注册；经培训但考试不合格的，县级人民政府卫生行政主管部门应当组织对其再次培训和考试。不参加再次培训或者再次考试仍不合格的，不得申请乡村医生执业注册。

本条所指的培训、考试，应当在本条例施行后6个月内完成。

**第十二条**　本条例公布之日起进入村医疗卫生机构从事预防、保健和医疗服务的人员，应当具备执业医师资格或者执业助理医师资格。

不具备前款规定条件的地区，根据实际需要，可以允许具有中等医学专业学历的人员，或者经培训达到中等医学专业水平的其他人员申请执业注册，进入村医疗卫生机构执业。具体办法由省、自治区、直辖市人民政府制定。

**第十三条**　符合本条例规定申请在村医疗卫生机构执业的人员，应当持村医疗卫生机构出具的拟聘用证明和相关学历证明、证书，向村医疗卫生机构所在地的县级人民政府卫生行政主管部门申请执业注册。

县级人民政府卫生行政主管部门应当自受理申请之日起15日内完成审核工作，对符合本条例规定条件的，准予执业注册，发给乡村医生执业证书；对不符合本条例规定条件的，不予注册，并书面说明理由。

**第十四条**　乡村医生有下列情形之一的，不予注册：

（一）不具有完全民事行为能力的；

（二）受刑事处罚，自刑罚执行完毕之日起至申请执业注册之日止不满2年的；

（三）受吊销乡村医生执业证书行政处罚，自处罚决定之日起至申请执业注册之日止不满2年的。

**第十五条**　乡村医生经注册取得执业证书后，方可在聘用其执业的村医疗卫生机构从事预防、保健和一般医疗服务。

未经注册取得乡村医生执业证书的，不得执业。

**第十六条**　乡村医生执业证书有效期为5年。

乡村医生执业证书有效期满需要继续执业的，应当在有效期满前3个月申请再注册。

县级人民政府卫生行政主管部门应当自受理申请之日起15日内进行审核，对符合省、自治区、直辖市人民政府卫生行政主管部门规定条件的，准予再注册，换发乡村医生执业证书；对不符合条件的，不予再注册，由发证部门收回原乡村医生执业证书。

**第十七条**　乡村医生应当在聘用其执业的村医疗卫生机构执业；变更执业的村

医疗卫生机构的,应当依照本条例第十三条规定的程序办理变更注册手续。

**第十八条** 乡村医生有下列情形之一的,由原注册的卫生行政主管部门注销执业注册,收回乡村医生执业证书:

(一)死亡或者被宣告失踪的;

(二)受刑事处罚的;

(三)中止执业活动满2年的;

(四)考核不合格,逾期未提出再次考核申请或者经再次考核仍不合格的。

**第十九条** 县级人民政府卫生行政主管部门应当将准予执业注册、再注册和注销注册的人员名单向其执业的村医疗卫生机构所在地的村民公告,并由设区的市级人民政府卫生行政主管部门汇总,报省、自治区、直辖市人民政府卫生行政主管部门备案。

**第二十条** 县级人民政府卫生行政主管部门办理乡村医生执业注册、再注册、注销注册,应当依据法定权限、条件和程序,遵循便民原则,提高办事效率。

**第二十一条** 村民和乡村医生发现违法办理乡村医生执业注册、再注册、注销注册的,可以向有关人民政府卫生行政主管部门反映;有关人民政府卫生行政主管部门对反映的情况应当及时核实,调查处理,并将调查处理结果予以公布。

**第二十二条** 上级人民政府卫生行政主管部门应当加强对下级人民政府卫生行政主管部门办理乡村医生执业注册、再注册、注销注册的监督检查,及时纠正违法行为。

## 第三章 执业规则

**第二十三条** 乡村医生在执业活动中享有下列权利:

(一)进行一般医学处置,出具相应的医学证明;

(二)参与医学经验交流,参加专业学术团体;

(三)参加业务培训和教育;

(四)在执业活动中,人格尊严、人身安全不受侵犯;

(五)获取报酬;

(六)对当地的预防、保健、医疗工作和卫生行政主管部门的工作提出意见和建议。

**第二十四条** 乡村医生在执业活动中应当履行下列义务:

(一)遵守法律、法规、规章和诊疗护理技术规范、常规;

(二)树立敬业精神,遵守职业道德,履行乡村医生职责,为村民健康服务;

(三)关心、爱护、尊重患者,保护患者的隐私;

（四）努力钻研业务，更新知识，提高专业技术水平；

（五）向村民宣传卫生保健知识，对患者进行健康教育。

**第二十五条**　乡村医生应当协助有关部门做好初级卫生保健服务工作；按照规定及时报告传染病疫情和中毒事件，如实填写并上报有关卫生统计报表，妥善保管有关资料。

**第二十六条**　乡村医生在执业活动中，不得重复使用一次性医疗器械和卫生材料。对使用过的一次性医疗器械和卫生材料，应当按照规定处置。

**第二十七条**　乡村医生应当如实向患者或者其家属介绍病情，对超出一般医疗服务范围或者限于医疗条件和技术水平不能诊治的病人，应当及时转诊；情况紧急不能转诊的，应当先行抢救并及时向有抢救条件的医疗卫生机构求助。

**第二十八条**　乡村医生不得出具与执业范围无关或者与执业范围不相符的医学证明，不得进行实验性临床医疗活动。

**第二十九条**　省、自治区、直辖市人民政府卫生行政主管部门应当按照乡村医生一般医疗服务范围，制定乡村医生基本用药目录。乡村医生应当在乡村医生基本用药目录规定的范围内用药。

**第三十条**　县级人民政府对乡村医生开展国家规定的预防、保健等公共卫生服务，应当按照有关规定予以补助。

## 第四章　培训与考核

**第三十一条**　省、自治区、直辖市人民政府组织制定乡村医生培训规划，保证乡村医生至少每2年接受一次培训。县级人民政府根据培训规划制定本地区乡村医生培训计划。

对承担国家规定的预防、保健等公共卫生服务的乡村医生，其培训所需经费列入县级财政预算。对边远贫困地区，设区的市级以上地方人民政府应当给予适当经费支持。

国家鼓励社会组织和个人支持乡村医生培训工作。

**第三十二条**　县级人民政府卫生行政主管部门根据乡村医生培训计划，负责组织乡村医生的培训工作。

乡、镇人民政府以及村民委员会应当为乡村医生开展工作和学习提供条件，保证乡村医生接受培训和继续教育。

**第三十三条**　乡村医生应当按照培训规划的要求至少每2年接受一次培训，更新医学知识，提高业务水平。

**第三十四条**　县级人民政府卫生行政主管部门负责组织本地区乡村医生的考核

工作;对乡村医生的考核,每 2 年组织一次。

对乡村医生的考核应当客观、公正,充分听取乡村医生执业的村医疗卫生机构、乡村医生本人、所在村村民委员会和村民的意见。

**第三十五条** 县级人民政府卫生行政主管部门负责检查乡村医生执业情况,收集村民对乡村医生业务水平、工作质量的评价和建议,接受村民对乡村医生的投诉,并进行汇总、分析。汇总、分析结果与乡村医生接受培训的情况作为对乡村医生进行考核的主要内容。

**第三十六条** 乡村医生经考核合格的,可以继续执业;经考核不合格的,在 6 个月之内可以申请进行再次考核。逾期未提出再次考核申请或者经再次考核仍不合格的乡村医生,原注册部门应当注销其执业注册,并收回乡村医生执业证书。

**第三十七条** 有关人民政府卫生行政主管部门对村民和乡村医生提出的意见、建议和投诉,应当及时调查处理,并将调查处理结果告知村民或者乡村医生。

## 第五章　法律责任

**第三十八条** 乡村医生在执业活动中,违反本条例规定,有下列行为之一的,由县级人民政府卫生行政主管部门责令限期改正,给予警告;逾期不改正的,责令暂停 3 个月以上 6 个月以下执业活动;情节严重的,由原发证部门暂扣乡村医生执业证书:

(一)执业活动超出规定的执业范围,或者未按照规定进行转诊的;

(二)违反规定使用乡村医生基本用药目录以外的处方药品的;

(三)违反规定出具医学证明,或者伪造卫生统计资料的;

(四)发现传染病疫情、中毒事件不按规定报告的。

**第三十九条** 乡村医生在执业活动中,违反规定进行实验性临床医疗活动,或者重复使用一次性医疗器械和卫生材料的,由县级人民政府卫生行政主管部门责令停止违法行为,给予警告,可以并处 1000 元以下的罚款;情节严重的,由原发证部门暂扣或者吊销乡村医生执业证书。

**第四十条** 乡村医生变更执业的村医疗卫生机构,未办理变更执业注册手续的,由县级人民政府卫生行政主管部门给予警告,责令限期办理变更注册手续。

**第四十一条** 以不正当手段取得乡村医生执业证书的,由发证部门收缴乡村医生执业证书;造成患者人身损害的,依法承担民事赔偿责任;构成犯罪的,依法追究刑事责任。

**第四十二条** 未经注册在村医疗卫生机构从事医疗活动的,由县级以上地方人民政府卫生行政主管部门予以取缔,没收其违法所得以及药品、医疗器械,违法所得

5000 元以上的,并处违法所得 1 倍以上 3 倍以下的罚款;没有违法所得或者违法所得不足 5000 元的,并处 1000 元以上 3000 元以下的罚款;造成患者人身损害的,依法承担民事赔偿责任;构成犯罪的,依法追究刑事责任。

**第四十三条** 县级人民政府卫生行政主管部门未按照乡村医生培训规划、计划组织乡村医生培训的,由本级人民政府或者上一级人民政府卫生行政主管部门责令改正;情节严重的,对直接负责的主管人员和其他直接责任人员依法给予行政处分。

**第四十四条** 县级人民政府卫生行政主管部门,对不符合本条例规定条件的人员发给乡村医生执业证书,或者对符合条件的人员不发给乡村医生执业证书的,由本级人民政府或者上一级人民政府卫生行政主管部门责令改正,收回或者补发乡村医生执业证书,并对直接负责的主管人员和其他直接责任人员依法给予行政处分。

**第四十五条** 县级人民政府卫生行政主管部门对乡村医生执业注册或者再注册申请,未在规定时间内完成审核工作的,或者未按照规定将准予执业注册、再注册和注销注册的人员名单向村民予以公告的,由本级人民政府或者上一级人民政府卫生行政主管部门责令限期改正;逾期不改正的,对直接负责的主管人员和其他直接责任人员依法给予行政处分。

**第四十六条** 卫生行政主管部门对村民和乡村医生反映的办理乡村医生执业注册、再注册、注销注册的违法活动未及时核实、调查处理或者未公布调查处理结果的,由本级人民政府或者上一级人民政府卫生行政主管部门责令限期改正;逾期不改正的,对直接负责的主管人员和其他直接责任人员依法给予行政处分。

**第四十七条** 寻衅滋事、阻碍乡村医生依法执业,侮辱、诽谤、威胁、殴打乡村医生,构成违反治安管理行为的,由公安机关依法予以处罚;构成犯罪的,依法追究刑事责任。

## 第六章　附　　则

**第四十八条** 乡村医生执业证书格式由国务院卫生行政主管部门规定。

**第四十九条** 本条例自 2004 年 1 月 1 日起施行。

# 医疗机构管理条例

(1994 年 2 月 26 日国务院令第 149 号发布)

## 第一章 总 则

**第一条** 为了加强对医疗机构的管理,促进医疗卫生事业的发展,保障公民健康,制定本条例。

**第二条** 本条例适用从事疾病诊断、治疗活动的医院、卫生院、疗养院、门诊部、诊所、卫生所(室)以及急救站等医疗机构。

**第三条** 医疗机构以救死扶伤,防病治病,为公民的健康服务为宗旨。

**第四条** 国家扶持医疗机构的发展,鼓励多种形式兴办医疗机构。

**第五条** 国务院卫生行政部门负责全国医疗机构的监督管理工作。

县级以上地方人民政府卫生行政部门负责本行政区域内医疗机构的监督管理工作。

中国人民解放军卫生主管部门依照本条例和国家有关规定,对军队的医疗机构实施监督管理。

## 第二章 规划布局和设置审批

**第六条** 县级以上地方人民政府卫生行政部门应当根据本行政区域的人口、医疗资源、医疗需求和现有医疗机构的分布状况,制定本行政区域医疗机构设置规划。

机关、企业和事业单位可以根据需要设置医疗机构,并纳入当地医疗机构的设置规划。

**第七条** 县级以上地方人民政府应当把医疗机构设置规划纳入当地的区域卫生发展规划和城乡建设发展总体规划。

**第八条** 设置医疗机构应当符合医疗机构设置规划和医疗机构基本标准。

医疗机构基本标准由国务院卫生行政部门制定。

**第九条** 单位或者个人设置医疗机构,必须经县级以上地方人民政府卫生行政部门审查批准,并取得设置医疗机构批准书,方可向有关部门办理其他手续。

**第十条** 申请设置医疗机构,应当提交下列文件:

(一) 设置申请书;

(二) 设置可行性研究报告;

（三）选址报告和建筑设计平面图。

**第十一条**　单位或者个人设置医疗机构，应当按照以下规定提出设置申请：

（一）不设床位或者床位不满 100 张的医疗机构，向所在地的县级人民政府卫生行政部门申请。

（二）床位在 100 张以上的医疗机构和专科医院按照省级人民政府卫生行政部门的规定申请。

**第十二条**　县级以上地方人民政府卫生行政部门应当自受理设置申请之日起 30 日内，作出批准或者不批准的书面答复；批准设置的，发给设置医疗机构批准书。

**第十三条**　国家统一规划的医疗机构设置，由国务院卫生行政部门决定。

**第十四条**　机关、企业和事业单位按照国家医疗机构基本标准设置为内部职工服务的门诊部、诊所、卫生所(室)，报所在地的县级人民政府卫生行政部门备案。

## 第三章　登　　记

**第十五条**　医疗机构执业，必须进行登记，领取《医疗机构执业许可证》。

**第十六条**　申请医疗机构执业登记，应当具备下列条件：

（一）有设置医疗机构的批准书；

（二）符合医疗机构的基本标准；

（三）有适合的名称、组织机构和场所；

（四）有与其开展的业务相适应的经费、设施、设备和专业卫生技术人员；

（五）有相应的规章制度；

（六）能够独立承担民事责任。

**第十七条**　医疗机构的执业登记，由批准其设置的人民政府卫生行政部门办理。

按照本条例第十三条规定设置的医疗机构的执业登记，由所在地的省、自治区、直辖市人民政府卫生行政部门办理。

机关、企业和事业单位设置的为内部职工服务的门诊部、诊所、卫生所(室)的执业登记，由所在地的县级人民政府卫生行政部门办理。

**第十八条**　医疗机构执业登记的主要事项：

（一）名称、地址、主要负责人；

（二）所有制形式；

（三）诊疗科目、床位；

（四）注册资金。

**第十九条**　县级以上地方人民政府卫生行政部门自受理执业登记申请之日起 45 日内，根据本条例和医疗机构基本标准进行审核。审核合格的，予以登记，发给

《医疗机构执业许可证》；审核不合格的，将审核结果以书面形式通知申请人。

第二十条　医疗机构改变名称、场所、主要负责人、诊疗科目、床位，必须向原登记机关办理变更登记。

第二十一条　医疗机构歇业，必须向原登记机关办理注销登记。经登记机关核准后，收缴《医疗机构执业许可证》。

医疗机构非因改建、扩建、迁建原因停业超过 1 年的，视为歇业。

第二十二条　床位不满 100 张的医疗机构，其《医疗机构执业许可证》每年校验 1 次；床位在 100 张以上的医疗机构，其《医疗机构执业许可证》每 3 年校验 1 次。校验由原登记机关办理。

第二十三条　《医疗机关执业许可证》不得伪造、涂改、出卖、转让、出借。

《医疗机构执业许可证》遗失的，应当及时申明，并向原登记机关申请补发。

# 第四章　执　　业

第二十四条　任何单位或者个人，未取得《医疗机构执业许可证》，不得开展诊疗活动。

第二十五条　医疗机构执业，必须遵守有关法律、法规和医疗技术规范。

第二十六条　医疗机构必须将《医疗机构执业许可证》、诊疗科目、诊疗时间和收费标准悬挂于明显处所。

第二十七条　医疗机构必须按照核准登记的诊疗科目开展诊疗活动。

第二十八条　医疗机构不得使用非卫生技术人员从事医疗卫生技术工作。

第二十九条　医疗机构应当加强对医务人员的医德教育。

第三十条　医疗机构工作人员上岗工作，必须佩带载有本人姓名、职务或者职称的标牌。

第三十一条　医疗机构对危重病人应当立即抢救。对限于设备或者技术条件不能诊治的病人，应当及时转诊。

第三十二条　未经医师（士）亲自诊查病人，医疗机构不得出具疾病诊断书、健康证明书或者死亡证明文件；未经医师（士）、助产人员亲自接产，医疗机构不得出具出生证明书或者死产报告书。

第三十三条　医疗机构施行手术、特殊检查或者特殊治疗时，必须征得患者同意，并应当取得其家属或者关系人同意并签字；无法取得患者意见时，应当取得家属或者关系人同意并签字；无法取得患者意见又无家属或者关系人在场，或者遇到其他特殊情况时，经治医师应当提出医疗处置方案，在取得医疗机构负责人或者被授权负责人员的批准后实施。

第三十四条　医疗机构发生医疗事故,按照国家有关规定处理。

第三十五条　医疗机构对传染病、精神病、职业病等患者的特殊诊治和处理,应当按照国家有关法律、法规的规定办理。

第三十六条　医疗机构必须按照有关药品管理的法律、法规,加强药品管理。

第三十七条　医疗机构必须按照人民政府或者物价部门的有关规定收取医疗费用,详列细项,并出具收据。

第三十八条　医疗机构必须承担相应的预防保健工作,承担县级以上人民政府卫生行政部门委托的支援农村、指导基层医疗卫生工作等任务。

第三十九条　发生重大灾害、事故、疾病流行或者其他意外情况时,医疗机构及其卫生技术人员必须服从县级以上人民政府卫生行政部门的调遣。

## 第五章　监督管理

第四十条　县级以上人民政府卫生行政部门行使下列监督管理职权:

(一)负责医疗机构的设置审批、执业登记和校验;

(二)对医疗机构的执业活动进行检查指导;

(三)负责组织对医疗机构的评审;

(四)对违反本条例的行为给予处罚。

第四十一条　国家实行医疗机构评审制度,由专家组成的评审委员会按照医疗机构评审办法和评审标准,对医疗机构的执业活动、医疗服务质量等进行综合评价。

医疗机构评审办法和评审标准由国务院卫生行政部门制定。

第四十二条　县级以上地方人民政府卫生行政部门负责组织本行政区域医疗机构评审委员会。

医疗机构评审委员会由医院管理、医学教育、医疗、医技、护理和财务等有关专家组成。评审委员会成员由县级以上地方人民政府卫生行政部门聘任。

第四十三条　县级以上地方人民政府卫生行政部门根据评审委员会的评审意见,对达到评审标准的医疗机构,发给评审合格证书;对未达到评审标准的医疗机构,提出处理意见。

## 第六章　罚　则

第四十四条　违反本条例第二十四条规定,未取得《医疗机构执业许可证》擅自执业的,由县级以上人民政府卫生行政部门责令其停止执业活动,没收非法所得和药品、器械,并可以根据情节处以1万元以下的罚款。

第四十五条　违反本条例第二十二条规定,逾期不校验《医疗机构执业许可证》

仍从事诊疗活动的,由县级以上人民政府卫生行政部门责令其限期补办校验手续;拒不校验的,吊销其《医疗机构执业许可证》。

第四十六条 违反本条例第二十三条规定,出卖、转让、出借《医疗机构执业许可证》的,由县级以上人民政府卫生行政部门没收非法所得,并可以处以 5000 元以下的罚款;情节严重的,吊销其《医疗机构执业许可证》。

第四十七条 违反本条例第二十七条规定,诊疗活动超出登记范围的,由县级以上人民政府卫生行政部门予以警告,责令其改正,并可以根据情节处以 3000 元以下的罚款,情节严重的,吊销其《医疗机构执业许可证》。

第四十八条 违反本条例第二十八条规定,使用非卫生技术人员从事医疗卫生技术工作的,由县级以上人民政府卫生行政部门责令其限期改正,并可以处以 5000 元以下的罚款,情节严重的,吊销其《医疗机构执业许可证》。

第四十九条 违反本条例第三十二条规定,出具虚假证明文件的,由县级以上人民政府卫生行政部门予以警告;对造成危害后果的,可以处以 1000 元以下的罚款;对直接责任人员由所在单位或者上级机关给予行政处分。

第五十条 没收的财物和罚款全部上交国库。

第五十一条 当事人对行政处罚决定不服的,可以依照国家法律、法规的规定申请行政复议或者提起行政诉讼。当事人对罚款及没收药品、器械的处罚决定未在法定期限内申请复议或者提起诉讼又不履行的,县级以上人民政府卫生行政部门可以申请人民法院强制执行。

# 第七章 附 则

第五十二条 本条例实施前已经执业的医疗机构,应当在条例实施后的 6 个月内,按照本条例第三章的规定,补办登记手续,领取《医疗机构执业许可证》。

第五十三条 外国人在中华人民共和国境内开设医疗机构及香港、澳门、台湾居民在内地开设医疗机构的管理办法,由国务院卫生行政部门另行制定。

第五十四条 本条例由国务院卫生行政部门负责解释。

第五十五条 本条例自 1994 年 9 月 1 日起施行。1951 年国务院批准发布的《医疗诊所管理暂行条例》同时废止。

# 医疗事故处理条例

中华人民共和国国务院令　第 351 号

《医疗事故处理条例》已经 2002 年 2 月 20 日国务院第 55 次常务会议通过,现予公布,自 2002 年 9 月 1 日起施行。

## 第一章　总　则

**第一条**　为了正确处理医疗事故,保护患者和医疗机构及其医务人员的合法权益,维护医疗秩序,保障医疗安全,促进医学科学的发展,制定本条例。

**第二条**　本条例所称医疗事故,是指医疗机构及其医务人员在医疗活动中,违反医疗卫生管理法律、行政法规、部门规章和诊疗护理规范、常规,过失造成患者人身损害的事故。

**第三条**　处理医疗事故,应当遵循公开、公平、公正、及时、便民的原则,坚持实事求是的科学态度,做到事实清楚、定性准确、责任明确、处理恰当。

**第四条**　根据对患者人身造成的损害程度,医疗事故分为四级:

一级医疗事故:造成患者死亡、重度残疾的;

二级医疗事故:造成患者中度残疾、器官组织损伤导致严重功能障碍的;

三级医疗事故:造成患者轻度残疾、器官组织损伤导致一般功能障碍的;

四级医疗事故:造成患者明显人身损害的其他后果的。

具体分级标准由国务院卫生行政部门制定。

## 第二章　医疗事故的预防与处置

**第五条**　医疗机构及其医务人员在医疗活动中,必须严格遵守医疗卫生管理法律、行政法规、部门规章和诊疗护理规范、常规,恪守医疗服务职业道德。

**第六条**　医疗机构应当对其医务人员进行医疗卫生管理法律、行政法规、部门规章和诊疗护理规范、常规的培训和医疗服务职业道德教育。

**第七条**　医疗机构应当设置医疗服务质量监控部门或者配备专(兼)职人员,具体负责监督本医疗机构的医务人员的医疗服务工作,检查医务人员执业情况,接受患者对医疗服务的投诉,向其提供咨询服务。

**第八条**　医疗机构应当按照国务院卫生行政部门规定的要求,书写并妥善保管病历资料。

因抢救急危患者,未能及时书写病历的,有关医务人员应当在抢救结束后6小时内据实补记,并加以注明。

**第九条** 严禁涂改、伪造、隐匿、销毁或者抢夺病历资料。

**第十条** 患者有权复印或者复制其门诊病历、住院志、体温单、医嘱单、化验单(检验报告)、医学影像检查资料、特殊检查同意书、手术同意书、手术及麻醉记录单、病理资料、护理记录以及国务院卫生行政部门规定的其他病历资料。

患者依照前款规定要求复印或者复制病历资料的,医疗机构应当提供复印或者复制服务并在复印或者复制的病历资料上加盖证明印记。复印或者复制病历资料时,应当有患者在场。

医疗机构应患者的要求,为其复印或者复制病历资料,可以按照规定收取工本费。具体收费标准由省、自治区、直辖市人民政府价格主管部门会同同级卫生行政部门规定。

**第十一条** 在医疗活动中,医疗机构及其医务人员应当将患者的病情、医疗措施、医疗风险等如实告知患者,及时解答其咨询;但是,应当避免对患者产生不利后果。

**第十二条** 医疗机构应当制定防范、处理医疗事故的预案,预防医疗事故的发生,减轻医疗事故的损害。

**第十三条** 医务人员在医疗活动中发生或者发现医疗事故、可能引起医疗事故的医疗过失行为或者发生医疗事故争议的,应当立即向所在科室负责人报告,科室负责人应当及时向本医疗机构负责医疗服务质量监控的部门或者专(兼)职人员报告;负责医疗服务质量监控的部门或者专(兼)职人员接到报告后,应当立即进行调查、核实,将有关情况如实向本医疗机构的负责人报告,并向患者通报、解释。

**第十四条** 发生医疗事故的,医疗机构应当按照规定向所在地卫生行政部门报告。

发生下列重大医疗过失行为的,医疗机构应当在12小时内向所在地卫生行政部门报告:

(一)导致患者死亡或者可能为二级以上的医疗事故;

(二)导致3人以上人身损害后果;

(三)国务院卫生行政部门和省、自治区、直辖市人民政府卫生行政部门规定的其他情形。

**第十五条** 发生或者发现医疗过失行为,医疗机构及其医务人员应当立即采取有效措施,避免或者减轻对患者身体健康的损害,防止损害扩大。

**第十六条** 发生医疗事故争议时,死亡病例讨论记录、疑难病例讨论记录、上级医师查房记录、会诊意见、病程记录应当在医患双方在场的情况下封存和启封。封存的病历资料可以是复印件，由医疗机构保管。

第十七条　疑似输液、输血、注射、药物等引起不良后果的，医患双方应当共同对现场实物进行封存和启封，封存的现场实物由医疗机构保管；需要检验的，应当由双方共同指定的、依法具有检验资格的检验机构进行检验；双方无法共同指定时，由卫生行政部门指定。

疑似输血引起不良后果，需要对血液进行封存保留的，医疗机构应当通知提供该血液的采供血机构派员到场。

第十八条　患者死亡，医患双方当事人不能确定死因或者对死因有异议的，应当在患者死亡后48小时内进行尸检；具备尸体冻存条件的，可以延长至7日。尸检应当经死者近亲属同意并签字。

尸检应当由按照国家有关规定取得相应资格的机构和病理解剖专业技术人员进行。承担尸检任务的机构和病理解剖专业技术人员有进行尸检的义务。

医疗事故争议双方当事人可以请法医病理学人员参加尸检，也可以委派代表观察尸检过程。拒绝或者拖延尸检，超过规定时间，影响对死因判定的，由拒绝或者拖延的一方承担责任。

第十九条　患者在医疗机构内死亡的，尸体应当立即移放太平间。死者尸体存放时间一般不得超过2周。逾期不处理的尸体，经医疗机构所在地卫生行政部门批准，并报经同级公安部门备案后，由医疗机构按照规定进行处理。

## 第三章　医疗事故的技术鉴定

第二十条　卫生行政部门接到医疗机构关于重大医疗过失行为的报告或者医疗事故争议当事人要求处理医疗事故争议的申请后，对需要进行医疗事故技术鉴定的，应当交由负责医疗事故技术鉴定工作的医学会组织鉴定；医患双方协商解决医疗事故争议，需要进行医疗事故技术鉴定的，由双方当事人共同委托负责医疗事故技术鉴定工作的医学会组织鉴定。

第二十一条　设区的市级地方医学会和省、自治区、直辖市直接管辖的县（市）地方医学会负责组织首次医疗事故技术鉴定工作。省、自治区、直辖市地方医学会负责组织再次鉴定工作。

必要时，中华医学会可以组织疑难、复杂并在全国有重大影响的医疗事故争议的技术鉴定工作。

第二十二条　当事人对首次医疗事故技术鉴定结论不服的，可以自收到首次鉴定结论之日起15日内向医疗机构所在地卫生行政部门提出再次鉴定的申请。

第二十三条　负责组织医疗事故技术鉴定工作的医学会应当建立专家库。

专家库由具备下列条件的医疗卫生专业技术人员组成：

（一）有良好的业务素质和执业品德；

（二）受聘于医疗卫生机构或者医学教学、科研机构并担任相应专业高级技术职务3年以上。

符合前款第（一）项规定条件并具备高级技术任职资格的法医可以受聘进入专家库。

负责组织医疗事故技术鉴定工作的医学会依照本条例规定聘请医疗卫生专业技术人员和法医进入专家库，可以不受行政区域的限制。

第二十四条　医疗事故技术鉴定，由负责组织医疗事故技术鉴定工作的医学会组织专家鉴定组进行。

参加医疗事故技术鉴定的相关专业的专家，由医患双方在医学会主持下从专家库中随机抽取。在特殊情况下，医学会根据医疗事故技术鉴定工作的需要，可以组织医患双方在其他医学会建立的专家库中随机抽取相关专业的专家参加鉴定或者函件咨询。

符合本条例第二十三条规定条件的医疗卫生专业技术人员和法医有义务受聘进入专家库，并承担医疗事故技术鉴定工作。

第二十五条　专家鉴定组进行医疗事故技术鉴定，实行合议制。专家鉴定组人数为单数，涉及的主要学科的专家一般不得少于鉴定组成员的二分之一；涉及死因、伤残等级鉴定的，并应当从专家库中随机抽取法医参加专家鉴定组。

第二十六条　专家鉴定组成员有下列情形之一的，应当回避，当事人也可以以口头或者书面的方式申请其回避：

（一）是医疗事故争议当事人或者当事人的近亲属的；

（二）与医疗事故争议有利害关系的；

（三）与医疗事故争议当事人有其他关系，可能影响公正鉴定的。

第二十七条　专家鉴定组依照医疗卫生管理法律、行政法规、部门规章和诊疗护理规范、常规，运用医学科学原理和专业知识，独立进行医疗事故技术鉴定，对医疗事故进行鉴别和判定，为处理医疗事故争议提供医学依据。

任何单位或者个人不得干扰医疗事故技术鉴定工作，不得威胁、利诱、辱骂、殴打专家鉴定组成员。

专家鉴定组成员不得接受双方当事人的财物或者其他利益。

第二十八条　负责组织医疗事故技术鉴定工作的医学会应当自受理医疗事故技术鉴定之日起5日内通知医疗事故争议双方当事人提交进行医疗事故技术鉴定所需

的材料。

当事人应当自收到医学会的通知之日起 10 日内提交有关医疗事故技术鉴定的材料、书面陈述及答辩。医疗机构提交的有关医疗事故技术鉴定的材料应当包括下列内容：

（一）住院患者的病程记录、死亡病例讨论记录、疑难病例讨论记录、会诊意见、上级医师查房记录等病历资料原件；

（二）住院患者的住院志、体温单、医嘱单、化验单（检验报告）、医学影像检查资料、特殊检查同意书、手术同意书、手术及麻醉记录单、病理资料、护理记录等病历资料原件；

（三）抢救急危患者，在规定时间内补记的病历资料原件；

（四）封存保留的输液、注射用物品和血液、药物等实物，或者依法具有检验资格的检验机构对这些物品、实物作出的检验报告；

（五）与医疗事故技术鉴定有关的其他材料。

在医疗机构建有病历档案的门诊、急诊患者，其病历资料由医疗机构提供；没有在医疗机构建立病历档案的，由患者提供。

医患双方应当依照本条例的规定提交相关材料。医疗机构无正当理由未依照本条例的规定如实提供相关材料，导致医疗事故技术鉴定不能进行的，应当承担责任。

第二十九条　负责组织医疗事故技术鉴定工作的医学会应当自接到当事人提交的有关医疗事故技术鉴定的材料、书面陈述及答辩之日起 45 日内组织鉴定并出具医疗事故技术鉴定书。

负责组织医疗事故技术鉴定工作的医学会可以向双方当事人调查取证。

第三十条　专家鉴定组应当认真审查双方当事人提交的材料，听取双方当事人的陈述及答辩并进行核实。

双方当事人应当按照本条例的规定如实提交进行医疗事故技术鉴定所需要的材料，并积极配合调查。当事人任何一方不予配合，影响医疗事故技术鉴定的，由不予配合的一方承担责任。

第三十一条　专家鉴定组应当在事实清楚、证据确凿的基础上，综合分析患者的病情和个体差异，作出鉴定结论，并制作医疗事故技术鉴定书。鉴定结论以专家鉴定组成员的过半数通过。鉴定过程应当如实记载。

医疗事故技术鉴定书应当包括下列主要内容：

（一）双方当事人的基本情况及要求；

（二）当事人提交的材料和负责组织医疗事故技术鉴定工作的医学会的调查材料；

（三）对鉴定过程的说明；

（四）医疗行为是否违反医疗卫生管理法律、行政法规、部门规章和诊疗护理规范、常规；

（五）医疗过失行为与人身损害后果之间是否存在因果关系；

（六）医疗过失行为在医疗事故损害后果中的责任程度；

（七）医疗事故等级；

（八）对医疗事故患者的医疗护理医学建议。

**第三十二条**　医疗事故技术鉴定办法由国务院卫生行政部门制定。

**第三十三条**　有下列情形之一的，不属于医疗事故：

（一）在紧急情况下为抢救垂危患者生命而采取紧急医学措施造成不良后果的；

（二）在医疗活动中由于患者病情异常或者患者体质特殊而发生医疗意外的；

（三）在现有医学科学技术条件下，发生无法预料或者不能防范的不良后果的；

（四）无过错输血感染造成不良后果的；

（五）因患方原因延误诊疗导致不良后果的；

（六）因不可抗力造成不良后果的。

**第三十四条**　医疗事故技术鉴定，可以收取鉴定费用。经鉴定，属于医疗事故的，鉴定费用由医疗机构支付；不属于医疗事故的，鉴定费用由提出医疗事故处理申请的一方支付。鉴定费用标准由省、自治区、直辖市人民政府价格主管部门会同同级财政部门、卫生行政部门规定。

## 第四章　医疗事故的行政处理与监督

**第三十五条**　卫生行政部门应当依照本条例和有关法律、行政法规、部门规章的规定，对发生医疗事故的医疗机构和医务人员作出行政处理。

**第三十六条**　卫生行政部门接到医疗机构关于重大医疗过失行为的报告后，除责令医疗机构及时采取必要的医疗救治措施，防止损害后果扩大外，应当组织调查，判定是否属于医疗事故；对不能判定是否属于医疗事故的，应当依照本条例的有关规定交由负责医疗事故技术鉴定工作的医学会组织鉴定。

**第三十七条**　发生医疗事故争议，当事人申请卫生行政部门处理的，应当提出书面申请。申请书应当载明申请人的基本情况、有关事实、具体请求及理由等。

当事人自知道或者应当知道其身体健康受到损害之日起 1 年内，可以向卫生行政部门提出医疗事故争议处理申请。

**第三十八条**　发生医疗事故争议，当事人申请卫生行政部门处理的，由医疗机构所在地的县级人民政府卫生行政部门受理。医疗机构所在地是直辖市的，由医疗机构所在地的区、县人民政府卫生行政部门受理。

有下列情形之一的,县级人民政府卫生行政部门应当自接到医疗机构的报告或者当事人提出医疗事故争议处理申请之日起 7 日内移送上一级人民政府卫生行政部门处理:

(一)患者死亡;

(二)可能为二级以上的医疗事故;

(三)国务院卫生行政部门和省、自治区、直辖市人民政府卫生行政部门规定的其他情形。

**第三十九条** 卫生行政部门应当自收到医疗事故争议处理申请之日起 10 日内进行审查,作出是否受理的决定。对符合本条例规定,予以受理,需要进行医疗事故技术鉴定的,应当自作出受理决定之日起 5 日内将有关材料交由负责医疗事故技术鉴定工作的医学会组织鉴定并书面通知申请人;对不符合本条例规定,不予受理的,应当书面通知申请人并说明理由。

当事人对首次医疗事故技术鉴定结论有异议,申请再次鉴定的,卫生行政部门应当自收到申请之日起 7 日内交由省、自治区、直辖市地方医学会组织再次鉴定。

**第四十条** 当事人既向卫生行政部门提出医疗事故争议处理申请,又向人民法院提起诉讼的,卫生行政部门不予受理;卫生行政部门已经受理的,应当终止处理。

**第四十一条** 卫生行政部门收到负责组织医疗事故技术鉴定工作的医学会出具的医疗事故技术鉴定书后,应当对参加鉴定的人员资格和专业类别、鉴定程序进行审核;必要时,可以组织调查,听取医疗事故争议双方当事人的意见。

**第四十二条** 卫生行政部门经审核,对符合本条例规定作出的医疗事故技术鉴定结论,应当作为对发生医疗事故的医疗机构和医务人员作出行政处理以及进行医疗事故赔偿调解的依据;经审核,发现医疗事故技术鉴定不符合本条例规定的,应当要求重新鉴定。

**第四十三条** 医疗事故争议由双方当事人自行协商解决的,医疗机构应当自协商解决之日起 7 日内向所在地卫生行政部门作出书面报告,并附具协议书。

**第四十四条** 医疗事故争议经人民法院调解或者判决解决的,医疗机构应当自收到生效的人民法院的调解书或者判决书之日起 7 日内向所在地卫生行政部门作出书面报告,并附具调解书或者判决书。

**第四十五条** 县级以上地方人民政府卫生行政部门应当按照规定逐级将当地发生的医疗事故以及依法对发生医疗事故的医疗机构和医务人员作出行政处理的情况,上报国务院卫生行政部门。

## 第五章　医疗事故的赔偿

**第四十六条**　发生医疗事故的赔偿等民事责任争议,医患双方可以协商解决;不愿意协商或者协商不成的,当事人可以向卫生行政部门提出调解申请,也可以直接向人民法院提起民事诉讼。

**第四十七条**　双方当事人协商解决医疗事故的赔偿等民事责任争议的,应当制作协议书。协议书应当载明双方当事人的基本情况和医疗事故的原因、双方当事人共同认定的医疗事故等级以及协商确定的赔偿数额等,并由双方当事人在协议书上签名。

**第四十八条**　已确定为医疗事故的,卫生行政部门应医疗事故争议双方当事人请求,可以进行医疗事故赔偿调解。调解时,应当遵循当事人双方自愿原则,并应当依据本条例的规定计算赔偿数额。

经调解,双方当事人就赔偿数额达成协议的,制作调解书,双方当事人应当履行;调解不成或者经调解达成协议后一方反悔的,卫生行政部门不再调解。

**第四十九条**　医疗事故赔偿,应当考虑下列因素,确定具体赔偿数额:

(一)医疗事故等级;

(二)医疗过失行为在医疗事故损害后果中的责任程度;

(三)医疗事故损害后果与患者原有疾病状况之间的关系。

不属于医疗事故的,医疗机构不承担赔偿责任。

**第五十条**　医疗事故赔偿,按照下列项目和标准计算:

(一)医疗费:按照医疗事故对患者造成的人身损害进行治疗所发生的医疗费用计算,凭据支付,但不包括原发病医疗费用。结案后确实需要继续治疗的,按照基本医疗费用支付。

(二)误工费:患者有固定收入的,按照本人因误工减少的固定收入计算,对收入高于医疗事故发生地上一年度职工年平均工资3倍以上的,按照3倍计算;无固定收入的,按照医疗事故发生地上一年度职工年平均工资计算。

(三)住院伙食补助费:按照医疗事故发生地国家机关一般工作人员的出差伙食补助标准计算。

(四)陪护费:患者住院期间需要专人陪护的,按照医疗事故发生地上一年度职工年平均工资计算。

(五)残疾生活补助费:根据伤残等级,按照医疗事故发生地居民年平均生活费计算,自定残之月起最长赔偿30年;但是,60周岁以上的,不超过15年;70周岁以上的,不超过5年。

（六）残疾用具费：因残疾需要配置补偿功能器具的，凭医疗机构证明，按照普及型器具的费用计算。

（七）丧葬费：按照医疗事故发生地规定的丧葬费补助标准计算。

（八）被扶养人生活费：以死者生前或者残疾者丧失劳动能力前实际扶养且没有劳动能力的人为限，按照其户籍所在地或者居所地居民最低生活保障标准计算。对不满 16 周岁的，扶养到 16 周岁。对年满 16 周岁但无劳动能力的，扶养 20 年；但是，60 周岁以上的，不超过 15 年；70 周岁以上的，不超过 5 年。

（九）交通费：按照患者实际必需的交通费用计算，凭据支付。

（十）住宿费：按照医疗事故发生地国家机关一般工作人员的出差住宿补助标准计算，凭据支付。

（十一）精神损害抚慰金：按照医疗事故发生地居民年平均生活费计算。造成患者死亡的，赔偿年限最长不超过 6 年；造成患者残疾的，赔偿年限最长不超过 3 年。

**第五十一条**　参加医疗事故处理的患者近亲属所需交通费、误工费、住宿费，参照本条例第五十条的有关规定计算，计算费用的人数不超过 2 人。

医疗事故造成患者死亡的，参加丧葬活动的患者的配偶和直系亲属所需交通费、误工费、住宿费，参照本条例第五十条的有关规定计算，计算费用的人数不超过 2 人。

**第五十二条**　医疗事故赔偿费用，实行一次性结算，由承担医疗事故责任的医疗机构支付。

## 第六章　罚　　则

**第五十三条**　卫生行政部门的工作人员在处理医疗事故过程中违反本条例的规定，利用职务上的便利收受他人财物或者其他利益，滥用职权，玩忽职守，或者发现违法行为不予查处，造成严重后果的，依照刑法关于受贿罪、滥用职权罪、玩忽职守罪或者其他有关罪的规定，依法追究刑事责任；尚不够刑事处罚的，依法给予降级或者撤职的行政处分。

**第五十四条**　卫生行政部门违反本条例的规定，有下列情形之一的，由上级卫生行政部门给予警告并责令限期改正；情节严重的，对负有责任的主管人员和其他直接责任人员依法给予行政处分：

（一）接到医疗机构关于重大医疗过失行为的报告后，未及时组织调查的；

（二）接到医疗事故争议处理申请后，未在规定时间内审查或者移送上一级人民政府卫生行政部门处理的；

（三）未将应当进行医疗事故技术鉴定的重大医疗过失行为或者医疗事故争议移交医学会组织鉴定的；

（四）未按照规定逐级将当地发生的医疗事故以及依法对发生医疗事故的医疗机构和医务人员的行政处理情况上报的；

（五）未依照本条例规定审核医疗事故技术鉴定书的。

**第五十五条** 医疗机构发生医疗事故的，由卫生行政部门根据医疗事故等级和情节，给予警告；情节严重的，责令限期停业整顿直至由原发证部门吊销执业许可证，对负有责任的医务人员依照刑法关于医疗事故罪的规定，依法追究刑事责任；尚不够刑事处罚的，依法给予行政处分或者纪律处分。

对发生医疗事故的有关医务人员，除依照前款处罚外，卫生行政部门并可以责令暂停 6 个月以上 1 年以下执业活动；情节严重的，吊销其执业证书。

**第五十六条** 医疗机构违反本条例的规定，有下列情形之一的，由卫生行政部门责令改正；情节严重的，对负有责任的主管人员和其他直接责任人员依法给予行政处分或者纪律处分：

（一）未如实告知患者病情、医疗措施和医疗风险的；

（二）没有正当理由，拒绝为患者提供复印或者复制病历资料服务的；

（三）未按照国务院卫生行政部门规定的要求书写和妥善保管病历资料的；

（四）未在规定时间内补记抢救工作病历内容的；

（五）未按照本条例的规定封存、保管和启封病历资料和实物的；

（六）未设置医疗服务质量监控部门或者配备专（兼）职人员的；

（七）未制定有关医疗事故防范和处理预案的；

（八）未在规定时间内向卫生行政部门报告重大医疗过失行为的；

（九）未按照本条例的规定向卫生行政部门报告医疗事故的；

（十）未按照规定进行尸检和保存、处理尸体的。

**第五十七条** 参加医疗事故技术鉴定工作的人员违反本条例的规定，接受申请鉴定双方或者一方当事人的财物或者其他利益，出具虚假医疗事故技术鉴定书，造成严重后果的，依照刑法关于受贿罪的规定，依法追究刑事责任；尚不够刑事处罚的，由原发证部门吊销其执业证书或者资格证书。

**第五十八条** 医疗机构或者其他有关机构违反本条例的规定，有下列情形之一的，由卫生行政部门责令改正，给予警告；对负有责任的主管人员和其他直接责任人员依法给予行政处分或者纪律处分；情节严重的，由原发证部门吊销其执业证书或者资格证书：

（一）承担尸检任务的机构没有正当理由，拒绝进行尸检的；

（二）涂改、伪造、隐匿、销毁病历资料的。

**第五十九条** 以医疗事故为由，寻衅滋事、抢夺病历资料，扰乱医疗机构正常医疗秩序和医疗事故技术鉴定工作,依照刑法关于扰乱社会秩序罪的规定,依法追究刑事责任;尚不够刑事处罚的,依法给予治安管理处罚。

## 第七章 附 则

**第六十条** 本条例所称医疗机构,是指依照《医疗机构管理条例》的规定取得《医疗机构执业许可证》的机构。

县级以上城市从事计划生育技术服务的机构依照《计划生育技术服务管理条例》的规定开展与计划生育有关的临床医疗服务,发生的计划生育技术服务事故,依照本条例的有关规定处理;但是,其中不属于医疗机构的县级以上城市从事计划生育技术服务的机构发生的计划生育技术服务事故,由计划生育行政部门行使依照本条例有关规定由卫生行政部门承担的受理、交由负责医疗事故技术鉴定工作的医学会组织鉴定和赔偿调解的职能;对发生计划生育技术服务事故的该机构及其有关责任人员,依法进行处理。

**第六十一条** 非法行医,造成患者人身损害,不属于医疗事故,触犯刑律的,依法追究刑事责任;有关赔偿,由受害人直接向人民法院提起诉讼。

**第六十二条** 军队医疗机构的医疗事故处理办法,由中国人民解放军卫生主管部门会同国务院卫生行政部门依据本条例制定。

**第六十三条** 本条例自2002年9月1日起施行。1987年6月29日国务院发布的《医疗事故处理办法》同时废止。本条例施行前已经处理结案的医疗事故争议,不再重新处理。

# 中华人民共和国民法通则

(1986年4月12日第六届全国人民代表大会第四次会议通过 1986年4月12日中华人民共和国主席令第三十七号公布 自1987年1月1日起施行)

## 第六章 民事责任

### 第一节 一般规定

**第一百零六条** 公民、法人违反合同或者不履行其他义务的,应当承担民事责任。

公民、法人由于过错侵害国家的、集体的财产，侵害他人财产、人身的，应当承担民事责任。

没有过错，但法律规定应当承担民事责任的，应当承担民事责任。

**第一百零七条**　因不可抗力不能履行合同或者造成他人损害的，不承担民事责任，法律另有规定的除外。

**第一百零八条**　债务应当清偿。暂时无力偿还的，经债权人同意或者人民法院裁决，可以由债务人分期偿还。有能力偿还拒不偿还的，由人民法院判决强制偿还。

**第一百零九条**　因防止、制止国家的、集体的财产或者他人的财产、人身遭受侵害而使自己受到损害的，由侵害人承担赔偿责任，受益人也可以给予适当的补偿。

**第一百一十条**　对承担民事责任的公民、法人需要追究行政责任的，应当追究行政责任；构成犯罪的，对公民、法人的法定代表人应当依法追究刑事责任。

### 第二节　违反合同的民事责任

**第一百一十一条**　当事人一方不履行合同义务或者履行合同义务不符合约定条件的，另一方有权要求履行或者采取补救措施，并有权要求赔偿损失。

**第一百一十二条**　当事人一方违反合同的赔偿责任，应当相当于另一方因此所受到的损失。

当事人可以在合同中约定，一方违反合同时，向另一方支付一定数额的违约金；也可以在合同中约定对于违反合同而产生的损失赔偿额的计算方法。

**第一百一十三条**　当事人双方都违反合同的，应当分别承担各自应负的民事责任。

**第一百一十四条**　当事人一方因另一方违反合同受到损失的，应当及时采取措施防止损失的扩大；没有及时采取措施致使损失扩大的，无权就扩大的损失要求赔偿。

**第一百一十五条**　合同的变更或者解除，不影响当事人要求赔偿损失的权利。

**第一百一十六条**　当事人一方由于上级机关的原因，不能履行合同义务的，应当按照合同约定向另一方赔偿损失或者采取其他补救措施，再由上级机关对它因此受到的损失负责处理。

### 第三节　侵权的民事责任

**第一百一十七条**　侵占国家的、集体的财产或者他人财产的，应当返还财产，不能返还财产的，应当折价赔偿。

损坏国家的、集体的财产或者他人财产的，应当恢复原状或者折价赔偿。

受害人因此遭受其他重大损失的,侵害人并应当赔偿损失。

**第一百一十八条** 公民、法人的著作权(版权)、专利权、商标专用权、发现权、发明权和其他科技成果权受到剽窃、篡改、假冒等侵害的,有权要求停止侵害,消除影响,赔偿损失。

**第一百一十九条** 侵害公民身体造成伤害的,应当赔偿医疗费、因误工减少的收入、残废者生活补助费等费用;造成死亡的,并应当支付丧葬费、死者生前扶养的人必要的生活费等费用。

**第一百二十条** 公民的姓名权、肖像权、名誉权、荣誉权受到侵害的,有权要求停止侵害,恢复名誉,消除影响,赔礼道歉,并可以要求赔偿损失。

法人的名称权、名誉权、荣誉权受到侵害的,适用前款规定。

**第一百二十一条** 国家机关或者国家机关工作人员在执行职务中,侵犯公民、法人的合法权益造成损害的,应当承担民事责任。

**第一百二十二条** 因产品质量不合格造成他人财产、人身损害的,产品制造者、销售者应当依法承担民事责任。运输者、仓储者对此负有责任的,产品制造者、销售者有权要求赔偿损失。

**第一百二十三条** 从事高空、高压、易燃、易爆、剧毒、放射性、高速运输工具等对周围环境有高度危险的作业造成他人损害的,应当承担民事责任;如果能够证明损害是由受害人故意造成的,不承担民事责任。

**第一百二十四条** 违反国家保护环境防止污染的规定,污染环境造成他人损害的,应当依法承担民事责任。

**第一百二十五条** 在公共场所、道旁或者通道上挖坑、修缮安装地下设施等,没有设置明显标志和采取安全措施造成他人损害的,施工人应当承担民事责任。

**第一百二十六条** 建筑物或者其他设施以及建筑物上的搁置物、悬挂物发生倒塌、脱落、坠落造成他人损害的,它的所有人或者管理人应当承担民事责任,但能够证明自己没有过错的除外。

**第一百二十七条** 饲养的动物造成他人损害的,动物饲养人或者管理人应当承担民事责任;由于受害人的过错造成损害的,动物饲养人或者管理人不承担民事责任;由于第三人的过错造成损害的,第三人应当承担民事责任。

**第一百二十八条** 因正当防卫造成损害的,不承担民事责任。正当防卫超过必要的限度,造成不应有的损害的,应当承担适当的民事责任。

**第一百二十九条** 因紧急避险造成损害的,由引起险情发生的人承担民事责任。如果危险是由自然原因引起的,紧急避险人不承担民事责任或者承担适当的民事责任。因紧急避险采取措施不当或者超过必要的限度,造成不应有的损害的,紧急避险人应当承担适当的民事责任。

**第一百三十条** 二人以上共同侵权造成他人损害的,应当承担连带责任。

**第一百三十一条** 受害人对于损害的发生也有过错的,可以减轻侵害人的民事责任。

**第一百三十二条** 当事人对造成损害都没有过错的,可以根据实际情况,由当事人分担民事责任。

**第一百三十三条** 无民事行为能力人、限制民事行为能力人造成他人损害的,由监护人承担民事责任。监护人尽了监护责任的,可以适当减轻他的民事责任。

有财产的无民事行为能力人、限制民事行为能力人造成他人损害的,从本人财产中支付赔偿费用。不足部分,由监护人适当赔偿,但单位担任监护人的除外。

### 第四节 承担民事责任的方式

**第一百三十四条** 承担民事责任的方式主要有:

(一)停止侵害;

(二)排除妨碍;

(三)消除危险;

(四)返还财产;

(五)恢复原状;

(六)修理、重作、更换;

(七)赔偿损失;

(八)支付违约金;

(九)消除影响、恢复名誉;

(十)赔礼道歉。

以上承担民事责任的方式,可以单独适用,也可以合并适用。

人民法院审理民事案件,除适用上述规定外,还可以予以训诫、责令具结悔过、收缴进行非法活动的财物和非法所得,并可以依照法律规定处以罚款、拘留。

# 中华人民共和国侵权责任法

中华人民共和国主席令 第二十一号

《中华人民共和国侵权责任法》已由中华人民共和国第十一届全国人民代表大会

常务委员会第十二次会议于 2009 年 12 月 26 日通过,现予公布,自 2010 年 7 月 1 日起施行。

## 第一章　一般规定

**第一条**　为保护民事主体的合法权益,明确侵权责任,预防并制裁侵权行为,促进社会和谐稳定,制定本法。

**第二条**　侵害民事权益,应当依照本法承担侵权责任。

本法所称民事权益,包括生命权、健康权、姓名权、名誉权、荣誉权、肖像权、隐私权、婚姻自主权、监护权、所有权、用益物权、担保物权、著作权、专利权、商标专用权、发现权、股权、继承权等人身、财产权益。

**第三条**　被侵权人有权请求侵权人承担侵权责任。

**第四条**　侵权人因同一行为应当承担行政责任或者刑事责任的,不影响依法承担侵权责任。

因同一行为应当承担侵权责任和行政责任、刑事责任,侵权人的财产不足以支付的,先承担侵权责任。

**第五条**　其他法律对侵权责任另有特别规定的,依照其规定。

## 第二章　责任构成和责任方式

**第六条**　行为人因过错侵害他人民事权益,应当承担侵权责任。

根据法律规定推定行为人有过错,行为人不能证明自己没有过错的,应当承担侵权责任。

**第七条**　行为人损害他人民事权益,不论行为人有无过错,法律规定应当承担侵权责任的,依照其规定。

**第八条**　二人以上共同实施侵权行为,造成他人损害的,应当承担连带责任。

**第九条**　教唆、帮助他人实施侵权行为的,应当与行为人承担连带责任。

教唆、帮助无民事行为能力人、限制民事行为能力人实施侵权行为的,应当承担侵权责任;该无民事行为能力人、限制民事行为能力人的监护人未尽到监护责任的,应当承担相应的责任。

**第十条**　二人以上实施危及他人人身、财产安全的行为,其中一人或者数人的行为造成他人损害,能够确定具体侵权人的,由侵权人承担责任;不能确定具体侵权人的,行为人承担连带责任。

**第十一条**　二人以上分别实施侵权行为造成同一损害,每个人的侵权行为都足以造成全部损害的,行为人承担连带责任。

**第十二条** 二人以上分别实施侵权行为造成同一损害,能够确定责任大小的,各自承担相应的责任;难以确定责任大小的,平均承担赔偿责任。

**第十三条** 法律规定承担连带责任的,被侵权人有权请求部分或者全部连带责任人承担责任。

**第十四条** 连带责任人根据各自责任大小确定相应的赔偿数额;难以确定责任大小的,平均承担赔偿责任。

支付超出自己赔偿数额的连带责任人,有权向其他连带责任人追偿。

**第十五条** 承担侵权责任的方式主要有:

(一)停止侵害;

(二)排除妨碍;

(三)消除危险;

(四)返还财产;

(五)恢复原状;

(六)赔偿损失;

(七)赔礼道歉;

(八)消除影响、恢复名誉。

以上承担侵权责任的方式,可以单独适用,也可以合并适用。

**第十六条** 侵害他人造成人身损害的,应当赔偿医疗费、护理费、交通费等为治疗和康复支出的合理费用,以及因误工减少的收入。造成残疾的,还应当赔偿残疾生活辅助具费和残疾赔偿金。造成死亡的,还应当赔偿丧葬费和死亡赔偿金。

**第十七条** 因同一侵权行为造成多人死亡的,可以以相同数额确定死亡赔偿金。

**第十八条** 被侵权人死亡的,其近亲属有权请求侵权人承担侵权责任。被侵权人为单位,该单位分立、合并的,承继权利的单位有权请求侵权人承担侵权责任。

被侵权人死亡的,支付被侵权人医疗费、丧葬费等合理费用的人有权请求侵权人赔偿费用,但侵权人已支付该费用的除外。

**第十九条** 侵害他人财产的,财产损失按照损失发生时的市场价格或者其他方式计算。

**第二十条** 侵害他人人身权益造成财产损失的,按照被侵权人因此受到的损失赔偿;被侵权人的损失难以确定,侵权人因此获得利益的,按照其获得的利益赔偿;侵权人因此获得的利益难以确定,被侵权人和侵权人就赔偿数额协商不一致,向人民法院提起诉讼的,由人民法院根据实际情况确定赔偿数额。

**第二十一条** 侵权行为危及他人人身、财产安全的,被侵权人可以请求侵权人承担停止侵害、排除妨碍、消除危险等侵权责任。

第二十二条　侵害他人人身权益，造成他人严重精神损害的，被侵权人可以请求精神损害赔偿。

第二十三条　因防止、制止他人民事权益被侵害而使自己受到损害的，由侵权人承担责任。侵权人逃逸或者无力承担责任，被侵权人请求补偿的，受益人应当给予适当补偿。

第二十四条　受害人和行为人对损害的发生都没有过错的，可以根据实际情况，由双方分担损失。

第二十五条　损害发生后，当事人可以协商赔偿费用的支付方式。协商不一致的，赔偿费用应当一次性支付；一次性支付确有困难的，可以分期支付，但应当提供相应的担保。

## 第三章　不承担责任和减轻责任的情形

第二十六条　被侵权人对损害的发生也有过错的，可以减轻侵权人的责任。

第二十七条　损害是因受害人故意造成的，行为人不承担责任。

第二十八条　损害是因第三人造成的，第三人应当承担侵权责任。

第二十九条　因不可抗力造成他人损害的，不承担责任。法律另有规定的，依照其规定。

第三十条　因正当防卫造成损害的，不承担责任。正当防卫超过必要的限度，造成不应有的损害的，正当防卫人应当承担适当的责任。

第三十一条　因紧急避险造成损害的，由引起险情发生的人承担责任。如果危险是由自然原因引起的，紧急避险人不承担责任或者给予适当补偿。紧急避险采取措施不当或者超过必要的限度，造成不应有的损害的，紧急避险人应当承担适当的责任。

## 第四章　关于责任主体的特殊规定

第三十二条　无民事行为能力人、限制民事行为能力人造成他人损害的，由监护人承担侵权责任。监护人尽到监护责任的，可以减轻其侵权责任。

有财产的无民事行为能力人、限制民事行为能力人造成他人损害的，从本人财产中支付赔偿费用。不足部分，由监护人赔偿。

第三十三条　完全民事行为能力人对自己的行为暂时没有意识或者失去控制造成他人损害有过错的，应当承担侵权责任；没有过错的，根据行为人的经济状况对受害人适当补偿。

完全民事行为能力人因醉酒、滥用麻醉药品或者精神药品对自己的行为暂时没有意识或者失去控制造成他人损害的,应当承担侵权责任。

第三十四条　用人单位的工作人员因执行工作任务造成他人损害的,由用人单位承担侵权责任。

劳务派遣期间,被派遣的工作人员因执行工作任务造成他人损害的,由接受劳务派遣的用工单位承担侵权责任;劳务派遣单位有过错的,承担相应的补充责任。

第三十五条　个人之间形成劳务关系,提供劳务一方因劳务造成他人损害的,由接受劳务一方承担侵权责任。提供劳务一方因劳务自己受到损害的,根据双方各自的过错承担相应的责任。

第三十六条　网络用户、网络服务提供者利用网络侵害他人民事权益的,应当承担侵权责任。

网络用户利用网络服务实施侵权行为的,被侵权人有权通知网络服务提供者采取删除、屏蔽、断开链接等必要措施。网络服务提供者接到通知后未及时采取必要措施的,对损害的扩大部分与该网络用户承担连带责任。

网络服务提供者知道网络用户利用其网络服务侵害他人民事权益,未采取必要措施的,与该网络用户承担连带责任。

第三十七条　宾馆、商场、银行、车站、娱乐场所等公共场所的管理人或者群众性活动的组织者,未尽到安全保障义务,造成他人损害的,应当承担侵权责任。

因第三人的行为造成他人损害的,由第三人承担侵权责任;管理人或者组织者未尽到安全保障义务的,承担相应的补充责任。

第三十八条　无民事行为能力人在幼儿园、学校或者其他教育机构学习、生活期间受到人身损害的,幼儿园、学校或者其他教育机构应当承担责任,但能够证明尽到教育、管理职责的,不承担责任。

第三十九条　限制民事行为能力人在学校或者其他教育机构学习、生活期间受到人身损害,学校或者其他教育机构未尽到教育、管理职责的,应当承担责任。

第四十条　无民事行为能力人或者限制民事行为能力人在幼儿园、学校或者其他教育机构学习、生活期间,受到幼儿园、学校或者其他教育机构以外的人员人身损害的,由侵权人承担侵权责任;幼儿园、学校或者其他教育机构未尽到管理职责的,承担相应的补充责任。

## 第五章　产品责任

第四十一条　因产品存在缺陷造成他人损害的,生产者应当承担侵权责任。

第四十二条　因销售者的过错使产品存在缺陷,造成他人损害的,销售者应当承担侵权责任。

销售者不能指明缺陷产品的生产者也不能指明缺陷产品的供货者的,销售者应当承担侵权责任。

**第四十三条**　因产品存在缺陷造成损害的,被侵权人可以向产品的生产者请求赔偿,也可以向产品的销售者请求赔偿。

产品缺陷由生产者造成的,销售者赔偿后,有权向生产者追偿。

因销售者的过错使产品存在缺陷的,生产者赔偿后,有权向销售者追偿。

**第四十四条**　因运输者、仓储者等第三人的过错使产品存在缺陷,造成他人损害的,产品的生产者、销售者赔偿后,有权向第三人追偿。

**第四十五条**　因产品缺陷危及他人人身、财产安全的,被侵权人有权请求生产者、销售者承担排除妨碍、消除危险等侵权责任。

**第四十六条**　产品投入流通后发现存在缺陷的,生产者、销售者应当及时采取警示、召回等补救措施。未及时采取补救措施或者补救措施不力造成损害的,应当承担侵权责任。

**第四十七条**　明知产品存在缺陷仍然生产、销售,造成他人死亡或者健康严重损害的,被侵权人有权请求相应的惩罚性赔偿。

## 第六章　机动车交通事故责任

**第四十八条**　机动车发生交通事故造成损害的,依照道路交通安全法的有关规定承担赔偿责任。

**第四十九条**　因租赁、借用等情形机动车所有人与使用人不是同一人时,发生交通事故后属于该机动车一方责任的,由保险公司在机动车强制保险责任限额范围内予以赔偿。不足部分,由机动车使用人承担赔偿责任;机动车所有人对损害的发生有过错的,承担相应的赔偿责任。

**第五十条**　当事人之间已经以买卖等方式转让并交付机动车但未办理所有权转移登记,发生交通事故后属于该机动车一方责任的,由保险公司在机动车强制保险责任限额范围内予以赔偿。不足部分,由受让人承担赔偿责任。

**第五十一条**　以买卖等方式转让拼装或者已达到报废标准的机动车,发生交通事故造成损害的,由转让人和受让人承担连带责任。

**第五十二条**　盗窃、抢劫或者抢夺的机动车发生交通事故造成损害的,由盗窃人、抢劫人或者抢夺人承担赔偿责任。保险公司在机动车强制保险责任限额范围内垫付抢救费用的,有权向交通事故责任人追偿。

**第五十三条**　机动车驾驶人发生交通事故后逃逸,该机动车参加强制保险的,由保险公司在机动车强制保险责任限额范围内予以赔偿;机动车不明或者该机动车未参加强制保险,需要支付被侵权人人身伤亡的抢救、丧葬等费用的,由道路交通事故社会救助基金垫付。道路交通事故社会救助基金垫付后,其管理机构有权向交通事故责任人追偿。

## 第七章　医疗损害责任

**第五十四条**　患者在诊疗活动中受到损害,医疗机构及其医务人员有过错的,由医疗机构承担赔偿责任。

**第五十五条**　医务人员在诊疗活动中应当向患者说明病情和医疗措施。需要实施手术、特殊检查、特殊治疗的,医务人员应当及时向患者说明医疗风险、替代医疗方案等情况,并取得其书面同意;不宜向患者说明的,应当向患者的近亲属说明,并取得其书面同意。

医务人员未尽到前款义务,造成患者损害的,医疗机构应当承担赔偿责任。

**第五十六条**　因抢救生命垂危的患者等紧急情况,不能取得患者或者其近亲属意见的,经医疗机构负责人或者授权的负责人批准,可以立即实施相应的医疗措施。

**第五十七条**　医务人员在诊疗活动中未尽到与当时的医疗水平相应的诊疗义务,造成患者损害的,医疗机构应当承担赔偿责任。

**第五十八条**　患者有损害,因下列情形之一的,推定医疗机构有过错:

(一)违反法律、行政法规、规章以及其他有关诊疗规范的规定;

(二)隐匿或者拒绝提供与纠纷有关的病历资料;

(三)伪造、篡改或者销毁病历资料。

**第五十九条**　因药品、消毒药剂、医疗器械的缺陷,或者输入不合格的血液造成患者损害的,患者可以向生产者或者血液提供机构请求赔偿,也可以向医疗机构请求赔偿。患者向医疗机构请求赔偿的,医疗机构赔偿后,有权向负有责任的生产者或者血液提供机构追偿。

**第六十条**　患者有损害,因下列情形之一的,医疗机构不承担赔偿责任:

(一)患者或者其近亲属不配合医疗机构进行符合诊疗规范的诊疗;

(二)医务人员在抢救生命垂危的患者等紧急情况下已经尽到合理诊疗义务;

(三)限于当时的医疗水平难以诊疗。

前款第一项情形中,医疗机构及其医务人员也有过错的,应当承担相应的赔偿责任。

**第六十一条**　医疗机构及其医务人员应当按照规定填写并妥善保管住院志、医嘱单、检验报告、手术及麻醉记录、病理资料、护理记录、医疗费用等病历资料。

患者要求查阅、复制前款规定的病历资料的,医疗机构应当提供。

第六十二条　医疗机构及其医务人员应当对患者的隐私保密。泄露患者隐私或者未经患者同意公开其病历资料，造成患者损害的，应当承担侵权责任。

第六十三条　医疗机构及其医务人员不得违反诊疗规范实施不必要的检查。

第六十四条　医疗机构及其医务人员的合法权益受法律保护。干扰医疗秩序，妨害医务人员工作、生活的，应当依法承担法律责任。

## 第八章　环境污染责任

第六十五条　因污染环境造成损害的，污染者应当承担侵权责任。

第六十六条　因污染环境发生纠纷，污染者应当就法律规定的不承担责任或者减轻责任的情形及其行为与损害之间不存在因果关系承担举证责任。

第六十七条　两个以上污染者污染环境，污染者承担责任的大小，根据污染物的种类、排放量等因素确定。

第六十八条　因第三人的过错污染环境造成损害的，被侵权人可以向污染者请求赔偿，也可以向第三人请求赔偿。污染者赔偿后，有权向第三人追偿。

## 第九章　高度危险责任

第六十九条　从事高度危险作业造成他人损害的，应当承担侵权责任。

第七十条　民用核设施发生核事故造成他人损害的，民用核设施的经营者应当承担侵权责任，但能够证明损害是因战争等情形或者受害人故意造成的，不承担责任。

第七十一条　民用航空器造成他人损害的，民用航空器的经营者应当承担侵权责任，但能够证明损害是因受害人故意造成的，不承担责任。

第七十二条　占有或者使用易燃、易爆、剧毒、放射性等高度危险物造成他人损害的，占有人或者使用人应当承担侵权责任，但能够证明损害是因受害人故意或者不可抗力造成的，不承担责任。被侵权人对损害的发生有重大过失的，可以减轻占有人或者使用人的责任。

第七十三条　从事高空、高压、地下挖掘活动或者使用高速轨道运输工具造成他人损害的，经营者应当承担侵权责任，但能够证明损害是因受害人故意或者不可抗力造成的，不承担责任。被侵权人对损害的发生有过失的，可以减轻经营者的责任。

第七十四条　遗失、抛弃高度危险物造成他人损害的，由所有人承担侵权责任。所有人将高度危险物交由他人管理的，由管理人承担侵权责任；所有人有过错的，与管理人承担连带责任。

第七十五条　非法占有高度危险物造成他人损害的，由非法占有人承担侵权责任。所有人、管理人不能证明对防止他人非法占有尽到高度注意义务的,与非法占有人承担连带责任。

**第七十六条**　未经许可进入高度危险活动区域或者高度危险物存放区域受到损害,管理人已经采取安全措施并尽到警示义务的,可以减轻或者不承担责任。

**第七十七条**　承担高度危险责任,法律规定赔偿限额的,依照其规定。

## 第十章　饲养动物损害责任

**第七十八条**　饲养的动物造成他人损害的,动物饲养人或者管理人应当承担侵权责任,但能够证明损害是因被侵权人故意或者重大过失造成的,可以不承担或者减轻责任。

**第七十九条**　违反管理规定,未对动物采取安全措施造成他人损害的,动物饲养人或者管理人应当承担侵权责任。

**第八十条**　禁止饲养的烈性犬等危险动物造成他人损害的,动物饲养人或者管理人应当承担侵权责任。

**第八十一条**　动物园的动物造成他人损害的,动物园应当承担侵权责任,但能够证明尽到管理职责的,不承担责任。

**第八十二条**　遗弃、逃逸的动物在遗弃、逃逸期间造成他人损害的,由原动物饲养人或者管理人承担侵权责任。

**第八十三条**　因第三人的过错致使动物造成他人损害的,被侵权人可以向动物饲养人或者管理人请求赔偿,也可以向第三人请求赔偿。动物饲养人或者管理人赔偿后,有权向第三人追偿。

**第八十四条**　饲养动物应当遵守法律,尊重社会公德,不得妨害他人生活。

## 第十一章　物件损害责任

**第八十五条**　建筑物、构筑物或者其他设施及其搁置物、悬挂物发生脱落、坠落造成他人损害,所有人、管理人或者使用人不能证明自己没有过错的,应当承担侵权责任。所有人、管理人或者使用人赔偿后,有其他责任人的,有权向其他责任人追偿。

**第八十六条**　建筑物、构筑物或者其他设施倒塌造成他人损害的,由建设单位与施工单位承担连带责任。建设单位、施工单位赔偿后,有其他责任人的,有权向其他责任人追偿。

因其他责任人的原因,建筑物、构筑物或者其他设施倒塌造成他人损害的,由其他责任人承担侵权责任。

**第八十七条**　从建筑物中抛掷物品或者从建筑物上坠落的物品造成他人损害,

难以确定具体侵权人的,除能够证明自己不是侵权人的外,由可能加害的建筑物使用人给予补偿。

**第八十八条**　堆放物倒塌造成他人损害,堆放人不能证明自己没有过错的,应当承担侵权责任。

**第八十九条**　在公共道路上堆放、倾倒、遗撒妨碍通行的物品造成他人损害的,有关单位或者个人应当承担侵权责任。

**第九十条**　因林木折断造成他人损害,林木的所有人或者管理人不能证明自己没有过错的,应当承担侵权责任。

**第九十一条**　在公共场所或者道路上挖坑、修缮安装地下设施等,没有设置明显标志和采取安全措施造成他人损害的,施工人应当承担侵权责任。

窨井等地下设施造成他人损害,管理人不能证明尽到管理职责的,应当承担侵权责任。

## 第十二章　附　　则

**第九十二条**　本法自 2010 年 7 月 1 日起施行。

# 日中对照医学用语索引表

| 日文 | 中文 |
| --- | --- |
| い | |
| 胃（い） | 胃 |
| 胃潰瘍（いかいよう） | 胃溃疡 |
| 意識不明（いしきふめい） | 意识不清 |
| 萎縮性胃炎（いしゅくせいいえん） | 萎缩性胃炎 |
| 異常死亡（いじょうしぼう） | 非正常死亡 |
| 胃穿孔（いせんこう） | 胃穿孔 |
| 医療従事者（いりょうじゅうじしゃ） | 医务人员 |
| 陰性（いんせい） | 阴性 |
| う | |
| ウイルス | 病毒 |
| 受付（うけつけ） | 挂号处 |
| え | |
| エイズ | 艾滋病 |
| エコー検査 | B超 |
| 壊死（えし） | 坏死 |
| お | |
| 往診（おうしん） | 出诊 |
| 黄疸（おうだん） | 黄疸 |
| 嘔吐（おうと） | 呕吐 |
| か | |
| ガーゼ | 纱块 |
| 外傷（がいしょう） | 外伤 |

续表

| 日文 | 中文 |
|---|---|
| 回診（かいしん） | 查房 |
| 開腹術（かいふくじゅつ） | 开腹术 |
| 解剖（かいぼう） | 解剖 |
| 外来（がいらい） | 门诊 |
| 風邪（かぜ） | 感冒 |
| カルテ | 病历 |
| 肝炎（かんえん） | 肝炎 |
| 看護（かんご） | 护理 |
| 肝硬変（かんこうへん） | 肝硬化 |
| 看護士（師）（かんごし）（し） | 护士（师） |
| 感染（かんせん） | 感染 |
| 肝膿腫（かんのうしゅ） | 肝脓肿 |
| 顆粒細胞腫（かりゅうさいぼうしゅ） | 颗粒细胞瘤 |
| き |  |
| 気管支（きかんし） | 支气管 |
| 気胸（ききょう） | 气胸 |
| 傷口（きずぐち） | 伤口 |
| 危篤通知書（きとくつうちしょ） | 病危通知单 |
| 機能障害（きのうしょうがい） | 机能障碍 |
| 救急外来（きゅうきゅうがいらい） | 急诊科 |
| 救急車（きゅうきゅうしゃ） | 救护车 |
| 救急処置（きゅうきゅうしょち） | 紧急处理 |
| 供血者（きょうけつしゃ） | 供血员 |
| 強心剤（きょうしんざい） | 强心剂 |
| け |  |
| 頸椎（けいつい） | 颈椎 |
| 血液（けつえき） | 血液 |
| 結核（けっかく） | 结核 |
| 検死（けんし） | 验尸 |

**续表**

| 日文 | 中文 |
|---|---|
| ゲンタマイシン | 庆大霉素 |
| 顕微鏡受精(けんびきょうじゅせい) | 显微镜受精 |
| こ | |
| 後遺症(こういしょう) | 后遗症 |
| 抗生物質(こうせいぶっしつ) | 抗生素 |
| 効能障害(こうのうしょうがい) | 功能障碍 |
| 硬膜(こうまく) | 硬膜 |
| 呼吸困難(こきゅうこんなん) | 呼吸困难 |
| 呼吸停止(こきゅうていし) | 呼吸停止 |
| 昏睡(こんすい) | 昏睡 |
| 骨髄炎(こつずいえん) | 骨髓炎 |
| 骨折(こっせつ) | 骨折 |
| さ | |
| 採血(さいけつ) | 采血 |
| 再生医療(さいせいいりょう) | 再生医疗 |
| 挫傷(ざしょう) | 挫伤 |
| 酸欠性脳症(さんけつせいのうしょう) | 缺氧性脑病 |
| 酸素(さんそ) | 氧气 |
| 産婦(さんぷ) | 产妇 |
| し | |
| C型肝炎(Cがたかんえん) | 乙型肝炎 |
| 子宮(しきゅう) | 子宫 |
| 疾病(しっぺい) | 疾病 |
| 十二指腸(じゅうにしちょう) | 十二指肠 |
| 終末期医療(しゅうまっきいりょう) | 临终医疗 |
| 主治医(しゅじい) | 主治医师 |
| 種痘(しゅとう) | 种痘 |
| 腫瘍(しゅよう) | 肿瘤 |
| 消化器官(しょうかきかん) | 消化器官 |

**续表**

| 日文 | 中文 |
|---|---|
| 静脈瘤（じょうみゃくりゅう） | 静脉瘤 |
| 植物人間（しょくぶつにんげん） | 植物人 |
| 処置（しょち） | 处理 |
| 心音衰弱（しんおんすいじゃく） | 心音衰竭 |
| 腎機能不全（じんきのうふぜん） | 肾功能不全 |
| 心筋炎（しんきんえん） | 心肌炎 |
| 心筋梗塞（しんきんこうそく） | 心肌梗塞 |
| 腎臓（じんぞう） | 肾脏 |
| 心臓病（しんぞうびょう） | 心脏病 |
| 身体障害（しんたいしょうがい） | 身体障碍 |
| 腎不全（じんふぜん） | 肾衰竭 |
| 診療所（しんりょうじょ） | 诊所 |
| す | |
| 衰弱（すいじゃく） | 衰竭 |
| 睡眠薬（すいみんやく） | 安定剂 |
| 頭蓋骨（ずがいこつ） | 颅骨 |
| せ | |
| 性機能不全（せいきのうふぜん） | 性功能不全 |
| 整形外科（せいけいげか） | 矫形外科 |
| 精神病（せいしんびょう） | 精神病 |
| 性的行為（せいてきこうい） | 性行为 |
| 性転換（せいてんかん） | 性转换 |
| 前庭機能損傷（ぜんていきのうそんしょう） | 前庭 |
| 潜伏期（せんぷくき） | 潜伏期 |
| 前立腺炎（ぜんりつせんえん） | 前列腺炎 |
| そ | |
| 臓器移植（ぞうきいしょく） | 脏器移植 |
| た | |
| 体外授精（たいがいじゅせい） | 体外受孕 |

续表

| 日文 | 中文 |
| --- | --- |
| 立会診察（たちあいしんさつ） | 会诊 |
| 脱臼（だっきゅう） | 脱臼 |
| ち | |
| チアノーゼ症状 | 发绀症状 |
| 痴呆（ちほう） | 痴呆 |
| 注射薬（ちゅうしゃくすり）注射液 | |
| 虫垂炎（ちゅうすいえん） | 阑尾炎 |
| 中毒性ショック | 中毒性休克 |
| 聴力低下（ちょうりょくていか） | 听力下降 |
| 鎮痛剤（ちんつうざい） | 镇痛剂 |
| て | |
| 手当て（てあて） | 治疗 |
| 低カリウム | 低钾 |
| 骶骨（ていこつ） | 骶骨 |
| 転院（てんいん） | 转院 |
| と | |
| 瞳孔散大（どうこうさんだい） | 瞳孔散大 |
| な | |
| 難病（なんびょう） | 疑难杂症 |
| に | |
| 乳腺（にゅうせん） | 乳腺 |
| 乳癌（にゅうがん） | 乳腺癌 |
| 妊婦（にんぷ） | 孕妇 |
| 乳房（にゅうぼう） | 乳房 |
| の | |
| 脳萎縮（のういしゅく） | 脑萎缩 |
| 脳外科（のうげか） | 脑外科 |
| 脳水腫（のうすいしゅ） | 脑水肿 |
| 脳脊髄膜炎（のうせきずいまくえん） | 脑膜炎 |

续表

| 日文 | 中文 |
|---|---|
| 脳疝(のうせん) | 脑疝 |
| 飲み薬(のみくすり) | 口服药 |
| は | |
| 肺気腫(はいきしゅ) | 肺气肿 |
| 敗血症(はいけつしょう) | 败血症 |
| 肺出血型(はいしゅっけつがた) | 肺出血型 |
| 排泄物(はいせつぶつ) | 排泄物 |
| 梅毒(ばいどく) | 梅毒 |
| 半身麻痺(はんしんまひ) | 半身不遂 |
| ひ | |
| 皮膚(ひふ) | 皮肤 |
| 病院(びょういん) | 医院 |
| 美容整形(びようせいけい) | 美容手术 |
| 病理(びょうり) | 病理 |
| 頻尿(ひんにょう) | 尿频 |
| ふ | |
| 腹水(ふくすい) | 腹水 |
| 腹膜炎(ふくまくえん) | 腹膜炎 |
| 浮腫(ふしゅ) | 浮肿 |
| 不妊(ふにん) | 不孕 |
| へ | |
| 閉塞性腎臓病(へいそくせいじんぞうびょう) | 闭塞性肾脏病 |
| み | |
| 未熟児(みじゅくじ) | 早产儿 |
| め | |
| 免疫(めんえき) | 免疫 |
| 綿球(めんきゅう) | 棉球 |
| も | |
| 盲腸(もうちょう) | 盲肠 |

**续表**

| 日文 | 中文 |
|---|---|
| 網膜症（もうまくしょう） | 视网膜症 |
| や | |
| 薬品（やくひん） | 药品 |
| 薬物治療（やくぶつちりょう） | 药物治疗 |
| ゆ | |
| 幽門狭窄（ゆうもんきょうさく） | 幽门狭窄 |
| 輸液ショック | 输液性休克 |
| 癒合（ゆごう） | 愈合 |
| よ | |
| 陽性（ようせい） | 阳性 |
| 予防接種（よぼうせっしゅ） | 预防接种 |
| り | |
| リハビリテーション | 康复治疗 |
| 臨床医（りんしょうい） | 临床医生 |
| ろ | |
| 顱底骨（ろていこつ） | 颅底骨 |
| 瘻孔（ろうこう） | 瘘孔 |
| わ | |
| ワイル病 | 钩端螺旋体病 |
| ワクチン | 疫苗 |

# 后　记

　　1999 年 4 月,我进入牛山研究室如愿开始了医事法的研究。当时的牛山研究室中,从博士课程的前辈到和我一样刚入学的硕士一年级学生有同门多人,围坐在对侵权行为进行艰深讨论的前辈身边,努力尝试跟上讨论的内容,于我来说每天都是新鲜而刺激的。然而遗憾的是,因为语言的障碍及知识储备的不足,自身的研究进展缓慢,时而回想起被牛山积教授严厉责备,眼中含泪心中恍惚的场景,也是切身感受学问严格的每一天。

　　虽然牛山老师在 2002 年 3 月退职,但每年初秋时节仍旧举行研讨集训,抽出宝贵的私人时间,继续指导自己的学生。在我写作博士论文时亦不例外,特别是对侵权行为法的部分提出了宝贵的意见,受惠于此,论文对仅在中国大陆使用的"过错"这一法律术语的特殊性进行了考察,在此基础上获得了许多启发。

　　初次见到岩志和一郎教授是在履修医事法讲义的硕士第一年。相较于牛山老师的热情奔放,平静地娓娓道来的岩志先生使我感受到完全不同的魅力,通俗易懂的讲义内容至今仍给我留下深刻的印象。在即将完成硕士课程的阶段,抱着对于在侵权行为法中展开医事法研究需要从更加广泛的视野理解医事法这一想法,加之牛山老师已至退休年龄,我选择了进入岩志研究室攻读博士课程。

　　终于自 2002 年 4 月,在精通医事法的岩志老师的指导下,我正式地开始了对日本与中国的医事法的比较研究。彼时,每当手持原稿向岩志老师讨教时,岩志老师从不吝惜时间,从文章构成到措辞错字,对我错误无数的原稿不厌其烦地逐行订正。"……嗯,这里不错。……嗯? 这里不好理解。……这里去掉比较好",仁慈认真且简单明了的教导,对于在幽长通道中(摸索)的我而言,正是希望的光。

　　如今回首虽是一条长路,但在路途中,岩志老师时而将迷走的我引回正路,时而将山穷水尽的我引向出口。那种在被井然有序地摆放着的书籍包围的清新氛围中,乍看上去如闲谈一般的过程里,百思不得其解自己的想象力是如何得到提升的,也曾经度过了在回家之后激烈地敲击键盘,就像自己具有无限潜能一般充满幻觉的日子,实在是欢愉的研究生活。在岩志老师的鼓励之下,不知疲倦也无懈怠,依靠虽然缓慢但坚实的一步一步向前,最终,我完成了作为在日本首次对中国医疗法律制度进行系统研究成果的博士论文。

如此这般,我的硕士课程到博士课程加起来有十年之久!长久以来受到牛山老师与岩志老师无以言表的指导与鼓励,终于能够作为研究者独自而立。真的有无限感慨。这次由早稻田大学出版社将修改之后的博士论文作为"早稻田大学专著"进行出版,借此机会,再次向两位恩师致以深厚的谢意。牛山積老师、岩志和一郎老师,真的万分感谢你们!

最后,对百忙之中参加博士论文答辩的小口彦太老师、近江幸治老师、棚村政行老师,以及从硕士课程一直以来承蒙关照的藤冈康弘老师、浦川道太郎老师、田口守一老师、三木妙子老师,此外作为牛山研究室的前辈在博士论文写作时给予宝贵意见的安田道孝、外纯子学兄,神奈川大学法学部时代的恩师、给予作为法学徒的我基本训练的山火正则老师、矢口俊昭老师、林美月子老师,以及对本书的出版尽心尽力的早稻田大学出版社的佐佐木豊先生,借此机会一并致谢!

感谢长期以来一直支持我的公公婆婆、最爱的丈夫、在天国保佑着我的父母。

谢谢你们。

将本书献给,于一个世纪之前,曾在日本早稻田学成之后,就任民国时期云南省高等法院院长的曾祖父黄希仲。

张忆红

农历二零一一年七月十五日

于满月的旅店

# 译　后　记

　　医事法学是一门涉及医疗、法学、伦理、公共卫生等多领域的交叉学科。东南大学法学院早在上世纪 90 年代即已开始起步发展医事法,原南京铁道医学院在全国率先设立医事法学本科专业,2000 年该专业并入本校法律系。2003 年东南大学引进日本医事法夏芸教授,并在民商法硕士点设立医事法学研究方向,成为全国第一所招收医事法硕士研究生的学校。在复建后的法学院首任院长周佑勇教授的定位下,法学院秉承"交叉性、团队式、实务型"的办学理念,大力推动医事法学学科的发展,夏芸教授为此特向学院引荐了时任日本早稻田大学客座研究员的川城憶红(本名张忆红)女士。

　　为了实现将所学回报祖国的学术理想,张忆红女士放弃了日本熟悉的研究及生活环境,毅然选择了回国任教。2011 年 10 月,张忆红女士被聘为东南大学法学院教授。而作为张忆红教授丈夫的川城達也先生,对此给予了毫无保留的理解与支持。由于担心妻子最初不适应国内的生活,川城先生数次陪伴张忆红教授往返中日两国,言行之间无不体现对妻子的关爱之情。犹记与川城先生、张忆红女士的首次见面,川城先生英俊帅气,并对妻子呵护备至,张忆红女士秀美恬淡,声音轻缓,夫妻二人留给大家的印象非常的美好。

　　张忆红教授留日十余载,曾先后求学于神奈川大学、早稻田大学,师从日本著名侵权法学者牛山積教授以及医事法学者岩志和一郎教授,致力于侵权法及医事法的研究。留日求学期间,张忆红教授围绕中国的医疗法律制度在日本《比较法学》《早稻田法学》《法研论集》等刊物相继发表了多篇论文,其中首次将中国的《医疗事故处理条例》进行翻译,发表在日本《比较法学》杂志予以介绍,在日本学界引起较大反响。来到东南大学法学院工作以后,张忆红女士竭尽全力将其在日本所学传授给国内学子并致力于医事法科学研究探索。

　　张忆红教授平易近人,无论在讲台上还是生活中,时时散发着融合了中西方文化背景和修养的气息,谈吐之间亦能感受到其温文尔雅的气质。在入职我院之后,张忆红教授开设了医事法学的相关课程,兼顾国外先进理论与国内医疗实践,形式新颖、内容丰富,深受学生欢迎。张忆红教授还利用自身优势,在我院承办的医事法理论与实务国际研讨会中邀请时任早稻田大学法学学术院院长岩志和一郎教授、日本医事法学会理事长甲斐克则教授、著名医事法学者石川宽俊教授,以及大阪律师协会的实务界专家参会,为大会提供了宝贵的学习交流机会,也积极推动了本院与日本医事法学界及实务界之间的交流。

在本应期待为中日医事法学交流,以及医事法研究结出更多硕果的年华,张忆红教授却饱受病魔的困扰,患病期间仍然坚持研究与教学工作,怎奈苍天无情,造化弄人,张教授最终还是在 2014 年 11 月离开了我们……

本书是张忆红教授在其博士论文基础上修改而成,日文版于 2011 年在日本早稻田大学出版社出版。而中文版的面世,原本也是张忆红教授生前的计划之一,考虑到能让更多的研究、学习医事法的读者了解日本在医师民事责任这一领域的理论与实践动向,同时了却张忆红教授的遗愿,我院委托高翔副教授承担了本书的翻译工作,历时将近一年时间,最终于今年 2 月成稿。

需向读者作出说明的是,作者本人的著作,最合适的译者应为作者本人。但由于张忆红教授过早仙逝,我们对其著作虽力求译得信达,但对作者原意的把握仍存在一定困难。另外为方便读者检索,对日文文献也保留了原文的注录习惯,难免会与中文文献的引注习惯存在区别。读者若有理解不便之处,恳请各位指正。

本书的面世,离不开张忆红教授的遗属——川城先生的理解和支持,借此机会表示真诚的感谢。此外,早稻田大学岩志和一郎教授、早稻田大学出版社以及东南大学出版社在本书翻译及出版的过程中给予了莫大的帮助,在此一并表示感谢!

该是人生悲多欢少,一夜秋风梧叶尽。愿张忆红教授在天堂一切安好!

东南大学法学院院长　刘艳红

译者　高翔

2017 年 5 月 4 日